高等职业教育汽车运用技术专业规划教材
云 南 省 高 等 学 校 优 秀 教 材

Qiche Yunyong Jichu

汽车运用基础

（第三版）

交通职业教育教学指导委员会　组织编写
杨宏进　主　编

人民交通出版社股份有限公司
China Communications Press Co.,Ltd.

内 容 提 要

本书是高等职业教育汽车运用技术专业规划教材。主要内容包括：汽车配置及选购、汽车的合理使用、汽车公害与环保、汽车运行安全、汽车技术状况的变化、汽车使用管理，共6个单元。

本书可供高等职业院校汽车运用技术专业教学使用，也可作为相关行业岗位培训或自学用书。

图书在版编目(CIP)数据

汽车运用基础/杨宏进主编．—3版．—北京：
人民交通出版社股份有限公司，2014.10
ISBN 978-7-114-11580-6

Ⅰ.①汽⋯ Ⅱ.①杨⋯ Ⅲ.①汽车-应用-高等职业教育-教材 Ⅳ.①U471.2

中国版本图书馆CIP数据核字(2014)第168244号

高等职业院校汽车运用技术专业规划教材
云 南 省 高 等 学 校 优 秀 教 材

书　　名：	汽车运用基础(第三版)
著 作 者：	杨宏进
责任编辑：	翁志新
出版发行：	人民交通出版社股份有限公司
地　　址：	(100011)北京市朝阳区安定门外外馆斜街3号
网　　址：	http://www.ccpress.com.cn
销售电话：	(010)59757973
总 经 销：	人民交通出版社股份有限公司发行部
经　　销：	各地新华书店
印　　刷：	北京市密东印刷有限公司
开　　本：	787×1092　1/16
印　　张：	12.5
字　　数：	285千
版　　次：	2005年8月　第1版 2011年1月　第2版 2014年10月　第3版
印　　次：	2019年1月　第3版　第5次印刷　累计第17次印刷
书　　号：	ISBN 978-7-114-11580-6
定　　价：	28.00元

(有印刷、装订质量问题的图书由本公司负责调换)

交通职业教育教学指导委员会
汽车运用与维修专业指导委员会

主 任 委 员：魏庆曜
副主任委员：张尔利　汤定国　马伯夷
委　　　员：王凯明　王晋文　刘　锐　刘振楼
　　　　　　　刘越琪　许立新　吴宗保　张京伟
　　　　　　　李富仓　杨维和　陈文华　陈贞健
　　　　　　　周建平　周柄权　金朝勇　唐　好
　　　　　　　屠卫星　崔选盟　黄晓敏　彭运均
　　　　　　　舒　展　韩　梅　解福泉　詹红红
　　　　　　　裴志浩　魏俊强　魏荣庆
秘　　　书：秦兴顺

第三版前言

2011年1月,本书出版了第二版,市场反应良好。为了适应不断更新的法律法规、国家标准和行业标准,适应各高职院校的教学改革和实训车型的变化,我们决定对教材进行修订。结合近几年教材使用院校的反馈意见,我们着重就以下内容对教材进行了修订:

1. 增加新能源汽车运用的内容,突出节能减排相关内容。
2. 增加新车型的案例,删除老旧、过时车型的举例。
3. 书中涉及到的法规、国家标准、行业标准等内容全部依据现行有效的法规和最新标准修改。
4. 对各单元习题进行增加和完善。
5. 修改了上一版中的错误和不妥之处。
6. 更新了配套的教学课件。

本次修订工作由云南交通职业技术学院的杨宏进、邢忠义及云南机电职业技术学院的田兴勇共同完成。

编 者
2014年5月

第二版前言

《汽车运用基础》自 2005 年 8 月出版发行后，受到广大师生的好评，被全国多所高等院校选为教学用书，该书至今已累计印刷 9 次。2009 年，该书被评为"云南省高等学校优秀教材"。

本书第一版出版后，出版社和编者陆续收到了一些院校教师的信息反馈，他们对书中的内容提出了宝贵的意见和建议，并指出了一些错误。

2009 年 11 月，人民交通出版社组织十几所院校的汽车系教师代表，在上海交通职业技术学院召开了高等职业教育汽车运用技术专业规划教材修订研讨会，对汽车运用技术专业规划教材进行了修订研讨，并确定了每本教材的修订方案。

本书的修订工作，就是在该书第一版的基础上，吸收了教材使用院校教师的意见和建议，在高等职业教育汽车运用技术专业规划教材修订研讨会确定的修订方案指导下完成的。此次修订工作，主要体现在以下几个方面：

(1) 考虑教材的实用性，对教材结构进行了调整，将原来的 10 个单元简化为汽车配置及选购、汽车的合理使用、汽车公害与环保、汽车运行安全、汽车技术状况的变化及汽车使用管理 6 个单元；

(2) 修正了教材第一版中的错误和不当之处，对书中部分过时的技术内容和图表进行了更新；

(3) 凡是涉及国家标准、行业标准和相关法律法规的内容，全部对照最新的国家标准、行业标准和相关法律法规进行了相应的修改；

(4) 各章最后的"思考与练习"作了适当修改，并在书后附上了参考答案；

(5) 提供了配套的教学课件，上传至人民交通出版社网站，供教材使用单位下载。

本教材的修订工作主要由云南交通职业技术学院杨宏进及云南省林业技工学校金会林完成，PPT 课件由昆明零重力工作室杨阳制作。陕西交通职业技术学院的巩航军老师担任本书的主审。

限于编者水平，书中难免有疏漏和错误之处，恳请广大读者提出宝贵建议，以便进一步修改和完善。

编　者
2010 年 10 月

第一版前言

为贯彻《国务院关于大力推进职业教育改革与发展的决定》以及教育部等六部委《关于实施职业院校制造业和现代服务业技能型紧缺人才培养培训工程的通知》精神,全面实施《2003—2007年教育振兴行动计划》中提出的"职业教育与培训创新工程",积极推进课程改革和教材建设,为职业教育教学和培训提供更加丰富、多样和实用的教材,更好地满足职业教育改革与发展的需要,交通职业教育教学指导委员会汽车运用与维修学科委员会组织全国交通职业技术院校的专业教师,按照教育部颁布的《汽车运用与维修专业领域技能型紧缺人才培养培训指导方案》的要求,紧密结合目前汽车维修行业实际需求,编写了高等职业教育规划教材,供高等职业院校汽车运用技术专业教学使用。

本系列教材符合国家对技能型紧缺人才培养培训工作的要求,注重以就业为导向,以能力为本位,面向市场、面向社会,为经济结构调整和科技进步服务的原则,体现了职业教育的特色,满足了汽车运用技术领域高素质专业实用人才培养的需要。

本系列教材在组织编写过程中,认真总结了全国交通职业院校多年来的专业教学经验,注意吸收发达国家先进的职教理念和方法,形成了以下特色:

1. 专业培养目标设计基本指导思想是以行业关键技术操作岗位和技术管理岗位的岗位能力要求为核心,确定专业知识和能力培养目标,对实际现场操作能力要求达到中级技术工人水平,在系统专业知识方面要求达到高级技师水平,并为毕业生在其职业生涯中能顺利进入汽车运用工程师行列奠定良好发展基础;

2. 全套教材以《汽车文化》、《汽车专业英语》、《汽车电工与电子基础》、《汽车机械基础》、《汽车发动机构造与维修》、《汽车底盘构造与维修》、《汽车电气设备构造与维修》、《汽车维修质量检验》八门课程搭建专业基本能力平台,以若干专门化适应各地各校的实际需求;

3. 打破了教材传统的章节体例,以专项能力培养为单元确定知识目标和能力目标,使培养过程实现"知行合一";

4. 在内容的选择上,注重汽车后市场职业岗位对人才的知识、能力要求,力求与相应的职业资格标准衔接,并较多地反映了新知识、新技术、新工艺、新方法、新材料的内容;

5. 本套教材将力图形成开放体系,一方面除本次推出清单所列教材之外,还将根据市场实际需求,陆续推出不同车系专门化教材;另一方面,还将随行业实际变化及时更新或改编部分专业教材。

《汽车运用基础》是汽车运用与维修专业领域技能型紧缺人才培养培训必修的非核心课程之一,本书内容主要包括:汽车配置及选购、新车的使用、汽车消耗品的合理使用、汽车在特殊条件下的合理使用、汽车公害与环保、汽车安全使用与管理、汽车技术状况的变化、汽车维修管理、汽车的更新、车辆基础管理,共10个单元。

参加本书编写工作的有:云南交通职业技术学院杨宏进(编写单元四、八、十)、邢忠义(编写单元一、二、三、九)、张发龙(编写单元五~七)。全书由云南交通职业技术学院杨宏进担任主编,广西交通职业技术学院彭朝晖担任主审。

限于编者经历和水平,教材内容难以覆盖全国各地的实际情况,希望各教学单位在积极选用和推广本系列教材的同时,注重总结经验,及时提出修改意见和建议,以便再版修订时改正。

交通职业教育教学指导委员会
汽车运用与维修学科委员会
2005年5月

目　录

单元一　汽车配置及选购 1
1　汽车使用性能量标及适应性 1
　1.1　汽车容载量 1
　1.2　速度性 2
　1.3　使用方便性 3
　1.4　燃料经济性 4
　1.5　安全性 5
　1.6　通过性 6
　1.7　可靠性和耐久性 8
　1.8　维修性 9
　1.9　汽车的质量利用 9
　1.10　外形尺寸（外廓尺寸） 10
2　汽车使用条件与运行工况 11
　2.1　道路条件 11
　2.2　气候条件 12
　2.3　运输条件 12
　2.4　汽车运行工况 13
3　汽车运用效率指标及影响因素 15
　3.1　综合指标及影响因素 15
　3.2　提高汽车的时间利用率 16
　3.3　汽车速度性能的利用 17
　3.4　汽车行程和装载能力的利用 18
4　汽车使用价值分析 19
　4.1　价值分析的作用 19
　4.2　汽车价值分析 20
　4.3　车辆投资效果的测算 21
5　汽车费税及相关法规 22
　5.1　车辆购置税征收规定 22

5.2　缴纳车辆购置税的手续 23
　　5.3　燃油附加税政策 24
　　5.4　车船使用税征收规定 25
　6　汽车选配的主要技术指标 26
　　6.1　汽车的动力性 27
　　6.2　燃料经济性 28
　　6.3　可靠性 28
　　6.4　安全性 29
　7　汽车的合理配置及择优选购 30
　　7.1　择优选购车辆 30
　　7.2　合理配置车辆 30
　思考与练习 31

单元二　汽车的合理使用 33

　1　新车的使用 33
　　1.1　新车购置入户程序 33
　　1.2　车辆登记的种类和方法 35
　　1.3　机动车保险的种类及办理方法 38
　　1.4　车辆索赔与理赔 43
　　1.5　汽车召回制度简介 45
　　1.6　新车的检查与验收 46
　　1.7　新车的启用 50
　　1.8　汽车走合期的合理使用 51
　2　汽车消耗品的合理使用 53
　　2.1　汽车运行燃料消耗量的影响因素 53
　　2.2　汽油、柴油的合理使用及质量测定方法 57
　　2.3　汽车节油的技术与途径 58
　　2.4　新能源汽车技术 62
　　2.5　发展新能源产业的国际经验及对我国的启示 67
　　2.6　润滑材料、制动液、冷却液及车用添加剂的合理使用 68
　　2.7　发动机机油等润滑材料质量的测定方法 76
　　2.8　蓄电池的正确使用 80
　　2.9　轮胎的正确使用 81
　3　汽车在特殊条件下的使用 84
　　3.1　汽车在低温条件下的使用 84
　　3.2　汽车在高温条件下的使用 88
　　3.3　汽车在高原和山区条件下的使用 90

3.4　汽车在坏路和无路条件下的使用 ……………………………………………… 92
　思考与练习 …………………………………………………………………………… 94

单元三　汽车公害与环保 …………………………………………………………… 96

　1　汽车排放污染物的主要成分及其危害 …………………………………………… 96
　　1.1　一氧化碳 ……………………………………………………………………… 96
　　1.2　碳氢化合物 …………………………………………………………………… 96
　　1.3　氮氧化合物 …………………………………………………………………… 97
　　1.4　浮游微粒 ……………………………………………………………………… 97
　　1.5　二氧化碳 ……………………………………………………………………… 97
　　1.6　硫氧化物 ……………………………………………………………………… 97
　2　影响汽车污染物排放量的因素 …………………………………………………… 98
　　2.1　结构因素 ……………………………………………………………………… 98
　　2.2　使用因素 ……………………………………………………………………… 98
　3　汽车排放污染物的检测及控制 ………………………………………………… 100
　　3.1　汽油车排放污染物的检测 ………………………………………………… 100
　　3.2　柴油车排放污染物的检测 ………………………………………………… 104
　　3.3　汽车排放污染物限制标准及控制排放污染物的措施 …………………… 108
　4　汽车噪声的危害及检测 ………………………………………………………… 111
　　4.1　声学基本知识 ……………………………………………………………… 112
　　4.2　汽车的噪声源及噪声的危害 ……………………………………………… 113
　　4.3　噪声的检测 ………………………………………………………………… 114
　5　汽车电波公害 …………………………………………………………………… 118
　　5.1　加装阻尼电阻 ……………………………………………………………… 118
　　5.2　加装电容器 ………………………………………………………………… 118
　　5.3　加装屏蔽遮掩 ……………………………………………………………… 118
　思考与练习 ………………………………………………………………………… 118

单元四　汽车运行安全 ……………………………………………………………… 120

　1　概述 ……………………………………………………………………………… 120
　　1.1　国内外道路交通安全简况 ………………………………………………… 120
　　1.2　保障交通安全的途径 ……………………………………………………… 121
　2　道路交通管理法规 ……………………………………………………………… 124
　　2.1　交通法规 …………………………………………………………………… 124
　　2.2　发挥交通法规的作用 ……………………………………………………… 124
　　2.3　我国交通运输法规的分类 ………………………………………………… 124
　　2.4　《中华人民共和国道路交通安全法》简介 ………………………………… 124

3 机动车运行安全技术条件 ··· 127
3.1 《机动车运行安全技术条件》概况 ··· 127
3.2 《机动车运行安全技术条件》的基本要求 ··· 127
4 汽车安全行驶与日常维护 ··· 132
4.1 概述 ··· 132
4.2 汽车的安全行驶 ··· 132
4.3 车辆的日常维护与安全 ··· 134
5 汽车在高速公路上的安全行驶 ··· 137
5.1 高速公路的概念 ··· 137
5.2 高速公路的特点 ··· 138
5.3 汽车在高速公路上的安全行驶 ··· 138
思考与练习 ··· 141

单元五 汽车技术状况的变化 ··· 143
1 概述 ··· 143
2 汽车技术状况变化的原因与影响因素 ··· 144
2.1 汽车技术状况变化的原因 ··· 144
2.2 汽车技术状况变化的影响因素 ··· 144
3 汽车技术状况变化的规律 ··· 146
3.1 汽车技术状况随行程变化过程 ··· 147
3.2 汽车技术状况随机变化过程 ··· 147
4 汽车技术状况的分级与评定 ··· 148
4.1 汽车技术状况等级的划分 ··· 148
4.2 汽车技术状况等级的评定标准 ··· 149
思考与练习 ··· 150

单元六 汽车使用管理 ··· 152
1 汽车维修管理 ··· 152
1.1 汽车维修制度制定的原则和步骤 ··· 152
1.2 汽车维修制度的主要内容和维修组织方式 ··· 154
1.3 汽车维修质量管理 ··· 156
1.4 计算机在汽车维修企业管理中的运用 ··· 160
2 车辆技术管理 ··· 161
2.1 车辆技术管理概述 ··· 161
2.2 车辆技术档案 ··· 164
2.3 车辆技术经济定额与管理 ··· 165
2.4 车辆停驶、封存与租赁 ··· 167

  2.5 车辆改装与改造 ……………………………………………………… 168
  2.6 车辆折旧与报废 ……………………………………………………… 170
 3 汽车的更新 ……………………………………………………………………… 172
  3.1 汽车使用寿命概述 …………………………………………………… 172
  3.2 汽车有形磨损与无形磨损 …………………………………………… 175
  3.3 汽车更新理论 ………………………………………………………… 177
 思考与练习 ………………………………………………………………………… 181

思考与练习参考答案 …………………………………………………………………… 183

参考文献 ………………………………………………………………………………… 185

单元一　汽车配置及选购

学习目标

知识目标
1. 简述汽车使用性能量标及适应性；
2. 简述汽车运用效率指标及影响因素；
3. 简述汽车费税及相关法规；
4. 简述汽车的价值分析方法；
5. 简述合理配置及择优选购车辆的方法。

能力目标
1. 能根据汽车的不同运用条件，做出合理配置及择优选购车辆的方案；
2. 能对不同的方案进行比较、分析，确定最佳方案。

1　汽车使用性能量标及适应性

汽车的使用性能是指汽车能适应使用条件而发挥最大工作效率的能力。它是汽车选型配备的主要依据，也是汽车运用的先决条件。

汽车技术水平的高低，主要由汽车性能的优劣决定，而在汽车使用中评价汽车性能的好坏，必须先给定使用条件，在此条件下方可分析汽车的技术性能与使用条件是否相适应。所以，汽车的使用性能好，即表示汽车对具体的使用条件是适应的；反之，即为不适应。

1.1　汽车容载量

汽车容载量是指汽车一次允许运载的最大货物量或乘客人数，它与汽车的装载质量、车厢尺寸、货物的密度、座位数和站立乘客的地板面积有关。

载货汽车的容量常用比装载质量和装载质量利用系数评价。

$$比装载质量 = \frac{额定装载质量(t)}{车厢容积(m^3)}$$

单位载货量也叫比装载质量。

$$装载质量利用系数 = \frac{货物容积质量(t/m^3) \times 车厢容积(m^3)}{额定装载质量(t)}$$

装载质量利用系数决定了该车型装载何种货物才能装满车厢，才能利用好汽车的全部装载能力。一般来说，汽车的装载质量越大，越不适于装载单位容积质量小的货物，特别是散装货物。

汽车（货车）的容量向大型和小型两个方向发展，这样可以适应大宗货物和短途小批量货物的不同需要。大吨位的汽车具有较好的经济效果，在运距大于12km 的情况下，装载质量12t 以上的货车，运输效率较装载质量4t 的货车提高3~4 倍，成本下降80%~85%。

1.2 速度性

汽车以最少的时间耗费送达货物或旅客的能力，称为汽车的速度性。汽车的速度性越好，运输生产率就越高。评价速度性的主要指标有：动力特性、最高车速、加速能力和平均行驶速度等。

1.2.1 动力特性

汽车的动力特性决定了汽车在各种不同行驶阻力道路上行驶的可能速度，动力特性常用动力因数（D）表征：

$$D = \frac{F_t - F_w}{G}$$

式中：F_t——驱动力，N；
　　　F_w——空气阻力，N；
　　　G——汽车的质量，t。

汽车的动力因数取决于汽车的结构参数，不同型号的车辆，只要动力因数相同，便能克服同样的道路阻力和加速阻力；当汽车的旋转质量换算系数相同时，便可以产生同样的加速度，产生相同的行驶速度。但由于车辆用途和使用条件不同，不同类型的车辆在同一挡位的动力因数是不相同的，根据不同挡位的动力因数便可判断汽车对各种道路条件的适应性（汽车的质量可分为平移质量和旋转质量两部分。汽车加速时，不仅平移质量产生惯性力，旋转质量也要产生惯性力偶矩。为便于计算，一般把旋转质量的惯性力偶矩转化为平移质量的惯性力，对于固定传动比的汽车，常以系数 δ 作为计入旋转质量惯性力偶矩后的汽车旋转质量换算系数）。

动力因数的基础是发动机的功率和转矩，因而又常用比功率和比转矩评价汽车的动力性。

比功率——汽车发动机最大功率与汽车总质量之比。

比转矩——汽车发动机最大转矩与汽车总质量之比。

对于用途不同的车辆，比功率和比转矩的要求是不相同的，轿车比货车的要求高。

1.2.2 最高车速

汽车在水平良好路面上满载行驶所能达到的最高行驶速度称为最高车速。最高车速是汽车动力性的一个重要指标，不同用途的汽车，其最高车速也不同。轿车的最高车速比货车高得多，同时汽车的最高车速还受道路和安全条件的制约。近年来，汽车最高车速已普遍提高，如新款奥迪 A6L 3.0 最高时速已达 251km/h；2010 款福克斯两厢 1.8AT 的最高时速已达 180km/h；新奔驰 E350 的最高时速已达 250km/h。另外，大部分货车最高时速也达到 100km/h。

1.2.3 加速能力

汽车的加速能力是用汽车的加速时间表示的。原地起步加速时间是指汽车由一挡或者二挡起步,并以最大的加速度逐步换至高速挡后达到某一预定距离或车速的时间。超车加速时间是指用最高挡或者次高挡的某一速度全力加速至某一较高速所需的时间。因为汽车超车时与被超车辆并行,容易发生安全事故,所以超车加速能力强,并行的时间就短,行程也短,行驶就安全。一般常用0~400m或0~100km/h所需时间来描述汽车原地起步加速能力,常用40~60km/h或40~100km/h所需的时间来描述起步加速能力。例如:一汽大众迈腾2.0TSi 0~100km/h的加速时间为7.9s;广汽丰田汉兰达3.5L精英版0~100km/h的加速时间为8s。

1.2.4 爬坡能力

爬坡能力指汽车在良好的路面上,以一挡行驶所能爬行的最大坡度。对越野汽车来说,爬坡能力是一个相当重要的指标,一般要求能够爬不小于60%或30°的坡路;对载货汽车要求有30%左右的爬坡能力;轿车的车速较高,且经常在状况较好的道路上行驶,所以不强调爬坡能力,一般爬坡能力在20%左右。例如,本田CR-V最大爬坡度为28%;瑞虎最大爬坡度为30%;哈弗的最大爬坡度为40%。

1.2.5 平均技术速度

平均技术速度即汽车行驶时间内的平均速度。计算时,不包括装卸物资、上下乘客、排除技术故障的停歇时间,但包括遵守交通法规必须要停车的时间。

1.3 使用方便性

汽车的使用方便性是一个综合的使用性能,指汽车在结构上为使用者提供条件的方便性。它由一系列性能指标构成,主要有:平顺性和舒适性、操纵方便性、装卸货物的方便、操纵方便性、紧凑性、机动性、上下车的方便性和最大续驶里程等。

1.3.1 行驶平顺性和乘坐舒适性

行驶平顺性是指汽车以最小的车身振动,在各种不平路面上行驶的适应能力。行驶平顺性的优劣,通常是根据人体对振动的生理反应以及振动对货物完好的影响来评价。它主要用振动参数,如振动的频率、振幅、加速度等作为评价指标。

舒适性是评价在规定的行驶条件下,在合理运行时间范围内驾驶员与乘客感觉良好的标准。

影响舒适性的因素有:座椅尺寸、形状及其与人体接触处的材料硬度和质感,振动频率,空间大小,温度,光线,内饰对乘客心理影响效果和乘坐安全感等。

1.3.2 机动性

机动性指车辆在最小面积内转向和转弯的能力。其评价指标主要有:前外轮最小转弯直径(或转弯半径)、转弯的通道宽度等。

1.3.3 操纵方便性

操纵方便性指驾驶员在驾驶汽车的过程中劳动强度的高低。评价指标有:施加于操纵机构的力、运行时驾驶员的操纵次数、工作装置的位置和装备情况、视野及后视镜的装置情况、照明及信号装置是否完善等。

1.3.4 装卸货物方便性

装卸货物方便性指车辆对装卸货物的适应能力。表征车辆装卸方便性的指标主要有:货箱和车身地板的装货高度,从一面、两面、三面装卸货物的可能性,厢式车车门的结构、布置和尺寸,有无随车装卸货物的装置及其效率等。

1.3.5 乘客上下车的方便性

乘客上下车的方便性主要对轿车和客车而言。乘客上下车方便与否取决于车门的布置(轿车)和车门踏板的结构参数。如踏板的高度、深度、级数和能见度,以及车门的宽度。客车的乘客上下车方便性还影响城市公共汽车在线路上的运行时间。

1.3.6 紧凑性

紧凑性是表征汽车外形尺寸合理与否的指标,主要有:

(1)汽车的长度利用系数(λ_L):

$$\lambda_L = \frac{L_k}{L_a}$$

式中:L_k——车身有效容积的内长,m;
　　　L_a——汽车的外形长度,m。

(2)汽车外形面积利用系数(λ_F):

$$\lambda_F = \frac{A_k}{A_a}$$

式中:A_k——汽车车身(厢)内腔面积,m^2;
　　　A_a——汽车轮廓占地面积,m^2。

1.3.7 最大续驶里程

最大续驶里程指汽车的油箱加满油后能行驶的最大里程数L_T。

$$L_T = \frac{100 V_c}{Q_s} \quad (km)$$

式中:V_c——油箱容积,L;
　　　Q_s——百公里燃料消耗,L/100km。

1.4 燃料经济性

汽车在保证动力性的条件下,用最少的燃料消耗完成单位运输工作的能力,称为汽车的燃料经济性。燃料经济性是汽车使用经济性能的一个很重要的指标,它对汽车运用的效果有决定性的影响。燃料费用一般占汽车运输成本的20%~30%,所以降低汽车的燃料消耗是减少使用费用的主要途径之一。燃料经济性的评价指标通常用在规定条件下行驶单位里程所消耗的燃料量表示的,一般称为百公里油耗。其单位为:升/千米(L/km)或升/百千米(L/100km)。在国外,也有用每燃烧单位体积燃料汽车行驶的里程数表示的,其单位为:千米/升(km/L)或英里/加仑(mile/gal)。运输企业也用运送单位质量的货物至单位里程所消耗的燃料量表示汽车的燃料经济性,其单位为:升/百吨千米[L/(100t·km)]或千克/百吨千米[kg/(100t·km)]。此评价参数不仅表示了燃料消耗量,而且还表示了运输的效率,便于比较不同装载质量汽车的燃料经济性。

测定汽车燃料经济性的试验方法有很多。如我国国家标准规定有:在道路条件下的直接挡全油门加速燃料消耗量试验,等速燃料消耗量试验,多工况燃料消耗量试验,限定条件下的平均使用燃料消耗量试验,汽车在底盘测功机上的循环试验等。

汽车直接挡全油门加速燃料消耗量的试验条件：汽车挂直接挡（没有直接挡时挂最高挡），以$(30±1)$km/h的初速度，稳定通过50m的预备段，在测试路段的起点开始，加速踏板踩到底，加速通过测试路段测得燃料消耗量。

进行汽车等速行驶燃料消耗试验时，汽车用常用挡位，往返等速行驶通过500m的测试路段，分别测试车速为20km/h、30km/h、40km/h、直至90%最高车速等各车速下的燃料消耗量。然后以车速为横轴、燃料消耗量为纵轴，绘制出曲线图，称为等速燃料消耗量特性曲线，简称等速燃料消耗曲线。

多工况燃料消耗量试验是考虑了实际行驶中频繁出现的加速、减速、停车怠速、制动等各种工况，并将其根据车型经过加工简化规定为标准的循环进行试验。

限定条件下的平均使用燃料消耗量试验，其选择的测试路段应是三级以上平原干线公路，长度不小于50km，试验时轿车的车速为$(60±2)$km/h，铰接式客车为$(35±2)$km/h，其他车辆为$(50±2)$km/h，测定每50km单程的燃料消耗量，然后换算成百公里燃料消耗量。往返各试验一次，以两次测量结果的算术平均值作为测定结果。

为了节约石油资源，很多国家都制定了限制汽车油耗的法规，从而促进了燃料经济性的不断提高。

1.5 安全性

汽车以最小的交通事故概率和最少的公害适应使用条件的能力，称为汽车的安全性。

安全性是汽车的重要使用性能之一（节能、环保、安全是汽车使用所必须具备的能力），它直接关系到人们的生命和健康，以及汽车和运输货物的完好。汽车速度性能的发挥，很大程度上取决于汽车的安全性能，特别是随着汽车保有量日益增加和汽车速度的提高，人们对汽车的安全性要求也越来越严格。

汽车的安全性是一系列结构性能的综合体现。我国汽车强制性标准分为三大部分，即安全性标准、污染控制和节能。其中安全性标准项目，包括主动安全、被动安全和防火安全。

1.5.1 主动安全性

汽车主动安全性是指汽车本身防止或减少交通事故发生的性能，主要内容有：

(1) 保证驾驶员有良好视野方面。包括驾驶员前视野要求、汽车后视镜的安装要求及性能、风窗玻璃除霜和除雾、刮水器洗涤器等。

(2) 保证良好操纵性能方面。包括转向系统、加速控制系统、制动系统的功能，汽车喇叭的性能等。

(3) 各种照明及信号装置的要求。包括各种照明及信号装置的标志、性能要求，前照灯、雾灯、倒车灯、转向灯、制动灯和示廓灯的位置及要求等。汽车驾驶室内各种操纵件、指示器及信号装置使用统一的图形标志，可避免驾驶员错误识别或错误操作而导致车祸。

1.5.2 被动安全性

被动安全性即发生事故时的安全性，指汽车发生交通事故后，减轻乘员和行人伤亡、减少车辆损失的结构性能，其中主要有：

(1) 驾驶室、车身结构的刚度，防止正面、侧面撞击的性能，特别是乘用车的侧门强度。

(2) 汽车座椅系统的安全性，包括座椅强度、安全带强度、安全带固定点的强度、座椅头枕等。它们的作用主要是保证撞车时能吸收乘员的能量，减轻乘员伤亡。

(3)汽车(特别是轿车)内外凸出物的要求。例如:在头部碰撞基准区内,要求不得有曲率半径小于 2.5mm 的刚性材料构件和粗糙表面等。

(4)汽车和挂车的侧面及后下部设有防护装置,主要用来防止车辆在行驶时有其他人、车、动物等撞击,造成事故。

(5)汽车安全玻璃,用以防止撞击后玻璃破碎伤人。目前我国规定要使用国家安全认证的玻璃。

1.5.3　防火安全性

防止车辆火灾的结构措施主要有:

(1)提高车身内饰材料的耐火性。要求用阻燃材料制造,阻燃材料应满足:

①不燃烧;

②可以燃烧,但燃烧速度不大于 100mm/min;

③燃烧火焰在 60s 内自行熄灭,且燃烧距离不大于 50mm。

(2)燃油箱规定。燃油箱与排气管的出口端位置应相距 300mm 以上,或设置有效的隔热装置,燃油箱的加油口应距裸露电器接头与电器开关 200mm 以上。

(3)轿车碰撞时燃油箱的泄漏规定。主要是防止碰撞后油箱漏油引起燃烧,造成二次损坏。要求按规定的试验方法试验时,从燃油箱及燃油管泄漏的燃油总量,在 5min 内不得大于 200mL。

1.5.4　制动性

汽车的制动性是强制停车和降低车速的能力,它直接关系到人的安全。汽车必须具有优良的制动性能,才能保证在安全的条件下充分发挥其速度性能,因而制动性是汽车使用过程中安全性的重要指标。评价汽车制动性的主要指标是:制动效能(制动力、制动距离和制动减速度)、制动效能的稳定性以及制动时汽车的方向稳定性。

(1)制动效能。汽车迅速降低行驶速度直至停车的能力称为汽车的制动效能。它是评价汽车制动性最基本的指标,主要用制动距离和制动减速度来评价。

①制动距离:车辆制动过程中所驶过的距离。

②制动减速度:车辆制动时够达到的最大减速度。汽车的最大制动减速度是由道路条件所决定的,各种性能优良的制动器应考虑充分利用道路的附着性能。

除用制动距离和制动减速度评价外,也可用制动力评价。制动力是在室内用制动试验台检测汽车各车轮制动力的大小,根据其与轴荷的比例判断制动效能是否合格。

(2)制动效能的稳定性。制动效能稳定性是指制动效能不因制动器摩擦条件的改变而恶化的性能,包括水稳定性和热稳定性。

①水稳定性:制动效能不因制动器浸水而衰退的能力。

②热稳定性(抗热衰退性):制动效能不因制动器温度升高而衰退的能力。

(3)制动时的方向稳定性。制动时的方向稳定性,是指制动时汽车保持按给定方向行驶的能力。各轮的制动力不均匀、比例不当是导致制动跑偏、侧滑,使汽车失去控制而离开原行驶方向的基本原因。

1.6　通过性

通过性指车辆不用其他辅助措施以足够高的平均速度通过各种坏路(沙、雪、冰等)、无路地段和自然障碍的能力。

对于经常在道路条件较差的地区使用的车辆,如农用、林用、军用、工程用车等,通过性十分重要,对于在高等级公路上行驶的车辆则要求不高。但是任何类型的车辆都有可能要通过恶劣路面和无路地段,因而都应具有与其使用条件相适应的通过性。通过性包括轮廓通过性和支撑通过性。

1.6.1 轮廓通过性

轮廓通过性表征车辆通过坎坷不平路段、障碍(陡坡、侧坡、台阶、壕沟等)的运行能力。表征车辆轮廓通过性的指标有:最小离地间隙 C、接近角 γ_1、离去角 γ_2、纵向通过半径 ρ_1、横向通过半径 ρ_2(图1-1)等。

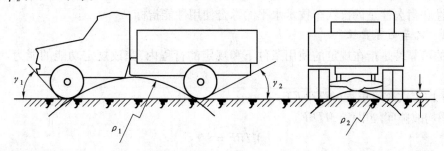

图1-1 汽车轮廓通过性的几何参数

最小离地间隙 C 是汽车除去车轮外的最低点与路面之间的距离。它表征汽车无碰撞地越过石块、树桩等地面障碍的能力。汽车的前桥、飞轮壳、变速器壳、消声器和主减速器外壳等通常有较小的离地间隙。

接近角 γ_1 与离去角 γ_2 是指自汽车车身前、后突出点向前、后车轮引切线时,切线与路面之间的夹角。它表征了汽车接近或离开障碍物(如小丘、沟洼地等)时不发生碰撞的能力,也就是不发生触头和托尾的能力。接近角和离去角越大,则汽车的通过性越好。

纵向通过半径 ρ_1 是指在汽车侧视图上,作出与前、后轮及两轴间轮廓相切圆的半径。它表征汽车可无碰撞地通过小丘、拱桥等障碍物的轮廓尺寸。ρ_1 越小,汽车的通过性越好。

横向通过半径 ρ_2 是指在汽车的正视图上所作与左右车轮及与两轮之间轮廓线相切的圆半径。它表示汽车通过小丘及凸起路面等横向凸起障碍物的能力。ρ_2 越小,汽车的通过性越好。

1.6.2 支撑通过性

支撑通过性表征车辆在松软土壤、雪地、冰面、沙漠、滑溜路面上运行的能力。其评价参数通常有:

(1)附着质量和附着质量利用系数。为满足汽车行驶的附着条件,应满足下式:
$$m_\phi \cdot \phi \geq m_a \cdot \Psi$$
式中:m_ϕ——附着质量;
  ϕ——附着系数;
  m_a——车辆总质量;
  Ψ——道路阻力系数,$\Psi = f + i$,f 为道路滚动阻力系数,i 为道路坡度。
则:$m_\phi / m_a = k_\phi$ 称为附着质量利用系数。

(2)接地比压。车轮接地比压可由下面的经验公式计算：

$$p = 0.098 m_k / A_0$$

式中：p——车轮接地比压，MPa；

m_k——车轮上的法向载质量，kg；

A_0——车轮接地面积，cm^2。

车轮接地比压一般比轮胎内压高 10%~20%。推荐的车轮接地比压为：轴载质量 <10t 的车辆，$p \leq 0.65$ MPa；轴载质量 <6t 的车辆，$p \leq 0.55$ MPa。

1.7 可靠性和耐久性

可靠性和耐久性是评价汽车技术水平的综合使用性能指标。

1.7.1 汽车的可靠性

汽车的可靠性是指在规定的使用条件下和规定的行程内，完成规定功能的能力。其评价指标有：

(1)平均首次故障里程（$MTTFF$）。

(2)平均故障间隔里程（$MTBF$）。

$$MTBF = S/r$$

式中：S——试验里程，km；

r——试验里程 S 内发生的一、二、三类故障的总数。

(3)当量故障率 λ_D。将汽车行驶时发生的各类故障，按其造成的后果及对汽车工作性能的影响程度分为四大类：第一类为致命故障，其涉及行驶安全，可能导致人身伤亡或者引起主要总成报废，造成重大经济损失或对周围环境造成危害；第二类为严重故障，可导致主要总成、零部件损坏或性能显著下降，且不能用随车工具和易损备件在短时间内(30min)修复；第三类为一般故障，可在 30min 内修复；第四类为轻微故障，用随车工具在 5min 内能轻易排除。根据各级故障的危害程度，以一定的系数折算成常见的一般故障数称为当量故障数 $\gamma_D = r \cdot \varepsilon$，然后再计算当量故障率 λ_D。这里，r 为各类故障发生的数量；ε 为某类故障相应的故障折合系数。

根据国家标准，一、二、三和四类故障的折合系数分别为：

$$\varepsilon_1 = 20, \varepsilon_2 = 5, \varepsilon_3 = 1, \varepsilon_4 = 0.4$$

则：当量故障率

$$\lambda_D = 1000 \frac{\gamma_D}{S} \quad (\text{次}/1000km)$$

(4)千公里维修时间 MT_m。

$$MT_m = 1000 \frac{TR_m + TR_p}{S} \quad (h/1000km)$$

式中：TR_m——行驶里程内故障后维修时间总和，h；

TR_p——S 里程内预防维护时间总和，h。

(5)千公里维修费用 M_c。

$$M_c = 1000 \frac{C}{S} \quad (\text{元}/1000km)$$

式中：C——维修费用总和，包括材料、工时、设备等费用。

(6) 有效度 A。

$$A = \frac{S}{S + S_D} \times 100\%$$

式中：S_D——维修停驶里程，$S_D = v_a \cdot MT_m \cdot S/100$。$v_a$ 为平均技术车速。

1.7.2 汽车的耐久性

汽车的耐久性是指汽车进入极限技术状态之前，经预防维修（不更换主要总成和大修）维持工作能力的性能。评价指标有：

(1) 第一次大修前的平均行程。

(2) 大修平均间隔里程。

1.7.3 汽车的使用期限

汽车的使用期限是指新车开始使用直至报废为止的使用延续时间（或行程）。使用期限分为技术使用期限、经济使用期限和合理使用期限。

汽车使用年限及报废规定参见 2012 年 12 月 27 日由商务部、发改委、公安部和环境保护部发布并于 2013 年 5 月 1 日实施的《机动车强制报废标准规定》。

1.8 维修性

汽车的维修性是指在规定的条件下和规定的时间内，按规定程序和方法维修时，保持或恢复到规定功能的能力。评价指标有：

(1) 汽车的技术利用系数 k_T。

$$k_T = \frac{T_s}{T_s + T_m + T_r}$$

式中：T_s——汽车处于工作能力状况时间的数学期望；

T_m——因维护停驶时间的数学期望；

T_r——因修理停驶时间的数学期望。

(2) 完好率 k_0。

$$k_0 = \frac{t}{t + t_{r \cdot m}}$$

式中：t——无故障工作时间；

$t_{r \cdot m}$——维修时的停驶时间。

(3) 汽车工作能力被恢复的概率。表征汽车在规定的时间内，其工作能力被恢复的可能性。

(4) 机构、总成和汽车的维护周期。

(5) 维护和修理劳动量。

(6) 维护和修理比费用。

1.9 汽车的质量利用

表征汽车整备质量与装载质量之间的关系，即自重和装载质量之间的关系。通常用以下指标表示：

$$汽车质量利用系数 = \frac{汽车装载质量}{汽车净质量}$$

或：

$$汽车整备质量利用系数 = \frac{汽车装载质量}{汽车整备质量}$$

整备质量利用系数不仅反映设计、制造水平，而且也反映其使用经济性，因而是汽车技术进步的主要标志之一。我国轻型载货汽车一般在 1.1 左右；中型载货汽车在 1.35 左右；重型载货汽车在 1.3~1.7 之间。

1.10 外形尺寸（外廓尺寸）

汽车的外形尺寸包括总长、总宽和总高，它们必须与公路、桥梁、涵洞和铁路运输等有关标准相适应。GB 1589—2004《道路车辆外廓尺寸、轴荷及质量限值》对汽车的长、宽、高分别规定了限值，见表1-1。

汽车、挂车及汽车列车外廓尺寸的最大限值（单位：mm） 表1-1

车辆类型				车长	车宽	车高
汽车			三轮汽车	4600	1600	2000
			最高设计车速小于 70km/h 的四轮货车	6000	2000	2500
	货车及半挂牵引车	二轴	最大设计总质量≤3500kg	6000		
			最大设计总质量>3500kg，且≤8000kg	7000		
			最大设计总质量>8000kg，且≤12000kg	8000		
			最大设计总质量>12000kg	9000		
		三轴	最大设计总质量≤20000kg	11000		
			最大设计总质量>20000kg	12000		
		四轴		12000		
	乘用车及客车		乘用车及二轴客车	12000	2500	4000
			三轴客车	13700		
			单铰接客车	18000		
挂车	半挂车		一轴	8600		
			二轴	10000		
			三轴	13000		
	其他挂车		中置轴（旅居）挂车	8000		
			最大设计总质量≤10000kg	7000		
			最大设计总质量>10000kg	8000		
汽车列车			铰接列车	16500		
			货车列车	20000		

2　汽车使用条件与运行工况

汽车是在一定的外界条件下完成运输工作过程的,而这种条件在汽车运输生产过程中是变化的,它们直接影响运输工作的成本和效益。这些条件称为汽车使用条件。汽车使用条件主要有:道路条件、气候条件、运输条件和汽车运行技术条件。

2.1　道路条件

道路条件的好坏直接影响汽车运输的效果,同时也影响着汽车的技术性能。因此,道路条件是汽车运用最主要的条件。

汽车运输对公路的要求有:

(1)在充分发挥汽车速度特性的情况下,保证车辆的安全行驶;

(2)能满足该地区对此道路所要求的最大通车量;

(3)车辆通过方便,舒适性好;

(4)车辆通过此公路的运行材料消耗量少,零部件损坏最小。

道路条件对汽车的运用性能与运用效率的影响主要来自道路等级和道路养护质量。

2.1.1　道路等级

按照 JTG B01—2003《公路工程技术标准》,根据公路功能和适应的交通量,公路分为以下五个等级:

(1)高速公路为专供汽车分向分车道行驶并应全部控制出入的多车道公路。四车道高速公路应能适应将各种汽车折合成小客车的年平均日交通量2.5万~5.5万辆;六车道高速公路应能适应将各种汽车折合成小客车的年平均日交通量4.5万~8万辆;八车道高速公路应能适应将各种汽车折合成小客车的年平均日交通量6万~10万辆。

(2)一级公路为供汽车分向分车道行驶并可根据需要控制出入的多车道公路。四车道一级公路应能适应将各种汽车折合成小客车的年平均日交通量1.5万~3万辆;六车道一级公路应能适应将各种汽车折合成小客车的年平均日交通量2.5万~5.5万辆。

(3)二级公路为供汽车行驶的双车道公路。双车道二级公路应能适应将各种汽车折合成小客车的年平均日交通量0.5万~1.5万辆。

(4)三级公路为主要供汽车行驶的双车道公路。双车道三级公路应能适应将各种车辆折合成小客车的年平均日交通量2000~6000辆。

(5)四级公路为主要供汽车行驶的双车道或单车道公路。双车道四级公路应能适应将各种车辆折合成小客车的年平均日交通量2000辆以下。单车道四级公路应能适应将各种车辆折合成小客车的年平均日交通量400辆以下。

2.1.2　道路养护质量

一般来讲,道路等级越高,路面质量就越好。汽车在良好的道路上行驶可以获得较高的平均技术速度,运行消耗较低。但如果道路的养护工作不及时,养护质量不好或长期不对道路进行养护,即使高等级道路,其路面的质量也会很差。汽车在路面质量比较差的道路上行驶时,不仅平均技术速度低,运行消耗高,而且凹凸不平的路面对车辆的冲击振动将严重影响车辆的行驶平顺性和乘坐舒适性,加剧行驶机构的损伤和轮胎的磨损,增大零部件冲击荷载;同时由于行驶中换挡及制动次数的增加,使离合器、变速器、制动装置等磨损过甚而导致早期损坏。

2.2 气候条件

汽车只有在适宜的气候条件下使用,其技术性能方可得到正常发挥,而在严寒或炎热的季节,汽车技术状况均会下降,甚至难以起动或正常使用。我国地域辽阔,南北气候特点差异较大,一些地区的季节温差和日温差变化也大,这就给车辆的正常使用带来困难。因此要求车辆的结构及技术性能对温度的适应范围更宽一些。

在炎热的地区,汽车供油系易产生气阻而导致无法运行;发动机过热而使燃烧不正常;发动机罩内空气密度下降使进气不足导致功率下降,燃料消耗上升;润滑油黏度下降使机件磨损加剧;蓄电池内电解液蒸发严重,蓄电池容易损坏。车厢内温度上升,乘员会感到头晕发闷,空调成为不可缺少的设备。

在严寒的地区,由于气温偏低而使燃油蒸发性下降,导致起动困难,燃料消耗加大;润滑条件下降使磨损加剧;冷却系易结冰而不得不使用防冻液或每日收车后放水;非金属材料弹性下降或产生脆裂导致故障增多,渗漏严重。

山区高原,气候多变,空气稀薄,气压下降,水的沸点降低,使车辆动力不足,燃料消耗上升,发动机过热,气阻明显。

南方气候潮湿,雨季较长,车辆零部件易锈蚀,电气系统工作不良。

北方各省气候干燥,西北地区风沙严重,一日之内温差也大,会导致车辆磨损严重,技术性能难以调整控制,车辆易早期损坏。

不同的气候条件对车辆结构及技术性能有不同的要求。特别是车辆的冷却系、供油系、润滑系和点火系等应对气候条件有较宽范围的适应性,以确保车辆在不同气候条件下正常使用。车辆的使用部门也应根据当地的气候特点合理选用车型,采用必要的预防措施或对车辆进行必要的改装、改造,努力减少使用中因气候条件给车辆带来的困难,切实做到合理运用,争取最佳经济效益。

2.3 运输条件

由运送对象的特性和运输任务的要求所决定的影响车辆使用的各种因素,称为运输条件。包括货物种类和特性、客货流向、流量或运量、客货运送距离和送达期限等。

货物种类和特性主要是指其结构、形状、密度、存在形式及物理属性等。一般根据汽车运输过程中的货物装卸方法、运输和保管条件以及批量对货物进行分类。货物种类特性不同,对车辆要求也自然不同。长大笨重的货物宜选用低栏板和动力性好的汽车;轻泡类货物宜选用高栏板长货厢的平头类汽车;散装类货物宜选用厢式车或自卸车。

货物的批量和运距也对车型提出不同要求。市内运输,运距短,装卸频繁,道路条件好;而农村地区道路条件差,经常运输谷物、蔬菜等。这就决定了所选车型的不同。

货物运输量、货物的批量、均匀性、季节性和货物种类及特性,决定了运输车辆的车型选择和组织方法,也是装卸工作机械化程度、是否采用专用车辆、是否用拖挂的决策依据。

客运主要有市内客运和公路长途客运两种。市区客运中的出租类小型客运车和微型客车应采用使用方便、乘坐舒适、经济性好、低噪声的汽车,而公共客车应具备大车厢、大容量、多站位、宽通道、多车门、上下方便的特点。城市间公路客车要求较高的速度性和乘坐舒适性,辅助设备齐全,使用方便。

2.4 汽车运行工况

在汽车的运行过程中,实际运用条件是随时变化的。因为运行条件不同会直接影响运输生产率和运输成本,所以我们应调查、记录、研究汽车在不同条件下的运行情况,分析其运行特点,找出变化规律,并设法加以改善,以求最佳效益。

在实际研究中,我们常采用多个运行参数来描述汽车运行状况,称为运行工况。描述汽车运行工况的参数主要包括:车速、燃料消耗、挡位、发动机转速、节气门开度、离合器使用频度、制动使用频度和挡位变化频度等。

2.4.1 汽车运行工况调查

要研究汽车运行使用情况,首先要对汽车的运行情况进行调查,以掌握汽车在特定的使用条件下,表征汽车运行状况各参数的变化范围和变化规律,以便为评价合理运用情况及车辆技术性能,以及结构特性能否满足使用要求提供必要的基础资料。对汽车运行工况进行调查,主要包括以下几项内容:

(1)了解掌握汽车运行的外部条件,主要是气候条件、道路条件和交通环境。为使调查结果有一定的代表性,我们应尽量选择正常气候,及能够反映汽车各种运行工况的具有代表性的路线,并取得有关资料数据。

(2)记录汽车全行程或某一段行驶区间的离合器使用情况、挡位变化情况、制动次数、停车次数等。

(3)在汽车实际运行中,同步测取车辆行驶中的车速、发动机转速、节气门开度及挡位使用变化情况。

根据研究任务的需要,工况调查的内容还可有所增减。汽车运行方式所用的车辆技术状况应该正常并符合国家有关标准规定。

另外,由于实际运行中的汽车工况是随机变化过程,受诸多因素的影响。因此,我们在调查过程中进行的抽样均应符合抽样的随机性原则,并应保证调查结果的有效性和可信度。通过对调查数据的分析,以求得汽车运行各参数变化规律和变化范围,进而推断出各参数总体分布规律和数学特性,以便得出车辆运行各阶段合理运用程度及影响因素,并设法加以改进。

对汽车运行情况的调查、记录及试验,常采用的是电测法,即在测量部位安置变换器或传感器,使测得的状态参数变为电参数输入记录器或测量仪表。

如图1-2所示即为某载货汽车在市区行驶的情况记录。

根据运行记录,可以得出车速、挡位、燃料消耗、发动机转速等使用情况概率分布图。图1-3为公共汽车在市区行驶的速度分布图,图1-4为BJ1040汽车在公路上行驶的速度分布图。

2.4.2 汽车运行工况的分析

通过对汽车运行工况的研究、分析,可得出以下结论:

(1)车速分布规律是个统计规律。在市区运行的车辆,其车速多为正态分布;而在公路上运行的车辆,其车速分布近似为威尔分布,其平均车速可高达45km/h,且50~70km/h的高速运行工况概率可提高到50%以上。车辆在市区运行之所以车速低,主要是受交通条件的影响;而在公路上运行车辆的车速则主要受交通安全的限制,并与车辆的动力性和平顺性等有关。

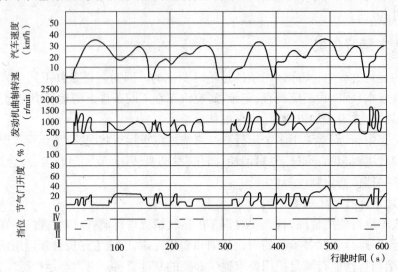

图1-2 载货汽车在市区行驶的运行记录

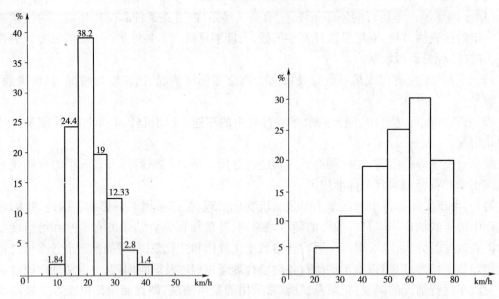

图1-3 公共汽车在市区行驶速度分布　　　　图1-4 BJ1040汽车在公路行驶的速度分布

（2）在公路上运行的车辆,其高速挡利用率按时间计算,可达92%~96%,而低速挡只占1%~2%;车辆在市区运行时,低速挡使用时间比率将增加。公共汽车由运行方式决定,空挡的使用时间比率较高,而超速挡的利用率明显小于在公路上运行的车辆,直接挡和低速挡的利用率则明显高于在公路上运行的车辆。因此,公共汽车的变速器低速挡齿轮磨损高于在公路上运行的车辆;而且,起步、加速、滑行、停车等工况使用频繁,对车辆结构及其动力性、经济性以及驾驶操作技术等均有特殊的要求。

（3）无论在市区或公路上,常用的车速偏低说明车辆的动力利用率不高,节气门开度不大,燃油经济性较差。在汽车运行过程中,发动机曲轴转速往往极不稳定,特别是在市区运行条件下,需要经常减速、换挡、加速和滑行。这样,常常使发动机不能在最经济的使用工况下工作。

(4)汽车在良好的道路上行驶时,节气门开度较小,功率利用率较低。汽车拖挂运输时,节气门开度加大,发动机功率利用率提高。但是当拖载质量增加时,将导致汽车运行中换挡次数增加,直接挡使用的时间比率减少,并且使起步力矩和加速行程增加。

(5)在同样的使用条件下,即使是同类型车辆,完成相同的运输任务,运行的效果有很大差异。为了寻求最佳的运行效果,人们在不断探索合理利用汽车动力的驾驶操作模式和驾驶节油的操作模式。

为获得较好的使用效果,达到较高的经济效益,就应该对车辆的运行工况进行调查了解,并在此基础上结合汽车的结构特点及具体的使用条件,对常用工况是否合理进行认真分析,努力寻求改善车辆不合理运用状态的措施,尤其注意提高车辆使用、维修、管理人员的素质。

3 汽车运用效率指标及影响因素

3.1 综合指标及影响因素

评价汽车运用效率的指标主要有:单车产量、车吨(客)位产量、车千米产量等。

3.1.1 单车产量

单车产量(即单车生产量)是指运输企业在统计期内平均每辆车所完成的换算周转量。单车产量综合反映了汽车的运用效率。单车产量分主、挂车分别计算和主、挂车综合计算两种计算方法。

主、挂车分别计算的公式为:

$$单车产量 = \frac{自载换算周转量}{平均车数}$$

主、挂车综合计算的公式为:

$$单车产量 = \frac{主、挂车换算周转量合计}{平均车数(主车)}$$

影响单车产量的因素主要有汽车在时间、速度、行程和运载能力等方面的利用程度。

3.1.2 车吨(客)位产量

车吨(客)位产量是指企业在统计期内平均每吨(客)位所完成的换算周转量。它反映汽车每个吨(客)位运用情况的综合效率。分主、挂车分别计算和主、挂车综合计算两种计算方法。

主、挂车分别计算的公式为:

$$单车吨(客)位产量 = \frac{自载的换算周转量}{汽车(挂车)平均总吨(客)位}$$

主、挂车综合计算的公式为:

$$车吨(客)位产量 = \frac{主、挂车换算周转量合计}{主车平均总吨(客)位}$$

影响车吨(客)位产量的主要因素除车辆本身的技术性能、道路、气候条件外,还有车辆在时间、速度、行程、装载能力、拖挂能力等方面的利用程度。

3.1.3 车千米产量

车千米产量,又称载运系数,是指平均每一车千米所完成的运输量,其计算式为:

$$车千米产量 = \frac{完成的换算周转量}{同期车辆总行程}$$

影响车千米产量的因素主要有:车辆的行程、装载能力、拖挂能力的利用程度。

从上述指标中可以看出,影响汽车运用效率的因素,除车辆的性能、道路和气候条件外,主要是车辆在时间、速度、行程和运载能力方面的利用程度。只要提高车辆在这些方面的利用程度,就可以提高汽车的运用效率。

3.2 提高汽车的时间利用率

提高汽车的时间利用率,也就是增加车辆参加运输工作的时间,这是提高汽车运用效率的一个重要方面。为了评价车辆时间利用率的高低,各国汽车运输业都设置了一些技术经济指标,这些指标名称各异,计算方法也不尽相同。我国汽车运输业用来评价汽车时间利用程度的指标主要有:完好率、工作率、出车时间利用率和昼夜时间利用率。

3.2.1 完好率

车辆的完好率是指车辆的完好车日占总车日的百分比,即:

$$完好率 = \frac{完好车日}{总车日} \times 100\% = \frac{总车日 - 非完好车日}{总车日} \times 100\%$$

其中,总车日是以运输企业营运车辆在计算期内每天实际保有的营运车辆数累计,即:

$$总车日 = 营运车辆数 \times 计算期天数$$

完好车日是指计算期内技术状况完好,不需要进行维修就可以随时出车执行运输任务的营运车辆车日累计,即:

$$完好车日 = 总车日 - 非完好车日$$

非完好车日是指计算期内需要进行维护、修理或正在进行维修以及已申请报废等待审批的营运车辆所占车日。

影响完好率的因素主要有:汽车的技术性能、汽车的使用情况、维修的组织和维修质量、汽车报废处理的及时程度等。

3.2.2 工作率

车辆的工作率是指运输企业在统计期内工作车日占总车日的百分比。用以表示总车日内车辆的利用程度,即:

$$工作率 = \frac{工作车日}{总车日} \times 100\% = 完好率 - \frac{停驶车日}{总车日} \times 100\%$$

在完好车日中,实际参加营运工作的车日,称为工作车日。一般情况下,一辆车出车一天叫做一个工作车日,且一天内只要出车工作过,不论时间长短,都计为一个工作车日。

在完好车日中,由于缺少燃料、轮胎、驾驶员或缺乏货源以及道路堵塞、气候条件不好等原因而造成车辆停驶的车日称为停驶车日。

影响车辆工作率的因素除车辆完好率及天气、道路方面的原因外,主要是企业运输工作的组织和管理水平。

3.2.3 出车时间利用率

出车时间利用率(亦称工作时间利用率)是指企业在统计期内车辆的纯运行时间占出车时间的百分比,即:

$$出车时间利用率 = \frac{纯运行时间}{出车时间} \times 100\%$$

出车时间是车辆自出车库到回车库所用的时间,出车时间按其用途分为纯运行时间和停歇时间。纯运行时间为车辆载货(客)及空驶运行的时间,停歇时间为办理技术业务、商业业务及装卸货(乘客上、下车)等时间。

影响出车时间利用的因素主要有:运输工作的组织水平及装卸机械化水平。

3.2.4 昼夜时间利用率

昼夜时间利用率是指工作车辆平均每日出车时间占昼夜时间的百分比。

$$昼夜时间利用率 = \frac{平均工作车日出车时间}{24} \times 100\%$$

工作车日昼夜时间以24h计,其中包括出车时间(运行时间和停歇时间)和驾驶员休息、用餐时间等。

影响车辆昼夜时间利用率的因素,主要是运输工作的组织管理水平。例如,货源的合理组织、合理的调度和采用多班制等都有利于提高车辆的昼夜时间利用率。

3.3 汽车速度性能的利用

提高汽车的时间利用率,可以增加汽车实际工作和运行的时间。但在相同的运行时间和运载条件下,汽车的运输生产量大小,取决于汽车的速度快慢。因此,充分发挥汽车的速度性能,提高运输速度,是提高汽车运用效率的又一个重要方面。

3.3.1 评价汽车速度利用的指标

评价汽车速度利用的指标主要有汽车的平均技术速度、营运速度、运送速度和平均车日行程等4项指标。

(1)平均技术速度。平均技术速度是指企业统计期内按纯运行时间计算的汽车平均速度,即:

$$平均技术速度 = \frac{总行程}{运行时间} \quad (km/h)$$

影响平均技术速度的因素主要有:车辆的结构性能、道路与交通状况、驾驶技术水平、气候条件及运输组织等。

(2)营运速度。营运速度是指企业统计期内按出车时间计算的车辆平均速度,即:

$$营运速度 = \frac{总行程}{出车时间} = 出车时间利用率 \times 平均技术速度 \quad (km/h)$$

营运速度反映车辆在出车时间内有效运转的快慢。其影响因素主要有:出车时间利用率和车辆的技术速度。

(3)运送速度。运送速度是指企业统计期内货(客)车在运输过程中的平均速度,即:

$$运送速度 = \frac{运送总里程}{承运时间} \quad (km/h)$$

运送速度在一定程度上反映了车辆的运用效率及运输组织工作的水平。其影响因素除汽车的技术速度外,还有货物装卸效率和客运组织工作水平,也就是出车时间利用情况。

(4)平均车日行程。平均车日行程是指企业在统计期内平均每个工作车日所行驶的里程,即:

$$\text{平均车日行程} = \frac{\text{总行程}}{\text{工作车日}} \quad (\text{km})$$

影响平均车日行程的主要因素是:车辆的技术速度以及车辆的时间利用程度。

从上述指标中可以看出,提高车辆速度利用的关键,是提高车辆的平均技术速度。

3.3.2 提高汽车平均技术速度的途径

提高汽车平均技术速度的途径很多,目前,主要有以下几个方面:

(1)提高汽车的性能和技术状况。要提高汽车的平均技术速度,首先要有性能良好的汽车。因此,汽车制造厂应提供速度快、加速性能强,而且安全可靠的汽车。从使用方面来说,要合理使用汽车,及时对汽车进行维护,采用现代化的检测、诊断技术,提高维修质量。这样才能保持汽车良好的技术状况,充分发挥汽车的速度性能,提高汽车的平均技术速度。

(2)加快公路建设,改善交通条件。从目前来讲,在我国,影响汽车速度性能发挥的主要是道路条件。加快公路建设,改善交通条件,是提高汽车平均技术速度的重要途径。

加快高速公路与高等级公路的建设,改善道路交通条件与交通状况,为充分发挥汽车的速度性能创造条件。

搞好道路的标志、标线、信号等设施建设;实行先进的道路交通管理手段,控制各种道路的交通密度和流量,以提高汽车的平均技术速度。

(3)提高驾驶员的素质和操作技能。要注意对驾驶员的培训和教育,提高驾驶员的自身素质和驾驶操作技能,使驾驶员在行车中始终有良好的身体和精神状态,同时具有熟练的驾驶技术。这样才能在确保安全的情况下,提高汽车的平均速度。需要注意,提高平均技术速度不是提倡盲目的高速行驶,而是要减少由于操作不熟练、估计不正确以及情况处理不当而造成的停车或较长时间低速行驶等现象。

此外,采用合理的运输组织和改进交通管理等,也是提高汽车平均技术速度的有效途径。

3.4 汽车行程和装载能力的利用

提高汽车的时间和速度的利用程度,可以提高汽车的行驶里程。但汽车运输的最终目的是运送货物或旅客。因此,要提高汽车的运用效率,还必须提高汽车的行程和装载能力的利用。

3.4.1 汽车行程利用率

汽车的行程利用指标通常用行程利用率来表示。行程利用率是指企业统计期内车辆的重车行程占车辆总行程的百分比,即:

$$\text{行程利用率} = \frac{\text{重车行程}}{\text{车辆总行程}} \times 100\%$$

总行程是指车辆在统计期内所行驶的全部里程;重车行程是指车辆载有客、货(不论是否满载)时行驶的里程;而车辆未载客、货时的行程为空车行程。

影响行程利用率的因素主要有:客、货源的分布及组织工作、运输计划、调度工作以及车辆对不同运输对象的适应能力等。

3.4.2 装载能力利用指标

汽车装载能力利用的评价,通常采用车辆的吨(客)位利用率和实载率两个指标来表示。

(1)吨(客)位利用率。是指车辆实际完成的运输周转量与车辆在重车行程利用全部额定吨(客)位所能完成的周转量的百分比。它表示车辆在重车行程载质量的利用程度,即:

$$吨(客)位用利率 = \frac{实际完成周转量}{重车行程 \times 额定吨(客)位} \times 100\%$$

影响车辆吨(客)位利用率的因素主要有:客、货源的充足程度,货物的特性、种类、包装及尺寸,运输的组织工作及车辆的适应性等。

(2)实载率。是指车辆实际完成的货物(旅客)周转量与总行程额定周转量的百分比,它综合反映车辆行程利用和装载能力的利用情况,其计算式为:

$$实载率 = \frac{实际完成周转量}{总行程额定周转量} \times 100\% = 行程利用率 \times 吨(客)位利用率$$

从计算式可以看出,实载率是车辆行程利用率与吨(客)位利用率的综合反映。实载率的影响因素也是这两个指标影响因素的结合。

4 汽车使用价值分析

4.1 价值分析的作用

从汽车的使用角度来看,汽车价值分析是汽车技术管理的一项重要内容。通过对汽车进行价值分析,可以把汽车的使用性能、寿命周期费用与汽车的价值有机地联系起来,使汽车在使用过程中能获得最佳的经济效益。

汽车的寿命周期是指汽车从设计、制造、销售、使用直到报废为止的整个时期。在汽车寿命周期的各个阶段,都要耗费一定的费用,把这些费用加起来,就是汽车的寿命周期费用。它包括汽车的购置费用和使用费用。

这里的价值,与政治经济学中有关价值的概念不尽相同,它是作为一种尺度提出来的,即评价事物有益程度的尺度。价值高,说明该事物的有益程度高、效益大、好处多;价值低,说明有益程度低、效益差、好处少。

汽车的价值可用下式表示:

$$V = \frac{F}{C}$$

式中:V——汽车的价值;

F——车辆的功能;

C——寿命周期费用。

由上式可以看出,提高汽车价值的途径大体上分为两类:一类是以降低寿命周期费用为主要途径;另一类是以提高汽车的功能为主要途径。这里所说的功能,有时指产品的使用性能和质量指标,有时是指其零部件在实现产品使用性能和其他质量特性指标中的作用。

汽车价值分析的核心也就是汽车功能分析,要努力找到其中那些对用户来讲是必要的功能,如果欠缺某项必要的功能或该功能水平不高,就应予以补充和提高;一切多余或过高的功能都应消除或适当降低,使汽车功能最大限度地满足用户需要,避免因多余的功能而增加用户的负担。如使用子午线轮胎代替普通斜交轮胎,可提高使用寿命,并且降低汽车的燃料消耗。又如经常行驶在城市道路和干线公路上的汽车,全轮驱动桥就是多余部件,高越野性为多余的功能,所以将越野车当一般轿车使用是很不合算的。

提高汽车价值并不是单纯地强调降低寿命周期费用,也不是片面提高使用性能,而是要求提高使用性能与寿命周期费用的比值。

4.2 汽车价值分析

汽车价值分析应包括两个方面:新车的价值分析和在用车辆的价值分析。

4.2.1 新车的价值分析

购买新车时,应根据运输任务的性质和要求,选择车辆的型号。如满足运输任务的汽车有多个品牌,则应对它们进行最低寿命周期费用分析,如图 1-5 所示。由图中可以看出,车辆购置费由高到低的顺序依次是Ⅲ、Ⅱ、Ⅰ、Ⅳ型汽车。虽然Ⅳ型车的购置费最低,但使用费用偏高。所以,汽车的寿命周期费用较高。而Ⅱ型车尽管购置费偏高,但使用费用低。所以,当使用年限在 4 年以上时,选用寿命周期费用低的Ⅱ型车是最佳方案。

当考虑货币的时间价值时,把各年的使用费用按一定的年利率折算成现值,则这 4 种品牌汽车的寿命周期费用如图 1-6 所示。由图可以看出,当考虑货币的时间价值时,Ⅱ型车使用年限在 4 年以上,其寿命周期费用最低,这与图 1-5 的结论是一致的;在第 6 年末,Ⅳ型车的寿命周期费用比Ⅲ型车低,这一结论与图 1-5 的结论是不同的。所以,当使用年限较长时,一般应考虑货币的时间价值。

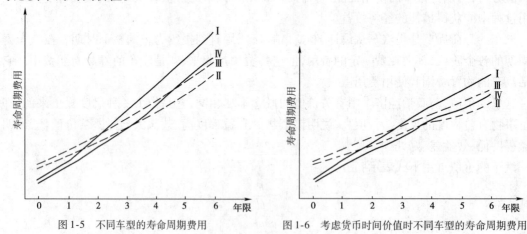

图 1-5 不同车型的寿命周期费用　　图 1-6 考虑货币时间价值时不同车型的寿命周期费用

综上所述,在购置新车时,不应只考虑购置费的高低,还应考虑汽车的使用年限、使用费用和货币的时间价值等因素。

4.2.2 在用汽车的价值分析

在用汽车的价值分析主要对车辆在改装、改造、加装附属装置和汽车修理中零部件的替代时进行价值分析。

为了能够经常地完成某种运输作业,在企业运输车辆过剩和无法适应这种运输作业车辆的条件下,有两种方案可供选择:一是购买适应这种运输作业的新车;二是对原有的车辆进行改装或改造,使之适应这种运输作业的需要。两个方案哪一个更佳,这就需要对这两个方案进行价值分析。分析时,将新车的寿命周期费用和原有车辆的寿命周期费用叠加后,与改装、改造后车辆的寿命周期费用进行对比分析,选择寿命周期费用最低的方案。

在北方的冬季,长途客车有无暖风装置对汽车的运输效益有很大影响。有暖风装置的客车,人们就愿意乘坐,汽车所获得的效益也就越大。对无暖风装置的客车加装暖风装置,虽然使用费用有所增加,但汽车的使用性能得到了改善,因而提高了汽车的价值。

对进口车辆和配件供应短缺的车辆进行维修时,在无配件供应的情况下,可采用其他车型的相关零部件进行替代。不但降低了维修成本,而且还提高了汽车的价值。

另外,通过对同型号的在用汽车的价值分析,还可以间接地反映出在用汽车的合理使用程度。合理使用程度不好的汽车,其寿命周期费用要比合理使用程度好的要高,汽车的价值也低。

4.3 车辆投资效果的测算

选配车辆是一项重要的投资决策。在评价和优选投资方案时,应事先对投资效果进行测算,做到先算后买。

4.3.1 总算法

总算法是用各方案的投资额及投产后生产年限内经营费用的总和,来评价方案的优劣,从而确定方案的取舍。其计算式为:

$$S = P + C \cdot N$$

式中:S——总费用;

P——基本建设投资额;

C——年经营费用;

N——生产年限。

【例1-1】 某运输单位承担矿石运输任务,有3种投资方案都能形成相同的运力,并能经营10年。3种方案的投资额与年经营费用见表1-2。求最佳投资方案。

投资额与年经营费用表 表1-2

方　案	投资额(万元)	年经营费用(万元)
电力机车	100	140
中型载货汽车	110	120
重型矿用自卸车	140	110

解:3种投资方案的总费用分别为:

$$S_1 = 100 + 140 \times 10 = 1500 \quad (万元)$$
$$S_2 = 110 + 120 \times 10 = 1310 \quad (万元)$$
$$S_3 = 140 + 110 \times 10 = 1240 \quad (万元)$$

计算结果表明:选用重型矿用自卸车的方案其总费用最少。

4.3.2 投资回收年限法

投资回收年限法是用回收全部投资所需时间(年)的长短来评价和优选方案的。投资回收时间的长短,取决于项目投产后年生产的净利润的多少。如果每年偿还额相等或接近相等时,可按下面的方法计算投资回收期:

$$n = \frac{P}{F}$$

当 $n \leqslant n_b$ 时,方案可行。

式中：n——投资回收期;

P——投资回收总额;

F——平均每年生产的净利润;

n_b——计划投资回收期。

【例1-2】 某运输个体户计划投资10万元购置两辆微型客车,进行出租营运业务,经测算5年内的年平均利润为3.5万元,计划在满5年时偿还全部投资,试确定该方案的可行性。

解：
$$n = \frac{P}{F} = \frac{10}{3.5} = 2.86 \quad (年)$$

因 $n \leqslant n_b = 5$(年),所以该方案可行。

上例是粗略的计算方法,可用于对方案作初步评价。在作进一步评价时,还需计算资金的时间价值。

5 汽车费税及相关法规

5.1 车辆购置税征收规定

根据国家税务总局2005年11月15日发布并于2006年1月1日实施的《车辆购置税征收管理办法》(2011年12月19日修订),征收车辆购置税。

5.1.1 计税价格

底盘发生更换的车辆,计税依据为最新核发的同类型车辆最低计税价格的70%。同类型车辆是指同国别、同排量、同车长、同吨位、配置近似等。

最低计税价格是指国家税务总局依据车辆生产企业提供的车辆价格信息,参照市场平均交易价格核定的车辆购置税计税价格。

对国家税务总局未核定最低计税价格的车辆,纳税人申报的计税价格低于同类型应税车辆最低计税价格,又无正当理由的,主管税务机关可比照已核定的同类型车辆最低计税价格征税。同类型车辆由主管税务机关确定,并报上级税务机关备案。

5.1.2 征收费率

国产车的购置税是车价扣除增值税后金额的10%,计算公式为:

$$购置税 = \frac{购车发票价}{1.17} \times 10\%$$

进口车购置税的数额是车价(含关税和消费税)的10%。

5.1.3 征收范围

车辆购置税征收范围见表1-3。

车辆购置税征收范围　　　　　　　　　　　　　表1-3

应税车辆		具体范围注释
汽车		各类汽车
摩托车	轻便摩托车	最高设计时速不大于50km/h,发动机汽缸总排量不大于50cm³的两个或三个车轮的机动车
	二轮摩托车	最高设计时速大于50km/h,或者发动机汽缸总排量大于50cm³的两个车轮的机动车
	三轮摩托车	最高设计时速大于50km/h,或者发动机汽缸总排量大于50cm³,空车质量不大于400kg的三个车轮的机动车
电车	无轨电车	以电能为动力,由专用输电电缆供电的轮式公共车辆
	有轨电车	以电能为动力,在轨道上行驶的公共车辆
挂车	全挂车	无动力设备,独立承载,由牵引车辆牵引行驶的车辆
	半挂车	无动力设备,与牵引车共同承载,由牵引车辆牵引行驶的车辆
农用运输车	三轮农用运输车	功率不大于7.4kW,载质量不大于500kg,最高车速不大于40km/h的三个车轮的机动车
	四轮农用运输车	功率不大于28kW,载质量不大于1500kg,最高车速不大于50km/h的四轮机动车

5.2 缴纳车辆购置税的手续

5.2.1 办理新车缴纳车辆购置税需出具的手续

(1)购车发票原件(发票上盖有工商行政管理机关章)及复印件2份。

(2)车辆合格证(进口车持货物进口证明书和商检证明)及复印件1份。

(3)单位车辆持单位法人代码证书,个人车辆持本人身份证明(身份证、户口簿)。

(4)个人车辆用现金缴费;单位车辆可以用现金缴费也可以用本单位银行支票缴费。车主用支票缴费,必须保证银行付款。如因存款不足、印鉴不清等原因造成银行退票的,车主须在接到电话通知的当天,到原办理处更换支票。否则,从应缴费之日起,按日加收应缴费额0.3%的滞纳金。

(5)车主到公安车辆管理部门领取车辆号牌后,须持车辆行驶证、车辆购置税凭证、车牌号码到车管部门建档窗口办理建档手续,按规定缴纳手续费(现金),车管部门在登记相关信息后,在车主相关证件及凭证上加盖"已建档"戳记,即完成建档。车主用支票缴费的,5日后才能建档(从缴费之日算起)。

5.2.2 办理车辆购置税凭证丢失补办的有关手续

因丢失车辆购置附加税凭证需补办的,车主必须先写出书面申请,并登报挂失。其中,补办申请书内容包括:缴费人单位名称或缴费人姓名;遗失凭证类别、号码和简要经过;车辆类别、型号、车牌号码;单位车辆加盖公章;个人车辆需本人签字,并注明本人身份证号码。登报挂失手续的,车主可到原办理处代办,也可以自行办理。

然后,车主持书面申请,登报凭证(报纸或办理登报手续的发票)、购车原始发票及复印件(2份)、缴纳车辆购置税的收据及复印件(2份)以及行驶证及复印件(2份)即可到原车辆购置税凭证办理处办理。

5.2.3　办理车辆购置税凭证过户手续

办理车辆购置税凭证过户的,必须持原车辆购置税凭证、行驶证、过户发票到原车辆购置税凭证办理处办理。

其中,过户发票如果是经旧车交易市场办理的,一定要持旧车交易市场凭证(如在北京旧机动车交易市场交易的车辆,要持"北京市旧车交易市场凭证");如果是经海关办理的,必须持"中华人民共和国海关各国使馆公私物品转证申请书";如果上下级单位内部调拨的,须持上级单位的调拨证明。

5.2.4　办理车辆购置税凭证变更手续

办理车辆购置税凭证变更的,应持车辆购置税凭证、行驶证、有关依据和证明文件到原办证处办理。

如果是变更单位名称的,须持工商行政管理局的名称变更证明或上级主管证明;如果是变更发动机号码的,须持购买发动机发票或修理单位证明。

5.2.5　办理车辆购置税档案转出手续

办理车辆购置税档案转出的,应持车辆购置税凭证、转出证明和公安车辆管理部门出具的车辆档案到原办证处办理。

其中,转出证明如果是经旧车交易市场办理的,须持旧车交易市场凭证;如果是下级单位内部调拨的,持上级单位的调拨证明。

5.2.6　办理车辆购置税档案转入手续

办理车辆购置税档案转出的,应持车辆购置税凭证、转出证明、行驶证和原车落籍地征管机构出具的《车辆购置税档案转移通知书》及车辆购置税档案,到新车辆购置税凭证办理处办理。

其中,车辆转出证明如果是经旧车交易市场办理的,须持旧车交易市场凭证;如果是下级单位内部调拨的,持上级单位的调拨证明。

5.2.7　办理车辆购置税退税手续

缴纳人在缴纳车辆购置税后,因车辆质量问题或非车主自身原因在落籍前退车的,按以下手续办理退税。

(1)缴税人提交退税申请,写明退税理由,并注明退税车辆的车型、发动机号、底盘号;
(2)原经销单位或生产厂家出具的退车原因证明;
(3)退车发票(红票);
(4)原购车发票和车辆合格证;
(5)原车辆购置税凭证(正、副联)和车辆购置税收据。

5.3　燃油附加税政策

燃油附加税是从油价中提取一定比例作为养路费用,其基本原理是车辆行驶的里程长短和载货量大小是与耗油量的多少紧密相连的。耗油越多,证明使用公路的"权利"越多,从油价中扣除上交燃油附加税也越多,对公路养护所尽的"义务"也就越多。

实施征收燃油附加税替代养路费表现出以下几个方面的优点:

(1)征收燃油附加税是世界上大部分国家和地区的通行做法。有关资料表明,美国法律规定的公路建设专项税收有车辆购置税、登记税、燃油税、轮胎税、汽车配件税、内胎税、润滑税等10种;日本有车辆购置税、燃油税、轮胎税、汽车配件税等8种;而英、法、德、印度、新加坡等国家都有车辆购置税、燃油税;我国的香港特别行政区也有车辆登记税。

(2)体现了"用路者交费,多用路者多交费"的合理原则和公平精神。

(3)有利于节约能源。

国务院决定,成品油税费改革自2009年1月1日起实施,取消在成品价外征收的公路养路费、航道养护费、公路运输管理费、公路客货运附加费、水路运输管理费、水运客货运附加费等六项收费,逐步有效取消政府还贷二级公路收费。

5.4 车船使用税征收规定

根据2012年1月1日实施的《中华人民共和国车船税法》规定征收车船使用税,各省、自治区和直辖市有相应的实施办法。

5.4.1 车船使用税申报纳税期限与纳税地点

车船使用税的纳税地点为车船的登记地或者车船税扣缴义务人所在地。依法不需要办理登记的车船,车船使用税的纳税地点为车船的所有人或者管理人所在地。

车船使用税纳税义务发生时间为取得车船所有权或者管理权的当月。

车船使用税按年申报缴纳。具体申报纳税期限由省、自治区、直辖市人民政府规定。

5.4.2 车船使用税税额

车船使用税税目税额见表1-4。

车船使用税税目税额表　　　　　　　　　　　　　　　　表1-4

车型	排量(L)	计税单位及税额	备 注
乘用车	<1.0	每辆年基准税额:60~360元	核定载客人数9人(含)以下
	1.0~1.6(含)	每辆年基准税额:300~540元	
	1.6~2.0(含)	每辆年基准税额:360~660元	
	2.0~2.5(含)	每辆年基准税额:660~1200元	
	2.5~3.0(含)	每辆年基准税额:1200~2400元	
	3.0~4.0(含)	每辆年基准税额:2400~3600元	
	>4.0	每辆年基准税额:3600~5400元	
商用车客车		每辆年基准税额:480~1440元	核定载客人数9人以上,包括电车
商用车货车		整备质量每吨/年基准税额:16~120元	包括半挂牵引车、三轮汽车和低速载货汽车等

续上表

车型	排量(L)	计税单位及税额	备 注
挂车		整备质量每吨/年基准税额:按照货车税额的50%计算	
专用作业车		整备质量每吨/年基准税额:16~120元	不包括拖拉机
轮式专用机械车		整备质量每吨/年基准税额:16~120元	不包括拖拉机
摩托车		每辆/年基准税额:36~180元	
机动船舶		净吨位每吨/年基准税额:3~6元	拖船、非机动驳船分别按照机动船舶税额的50%计算
游艇		艇身长度每米/年基准税额:600~2000元	

5.4.3 新车纳税手续

(1)新购车辆的纳税人,须持有关凭证(购车发票、行驶证)在一个月内到当地地方税务机关办理申报纳(免)税手续。为方便纳税人缴纳税款,地税局在大型汽车交易市场设有车船使用税代征机构。在购车办理手续时,可同时办理纳税手续。

(2)新购车辆税款分月计税,不满15日不计税,满15日的按一个月计税。

5.4.4 纳税办法

纳税单位应在规定期限内将车辆数量、种类、用途等情况如实向当地地方税务机关进行申报纳税,或由地方税务机关委托的公安、交通管理部门及其他单位代征代缴。

免税单位和车辆(除挂部队、武警、公安专用车牌的单位外),均应按照纳税期限到单位所在地区、县地方税务机关办理免税手续。

5.4.5 违法处理

对于不按章纳税的纳税义务人,根据中华人民共和国税收征收管理法和地方的车船使用税管理条例,都将受到一定处罚,但各地因情况不一,处罚尺度也不一。现以北京为例作一介绍。纳税人未按纳税期限申报纳税,除补交税款外,对逾期当年税款的机动车每辆处以100元以下罚款;对经检查发现未缴纳当年税款的机动车,每辆处以200元以下罚款;对抗税不缴的,除令其补税和处以应纳税款5倍以下罚款外,公安、交通、农机部门可暂扣其车辆牌证;情节严重构成犯罪的,依法追究刑事责任。

对未按规定位置粘贴、安装纳(免)税标志的机动车每辆处以50元以下罚款。

对免税单位不按规定办理免税手续的,按以上规定处罚。

6 汽车选配的主要技术指标

选型的目的就是择优选购合适的车辆,依据用途选型,依据气候、道路等自然条件选型等,都是为使车辆适应用途、外界自然条件等要求而确定车型。而反映适应上述外界条件的汽车本身,是由汽车的基本性能体现出来的。总体上,主要包括汽车的动力性、燃料经济性、可靠性、安全性和使用方便性。下面分别对其具体内容简述分析。

6.1 汽车的动力性

汽车的动力性有以下3个指标:最高车速、加速能力和最大爬坡度。

6.1.1 汽车的最高车速

汽车的最高车速是指汽车在水平良好的路面所能达到的最高行驶速度。一般购车者都希望自己所购的车最高车速较高。但是,在一定的行驶环境下,车辆都有一个经济行驶速度,相应的最高车速越高,经济行驶速度就越高。如果汽车常在高速路上进行长距离行驶和货物运输,那么较高的行驶速度会对运营有利。但是如果把这种车型拿到山间土路上行驶,它的高速性就发挥不出来。所以,在选购汽车时,汽车的最高车速应与运行条件相适应。

几种车型的最高车速见表1-5。

几种车型的最高车速　　　　　　表1-5

车型	奥迪 A8L 3.0T	奔驰 GLK 300 3.0L	宝马 X3 3.0T	别克君威 GS 2.0T	丰田凯美瑞 2.5L	帕萨特 B7 2.0T	瑞虎 5 2.0L	布加迪 8.0T
最高车速 (km/h)	250	210	240	240	200	230	165	407

我国高速公路上的最高车速规定为120km/h,所以有人说国产轿车的最高车速在160km/h以内较合适。因此,我们在车辆选型时不能过分地追求汽车的最高车速,应根据行驶条件综合考虑。

由于柴油机的低速储备转矩较大,其最大功率下的转速及最高转速较汽油机的低,所以一般认为汽油机有较好的高速特性,而柴油机在低速时有较好的驱动力输出,这一点可作为在不同使用条件下选用装何种发动机汽车的依据。

6.1.2 加速能力

汽车的加速能力用加速时间衡量,加速时间有两项,一项是汽车原地起步加速时间;另一项是超车加速时间。原地起步加速时间是指汽车由1挡起步,并以最大的加速强度逐步换至高挡后达到某一预定的距离或达到一定车速所需的时间。一般以0km/h加速至100km/h所用的时间表示。超车加速时间是指用最高挡或次高挡由某一车速开始全力加速至某一高速所需的时间,一般选用30km/h全力加速至某一高速所需时间表示。

对于在城市道路上运行的轿车和轻型客车一般要求有尽可能高的起动和加速超车能力,因为这能使车辆在行驶时有更多的灵活性和方便性,如奥迪Q7原地起步加速到100km/h的加速时间为6s,而奥迪Q3由0km/h加速至100km/h的加速时间为8.4s,这说明奥迪Q7的加速指标好于奥迪Q3。汽车的加速能力就是克服汽车惯性阻力的能力,它直接与发动机的功率与变速操纵系统的性能有关。汽车单位质量功率越大,加速性就越好,但是选购汽车时对于加速性的要求也同样应考虑道路条件。发达国家装车用发动机功率与空车质量比越来越大,这主要是与其国家经济发展水平及道路和车流情况有关。中国是一个发展中国家,道路交通事业还不发达,过高的车速和加速能力基本不能正常发挥,而且会使发动机的功率利用率降低。

几种车型0~100km/h的加速时间见表1-6。

几种车型 0~100km/h 的加速时间　　　　　　　　　　　表 1-6

车型	布加迪 8.0T	帕萨特 2.0T	奥迪 A8 6.3L	奔驰 S500 4.7T	科鲁兹 1.6L
0~100km/h 加速时间(s)	2.5	8	4.7	4.8	12.6

6.1.3 最大爬坡度

汽车的最大爬坡度是指汽车满载行驶在良好路面上 1 挡的最大爬坡度(i_{max})。载货汽车使用范围较广,其最大爬坡度 $i_{max}=30\%$,即 16.5°左右。越野汽车使用环境较差,对车辆的爬坡度要求较高,一般 $i_{max}=60\%$,即 30°左右或更高。

对于轿车,由于考虑其正常的使用范围,一般设计时不考虑过大的爬坡要求,通常限制在 $i_{max}=15\%$ 以内。虽然就轿车本身装用的发动机功率而言,有进一步提高爬坡的能力,但由于车内传动系统、润滑系统及悬架系统设计的限制,正常情况下不适应在超限内连续爬坡。上面所说的爬坡能力是指车辆在一定坡长及坡度上匀速连续爬坡的能力。

6.2 燃料经济性

燃料经济性是指保证汽车动力性的基础上,以尽可能少的燃料消耗完成单位运输工作量的能力,汽车的燃料费用约占汽车运输成本的 30% 左右。因此,提高燃料经济性可降低运输成本。燃料经济性可用在一定条件下行驶单位里程的燃料消耗量来表示,如百公里油耗(L/100km),或用在一定道路条件下单位汽车总质量在单位汽车行驶里程下的平均燃料消耗,如百吨公里油耗[L/100(t·km)]。上述前一个指标适用于衡量客运车辆燃料经济性,而后一个指标由于把行驶里程和汽车总质量两项指标都考虑进去,更能体现商业运输中的燃料成本,所以较适于货物运输车辆。前一个指标意义在于汽车自身行驶 100km 燃料消耗量,而后一个是指单位汽车总质量(汽车本身质量加货物质量)行驶 100km 的燃料消耗量。几种车型的 90km/h 等速油耗见表 1-7。

几种车型的 90km/h 等速油耗　　　　　　　　　　　表 1-7

车型	奥迪 A6 2.8L	上海帕萨特 B5	广州雅阁 3.0L	上海通用 GS	风神 7200	中华 2.0L
耗油量 (L/100km)	6.9	8.6	8.5	6.9	6	6.5

在选型时,我们要充分考虑燃料消耗指标及汽车的运行条件。例如,不能用越野车在好路上进行长途运输,而各项性能指标先进的高级轿车也不能经常在乡镇的一般路面上行驶,因为从燃油经济性的角度去考虑是不合适的。

6.3 可靠性

汽车的可靠性是指汽车在规定的条件下和在规定的时间内完成规定功能的能力。它表示汽车顺利工作而不产生损坏和故障的性能,常用以下几个衡量指标:

(1)汽车行驶每 1000km 由于技术故障而进行修理的次数。

(2)汽车每行驶 1000km 由于技术故障而造成停歇待修的时间。

(3)汽车的总成、部件(组合件)和零件在规定使用期限内的损坏和损伤情况。

汽车的可靠性与其各零部件设计的合理性有关,与生产的工艺与技术水平有关,与使用的材料的性能指标及表面处理方法有关,同时还与规定的汽车运行条件与本车实际是否相符有关。

一般情况下,新投产的车型在初期 1～2 年的可靠性水平相对差一些,汽车在全寿命期的后期由于基础件及各系统性能变坏,其可靠性也相应变坏。另外,汽车经常在非适宜工况及运行条件下工作,可靠性指标就更会大打折扣。

从现实看,由于工艺、材料及设计水平的限制,一些国产车的可靠性指标要比进口车低一些。但可靠性也是相对的,如车辆各系统性能指标虽然先进,但由此带来的系统的复杂性自然会使可靠性指标降低,加之进口车是按原产地国家运行条件设计的,与国内实际情况有相当差距。另外,由于进口车,特别是轿车在维修时需一系列对应的电子检测和其他专门设备及工具,如条件不具备就更加大了可靠性指标的折扣。

所以,在选车时考虑可靠性,不应只看使用说明及宣传上的数字,还应结合自己的实际情况综合考虑。

6.4 安全性

安全性主要体现在以下几点:汽车的制动性、汽车操纵的平稳及可靠性、汽车各部位的防撞性及内部安全防护设施的配置。

汽车的制动性又包括制动效能、制动效能的恒定性及汽车制动时方向稳定性。

汽车的制动效能可用在满载时汽车以不同初速度制动时的最小制动距离表示,奥迪 A6L 轿车的制动距离见表 1-8。

奥迪 A6L 轿车的制动距离　　　　表 1-8

车速(km/h)	制动距离(满载)	车速(km/h)	制动距离(满载)	车速(km/h)	制动距离(满载)
30	≤7.34m	60	≤14.87m	100	≤39.34m

由表 1-8 中数值看出,制动距离与制动时汽车的初速度成正比但不是线性关系,也就是制动距离增大的趋势远大于车速增大的趋势。所以在一定的道路条件下规定有严格的车速限制,这也是购车选型的一个依据。

制动效能的恒定性指汽车在高温、高寒、潮湿及大坡度长距离条件下制动效果的恒定性。

现代汽车制动器的性能有很大提高,制动效果一般都有保证,如奥迪 A3 轿车前轮采用通风制动盘、后轮采用实心制动盘,保证长时间制动不过热,增强抗热衰退性。大型货车在大坡度、连续下长坡时,装有利用排气制动的辅助制动系统。

制动时汽车的方向稳定性是指汽车在制动中不发生跑偏、侧滑或丧失转向能力而按驾驶员给定方向行驶的性能。

上海桑塔纳轿车改进前、后轮制动力比以后,当汽车在高速状态下制动时,能确保后轮不抱死,或者前轮比后轮先抱死,避免制动时后轮失去侧向附着力导致汽车失控。

现代新型轿车普遍采用电子控制车轮防抱死制动系统(ABS),该系统通过车轮制动力传感器把信号传到中央计算机控制系统,由它根据制动力信号发出指令,适时调节制动力以达到实现车轮总是处于没制动抱死的边缘,即使车轮受到最大制动力也不抱死发生侧滑。

另外,现代汽车上还普遍采用对角线布置双管路液压制动系统,保证系统内任一管路失效,剩余制动力仍能保持在正常制动力的 50%。

汽车各部位的防撞性及翻车防护性在汽车设计和试验时都充分考虑过,如汽车的前、后保险杠及车身侧围的设计,前、后风窗玻璃及侧窗的抗破碎性设计,还有翻车保护的护栏设计,就连车身内各系统的安装和连接方式都考虑受撞击时力的传递、吸收及各部位的抗变形能力。

在车内,安全防护的最新措施是在汽车转向盘内及前仪表盘内装的自动充气弹出的安全气囊,车内三点式安全带也是安全必备装置,座椅头枕可防止汽车后部受撞击时由于惯性力造成驾驶员及乘客颈椎受伤。

在《机动车运行安全技术条件》(GB 7258—2012)中,对机动车整车及发动机、转向系、制动系、传动系、行驶系、照明和信号装置等做了严格的安全运行技术要求。国内汽车厂家对每一台出厂的车辆都按有关规定进行各系统的安全检测,合格后才能出厂,国外进口的车辆也应符合《机动车运行安全技术条件》,否则,是不允许进口的。所以,只要在选车型时其各方面安全技术性能符合车辆的运行环境和条件,就会保证运行的安全。

当然,在选购汽车时,汽车各方面的安全性能符合驾车者运行条件的同时,应在条件允许的情况下,尽量选择有较完备安全设施和安全水准较高的车辆,如车内有良好的视野,有前、后风窗玻璃及后视镜的电热除霜装置、卤素前照灯、室内防眩后视镜、选装防抱死制动系统、安全气囊等。

7 汽车的合理配置及择优选购

7.1 择优选购车辆

择优选购是根据运输生产需要和运行条件,按照对车辆的适应性、可靠性、经济性、维修和供应配件的方便性以及产品质量的优劣等因素,进行择优选型购置车辆。

车辆能适应当地道路、气候等条件,就说明车辆的适应性好;车辆的可靠性一般用其发生故障的平均里程和频率来评价;易于早期发现故障、易于更换或修复损坏的零件,缩短维修时间、减少维修费用都是维修和供应配件方便性好的标志;同类型车的燃油经济性可能会有差异,尽管有时差异很小,但长期积累节约数量也相当可观。因此,对燃油经济性必须进行比较,车辆使用寿命长显然是产品质量好的重要标志之一。所以,在选购车辆时,应从车辆的售价、适应性、可靠性、维修和配件供应方便性、使用寿命以及燃油经济性等因素综合考虑。

择优选购车辆是关系到运输单位和个人主要生产设备优劣的关键问题,应进行技术经济论证,避免盲目购置。要从实际出发,按需选购,量力而行,讲究实用可靠,以及尽可能达到少投入多产出、综合经济效益好的目的。

7.2 合理配置车辆

合理配置车辆是指运输单位根据其所承担运输任务的性质、运量、运距和道路、气候以及油料供应情况等条件,合理配置车辆,如大、中、小型车辆比例,汽、柴油车比例,通用、专用车比例等。通过合理规划,优化车辆构成,充分发挥车辆吨(客)位和客量的利用率,满足运输市场的需要。

合理配置车辆的标志是:

(1)车型先进、安全可靠、货物装卸(或旅客上下)方便;
(2)车辆规格齐全,能与当地货(客)源相适应,且配比合理(吨位大小、客位多少、高中低档比例等),吨位利用率和客量利用率高;
(3)车辆的燃料消耗、维修费用、运输成本均低而利润高;
(4)应变能力强,即能完成正常的生产任务,又能突出重点,完成特殊任务。

为此,配置车辆时,除需要考虑当地运输市场状况,弄清现有在用运输车辆的基本技术情况外,还应考虑下列因素:

(1)车辆经常行驶的道路条件。道路的通过能力、承载质量、坡度大小、路面质量和转弯半径等都会影响车辆的运行。因此,要注意所配置的车辆的技术参数是否适应所要行驶的道路条件,否则会影响运输效率。

(2)气候、海拔条件。气候、海拔情况不同,对车辆要求也不同,例如寒冷地区就应考虑配置起动性能好的车辆,高原地区空气稀薄,应配置动力性能高的车辆。因此,配置车辆时应充分考虑到本地区的气候和海拔条件。

(3)油料供应情况。车辆在使用中要消耗多种油料,如果油料来源困难,就会影响生产。所以选用新车时,尤其是选用进口车(使用优质燃、润料)时,应注意到这一问题。

(4)车辆使用的经验。在性能先进的前提下,选择新车时应尽量选用本单位熟悉的车型,这样在管理、使用、维修上有较为完整且行之有效的规章制度、技术措施,从而可以避免重新组织技术培训和摸索管理方法。

(5)本单位或当地车辆构成情况和维修能力。配置车辆时应考虑当地车辆构成情况,要避免一个地区或一个车队所拥有的车辆车型过于复杂,以免造成维修配件材料的供应储备及维修工作的困难。

总之,合理配置车辆,对避免运力过剩,提高运输效率,节约能源,保障安全生产,降低运输成本,争取更多的客、货源都起到较大的作用。

思考与练习

一、选择题

1. 汽车在规定的使用条件下和规定的行程内完成规定功能的能力称为汽车的(　　)。
   A. 可靠性　　　　　　　B. 耐久性　　　　　　　C. 通过性

2. 道路条件对汽车的运用性能与运用效率的影响主要来自(　　)。
   A. 道路等级　　　　　　B. 道路养护质量　　　　C. 气候条件

3. 以下不属于汽车运用条件的是(　　)。
   A. 道路条件　　　　　　B. 气候条件　　　　　　C. 车辆条件

4. 企业统计期内按出车时间计算的车辆平均速度称为(　　)。
   A. 平均技术速度　　　　B. 营运速度　　　　　　C. 运送速度

二、判断题(正确画√,错误画×)

1. 载货汽车的容量常用单位载货量和装载质量利用系数来评价。　　　　　　　(　　)

2. 车辆的完好率是指车辆的完好车日占总车日的百分比。　　　　　　（　　）
3. 燃料经济性是指单位燃料消耗量完成运输工作量的能力。　　　　　（　　）
4. 汽车价值分析的核心也就是汽车功能分析。　　　　　　　　　　　（　　）

三、简答题
1. 汽车的使用性能量标有哪些？
2. 简述汽车的运用条件。
3. 汽车运用效率指标有哪些？
4. 车辆选配的主要技术指标有哪些？
5. 合理配置车辆的标志有哪些？

四、案例分析
将同学分成若干小组，根据汽车的不同运用条件，让每个小组作出一套合理配置及择优选购车辆的方案。从同学所做的方案中选择两个以上方案进行对比、讨论、分析，确定最佳方案，使同学掌握合理配置及择优选购车辆的方法(建议采用小组讨论的方法进行)。

单元二　汽车的合理使用

学习目标

知识目标

1. 简述新车入户、车辆登记、保险、索赔与理赔、召回等相关手续的办理方法；
2. 简述新车的检查与验收程序；
3. 简述汽车运行燃料消耗量的影响因素；
4. 简述汽车节油的技术与途径；
5. 简述汽车排放污染物、噪声及电波的形成、危害及主要影响因素；
6. 简述我国目前汽车排放与噪声的限值标准；
7. 简述道路交通管理的法规和机动车运行安全技术条件；
8. 简述汽车安全行驶的基本要求；
9. 简述车辆日常维护和汽车在高速公路上安全行驶的要求；
10. 简述新能源汽车的动力来源；
11. 简述发展新能源汽车产业的国际经验及对我国的启示。

能力目标

1. 能够定出新车入户、车辆登记、保险、索赔与理赔、召回的一般程序；
2. 能对新车进行检查与验收；
3. 会分析汽车在特殊条件下使用对汽车使用性能的影响；
4. 能对汽车排放污染物及汽车噪声进行检测；
5. 能提出控制汽车排放污染物、汽车噪声及汽车电波的措施；
6. 能根据汽车排放污染物及汽车噪声检测结果提出治理方案并实施；
7. 能根据本地区的条件及具体车型提出汽车安全使用与管理的实施方案；
8. 根据汽车日常维护提出的要求对车辆进行检查；
9. 能够对新能源汽车的动力来源进行分析；
10. 会分析替代燃料汽车的各种运用形式。

1　新车的使用

1.1　新车购置入户程序

1.1.1　购车入户基本流程

车辆从选购到投入使用需要办理很多手续,大致要经过验证、办理移动证、办理占地证、办理保险、验车等多项程序(图2-1),要通过工商、税务、交通、车管所等多个单位。目前,一些汽车交易市场都设立了现场办事机构,许多手续都可以在交易市场内得到办理。而一些经销商为了促销,推出了"一条龙"服务,相关的手续都可以由其代办。

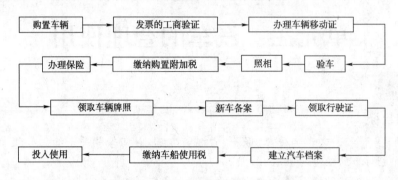

图2-1　购车入户流程图

1.1.2　新车入户具体操作方法

1.1.2.1　验证

购车后,由车辆销售单位开出发票,再到工商管理部门所属的机动车市场管理所办理验证手续,并加盖验证章。加盖验证章后的发票方为有效发票。进口车验证时,还须交验由经销商提供的海关货物进口证明或罚没证明书、商检证明书及相关的申领牌照手续。

1.1.2.2　办理车辆移动证或临时牌照

购车交款后,在提车前须办理车辆移动证或临时牌照,否则不允许汽车上路行驶。在本市购车,持本人身份证、单位证明、汽车来历证明,到所在地交警队申办"移动证",并按"移动证"上规定的日期、时间和路线行驶。须跨地区、市行驶的,须持本人身份证、单位证明、汽车来历证明到出发地车辆管理所申领临时牌照,并按指定路线和规定的有效时间内驶回车主所在地。如新购置的汽车用火车或汽车载运,不在路上行驶,则无须办理"移动证"或"临时牌照"。

1.1.2.3　验车

自2010年10月1日起,所有轿车产品以及轻纺工业和信息化部批准、具备生产一致性保证能力的企业生产的其他乘用车、两轮摩托车等车辆产品,在办理机动车注册登记前,不再要求进行机动车安全技术检验。但出厂后两年内未申请注册登记,或者注册登记前发生交通事故的,仍将进行技术检验。未列入本规定免于检验的产品,要领取正式牌照,须到当地车辆管理所指定的检测站进行检测。审核机动车所有人提交的有关资料,应包括核查和比对《道路机动车辆生产企业及产品报告》信息、随车配发的机动车整车出厂合格证、机动车外部彩色相片和车辆识别代号拓印膜。

1.1.2.4　缴纳各种税费

汽车作为高档消费品,需要通过税收进行调节,同时作为陆上运输工具,必然涉及对道路的使用、能源消耗和环保等问题。因此,车辆所有和使用者必须按国家和有关部门规定缴纳各种税费。

购车费用指从经销商手中拿到新车要支出的费用,包括汽车原始价格、各种税、运输保管费用等。

国产汽车的销售价格中,包括汽车的中准价、增值税(17%)、特别消费税(1%)和经销商费用等。进口汽车的销售价格中,包含了到岸价、海关税、增值税、特别消费税(表2-1)经销费等。但决定汽车销售价格的还有其他一些因素,如市场因素。

2003年进口汽车中国海关关税、特别消费税、增值税　　　表2-1

车　　型	进口税率(%)	特别消费税(%)	增值税(%)
汽油机型轿车,排量小于1L	38.2	1	17
汽油机型轿车,排量1.0～2.2L	38.2	5	17
汽油机型轿车,排量2.2～3.0L	38.2	8	17
汽油机型轿车,排量3L以上	43.0	8	17

根据中国加入WTO达成的协议,我国将严格执行货物贸易相关承诺,在货物贸易领域中,汽车产品的主要关税谈判表明,中国于2006年前分年下调关税。2006年7月1日,关税调至中国政府对WTO组织承诺的水平。

1.1.2.5　新车备案

(1)单位车辆到所在区县交通支(大)队集体备案。

(2)对个人车辆,凡车主有驾驶证的,随驾驶证的登记备案一同办理;车主无驾驶证的,到机动车行驶证登记地所在区县交通支(大)队备案。

(3)黑色牌照车辆(使馆、领事馆车辆、外籍车辆等)到市公安交通管理局车辆管理所外事科办理。

1.1.2.6　申领牌照和行驶证

首先到车主所在地公安车辆管理部门填写《机动车登记申请表》。需带的证件有:车主单位或街道的介绍信、购车发票或其他汽车来历的合法凭证、车主本人身份证、车辆购置附加税证和车辆保险单、验车合格证以及其他有关证件。

车辆管理部门对交验的汽车进行检验、核对汽车的外部特征等是否符合《机动车登记申请表》内各项内容,确认发动机号码和车身号码,确认汽车是否经过安全认证,是否符合检验标准、核定乘员或载质量。经车辆管理部门对所有证件进行审查合格、检验车辆符合法定条件后,车辆管理部门将发给车主汽车牌照和行驶证,同时发放"检"字牌。

1.1.2.7　建档

领取汽车牌照后,再到交通管理部门"车辆购置附加税征稽管理处"建档,并在缴费证上加盖"已建档"戳记。

1.1.2.8　领取"税"字牌

到车主所在地税务部门缴纳车船使用税,并领取"税"字牌。

1.2　车辆登记的种类和方法

凡属个人、单位购买和使用的各类型机动车辆,在投入使用之前,必须到当地(指个人户口所在地、单位注册所在地)车辆管理机关领取《机动车辆登记表》,提供身份证、单位证明或个人户口所在地管理区(或镇、街道办事处)的证明以及有关车辆来源凭证,对机动车辆的机件设备和产权进行注册登记,也称为新车上(入)户。经过车辆管理机关检验审核合格后,发给号牌、行驶证方可行驶。

汽车注册登记必须具备的手续如下:

(1)对于商品车。

①合法经营单位开具的购车发票。

②国产车须有列入当年《车辆生产企业及产品公告》的生产厂及公安厅批准入户车型的出厂合格证;进口车须有《海关货物进口证明书》和《进口机动车辆终检通知单》。如是统一进口的,还须有进口单位转拨(分销)凭证。

③生产厂(经营单位或进口口岸)所在地至用户所在地的临时号牌或其他调运方式的凭证。

④主管税务机关出具的车辆购置税完税证明或车辆购置税免征凭证。

⑤车辆彩色照片4张(汽车照片要求要在天气晴好的条件下,照汽车转向盘一侧,与车身呈45°角,把整车照全)。

(2)港澳台同胞、华侨或外国友人捐赠的进口汽车必须有省政府批准接受捐赠的批文、《海关货物进口证明书》、进口口岸至用户所在地的临时号牌或其他调运方式的凭证。

(3)减免税进口汽车(包括新车和在用车)凭省政府批准文件、外缴海关税款单及指定的物资部门的销售发票。

(4)已投保机动车第三者责任保险的单据。

(5)当地人民政府和公安局、车辆管理机关规定的其他证件。

在办理登记手续时,车辆管理机关可根据需要,留存上述证件的原件或复印件。

车辆管理所办理注册登记,应当登记的内容有:

(1)机动车登记编号、机动车登记证书编号;

(2)机动车所有人的姓名或者单位名称、身份证明名称、号码、住所地址、邮政编码和联系电话;

(3)机动车的类型、制造厂、品牌、型号、车辆识别代码(车架号码)、发动机号码、出厂日期、车身颜色;

(4)机动车的有关技术数据;

(5)机动车的使用性质;

(6)机动车获得方式;

(7)机动车来历凭证的名称、编号和进口机动车进口凭证的名称、编号;

(8)车辆购置税完税或者免税证明的名称、编号;

(9)机动车办理第三者责任强制保险的日期和保险公司的名称;

(10)机动车照片记录的机动车外形;

(11)注册登记的日期;

(12)法律、行政法规规定应当登记的其他事项。

如果出现下列情形之一的,不予办理注册登记:

(1)机动车所有人提交的证明、凭证无效的;

(2)机动车来历凭证涂改的,或者机动车来历凭证记载的机动车所有人与身份证明不符的;

(3)机动车所有人提交的证明、凭证与机动车不符的;

(4)机动车未经国家机动车产品主管部门许可生产、销售或者未经国家进口机动车主管部门许可进口的;

(5)机动车的有关技术数据与国家机动车产品主管部门公告的数据不符的;

(6)机动车达到国家规定的强制报废标准的;

(7)机动车属于被盗抢的;

(8)其他不符合法律、法规规定情形的。

对除使馆、领事馆外的其他驻华机构、商社、"三资"企业及外籍人员的机动车辆,一律核发外籍车号牌,须具有部、省等有关部门批准的批文、海关货物进口证明凭证,进口口岸至用户所在地的临时号牌或其他调运方式的凭证、购车发票。"三资"企业、驻境内办事处还须提供经批准的合同文件、工商营业执照复印件,驻境内的外籍人员自用车辆还须提供有效期内居留凭证。

车辆号牌的式样设计标准全国一致,在全国范围内有效。机动车辆号牌的分类、规格、颜色及适用范围见表2-2。

机动车号牌分类、尺寸、数量规定 表2-2

序号	分类	外廓尺寸(mm×mm)	颜色	每副面数	适用范围
1	大型汽车	前 4400×1400 后 4400×2200	黄底黑字黑框线	2	总质量4.5t(含)、乘坐人数20人(含)和车长6m(含)以上的汽车、无轨电车及有轨电车
2	小型汽车	4400×1400	蓝底白字白框线	2	除大型汽车以外的各种汽车
3	使馆汽车		黑底白字、红"使"、"领"字白框线	2	驻华使馆的汽车
4	领事馆汽车			2	驻华领事馆的汽车
5	境外汽车		黑底白字白框线	2	入出境的境外汽车
			黑底红字红框线	2	入出限制行驶区域的境外汽车
6	外籍汽车		黑底白字白框线	2	除使馆、领事馆外,其他驻华机构、商社、外资企业及外籍人员的汽车
7	两轮、三轮摩托车	前 2200×950 后 2200×1400	黄底黑字黑框线	2	两轮摩托车和三轮摩托车
8	轻便摩托车		蓝底白字白框线	2	轻便摩托车
9	使馆摩托车		黑底白字、红"使"、"领"字白框线	2	驻华使馆的摩托车
10	领事馆摩托车			2	驻华领事馆的摩托车
11	境外摩托车			2	入出境的境外摩托车
12	外籍摩托车		黑底白字白框线	2	除使馆、领事馆外,其他驻华机构、商社、外资企业及外籍人员的摩托车
13	农用运输车	3000×1650	黄底黑字黑框线	2	三轮、四轮农用运输车、轮式自行专用机械和电动车等
14	拖拉机		黄底黑字	2	各种在道路上行驶的拖拉机
15	挂车	同大型汽车后号牌		1	全挂车和不与牵引车固定使用的半挂车

续上表

序号	分 类	外廓尺寸（mm×mm）	颜 色	每副面数	适用范围
16	教练汽车	4400×1400	黄底黑字黑框线	2	教练用的汽车及其他机动车,不含摩托车和轻便摩托车
17	教练摩托车	同摩托车号牌			教练用的摩托车和轻便摩托车
18	试验汽车	4400×1400			试验用的汽车及其他机动车,不含轻便摩托车
19	试验摩托车	同摩托车号牌			试验用的摩托车和轻便摩托车
20	临时入境汽车	2000×1650	白底红字黑"临时入境"字红框线	1	临时入境参加旅游、比赛等活动的汽车
21	临时入境摩托车	2200×1200			临时入境参加旅游、比赛等活动的摩托车
22	临时行驶汽车	2200×1400	白底(有蓝色暗纹)黑字黑框线		无牌证需要临时行驶的机动车

  汽车的号牌和行驶证不准转借、涂改和伪造。号牌须按指定位置安装,并保持清晰。其要求是:正式号牌要安装在车辆出厂时设置的号牌位置,或安装在车体前端中部或偏右,或车体后端中部或偏左的明显部位。临时号牌则粘贴在前风窗玻璃和后窗的明显位置。汽车挂车的号牌要装在尾灯的上下位置。大型车、货车和所有挂车还须用与车体颜色区别明显的油漆,按照号牌字体式样放大喷写到车辆后部的明显部位。字体规格为:大型车为号牌的3.5倍;小型车为号牌的2.5倍。其目的是提高车辆号牌的视认性,以便监督管理。

  汽车在没有领取正式号牌、行驶证以前,需要移动或试车时,必须申领移动证、临时号牌或试车号牌。

  车辆移动证是无号牌的新车或半成品车,出入库或到车辆管理机关初检等需在道路上行驶时,凭证明到车辆管理机关领取的"通行证"。持此证的车辆只能在本地区移动,不准驶往外地,不准装货和专门用作载人,并按指定的时间和线路行驶。

  临时号牌只能在发证机关核定的有效期内,按指定的时间和线路行驶。

  试车号牌是在试车时挂的,必须按指定的时间和线路行驶。

1.3 机动车保险的种类及办理方法

1.3.1 保险的项目及范围

  保险是指投保人根据合同规定,向保险人支付保险费,保险人对于合同约定的可能发生的事故因其发生所造成的财产损失承担赔偿保险责任,或者当被保险人死亡、伤残、患疾病或者达到合同约定的年龄、期限时,承担给付责任的商业保险行为。即保险是一种按照合同实施的契约行为,保险关系的建立是以合同的形式体现的。

  保险人又叫承保人,其法律上的资格可以是自然人也可以是法人。在我国,根据《保险法》的规定,保险人是法人即保险公司。

投保人也称要保人,指在签订保险合同前向保险人提出投保申请的人。

被保险人是指保险事故(事件)在其财产或其身体上发生而受到损失、损害时,享有向保险人要求赔偿或给付权力的人。

汽车保险属于财产损失险类的机动车辆保险范围。机动车辆保险是以机动车辆为保险标的的一种保险。目前我国机动车保险主要包含机动车交通事故责任强制险、基本险和附加险三大部分。

1.3.1.1 机动车交通事故责任强制险

机动车交通事故责任强制险负责被保险机动车发生道路交通事故造成受害人(不包括本车人员和被保险人)的人身伤亡、财产损失时,在责任限额内予以赔偿的强制性责任保险。

1.3.1.2 基本险

基本险分为车辆损失险和第三者责任险。

(1)车辆损失险。车辆损失险主要承保保险车辆本身遭受保险责任范围内的一些自然灾害或意外事故,造成保险车辆损失,由保险公司负责修理或进行赔偿。

(2)第三者责任险。第三者责任险是指保险车辆驾驶员(允许的合格驾驶员)在使用车辆过程中,因意外事故致使他人遭受人身伤亡或财产损失时,保险人依照保险合同的规定赔偿别人的损失。

1.3.1.3 附加险

机动车辆附加险主要包括:在投保了车辆损失险的基础上,可投保全车盗抢险、玻璃单独破碎险、车辆停驶损失险、自燃损失险、新增加设备损失险;在投保了第三者责任险的基础上,可投保车上责任险、无过失责任险、车载货物掉落责任险;在投保了车辆损失险和第三者责任险的基础上,可投保不计免赔特约险。

1.3.2 汽车投保的程序及保险金额、保险费的确定

1.3.2.1 投保的程序

个人办理投保手续时,应将车辆驶至保险公司指定的检验地点,并带齐驾驶员本人的身份证或介绍信、工作证、驾驶证、车辆行驶证及有关投保车辆的相关证件。若是从事个体营运的车辆,还应携带营业执照等证件到保险公司办理投保手续,经保险公司工作人员验明证件后,填写机动车辆投保单。投保单的主要内容有:投保的险别、被保险人名称、保险标的、车辆厂牌型号、牌照号、发动机号、车架号、吨(客)位数、使用性质;保险金额、保险费率、保险费;第三者责任保险额、保险费;附加险险种及保险费;投保人地址、保险责任起讫日期和投保人签章、投保日期等。

保险公司检查投保单填写无误后,将视情对投保车辆进行必要的检查,符合保险条件后,确定起保时间,核收保险费,保险人向投保人签发保险单(简称保单)。

起保时间由投保人决定,若投保人要求立即开始,保险人将注明收保单的时间,写清年、月、日、时、分,然后由保险人和投保人分别签字盖章,至此保险单开始生效。有效期至约定期满日的24时止。若办理预定投保的,应向保险人注明约定起保的日期,保险单生效的时间就从起保日的当天0时起,至约定期满日的24时止。保险有效期以1年为限,可以少于1年,但不能超过1年,期满可以续保,并重新办理手续。

集体单位投保,除带必要证件外,还需开列投保车辆的型号、号牌号、行驶证号码等。保险人将视情办理或派员到投保单位办理手续。

保单是载明了保险人与投保人(被保险人)所约定的义务和权利的书面凭证。其正本交被保险人存执,它是当被保险人需变更保险合同内容或遭受保险事故并产生损失向保险人索赔的重要依据,也是保险人处理赔款的主要依据。

投保第三者责任险后,保险人要发给被保险人保险凭证,俗称机动车辆保险证。它是保险合同已经订立或保险单已正式签发的一种凭据。它与保险单具有同样的作用和效力,可以用来证明被保险人已遵照政府有关法令或规定参加了第三者责任险。

1.3.2.2 保险金额的确定

保险金额是保险公司计算保费的基础。根据我国现行的《机动车辆保险条款》,车辆的保险价值根据新车购置价确定。车辆损失险的保险金额可以按投保时的保险价值或实际价值确定,也可以由被保险人协商确定,但保险金额不得超过保险价值,超过部分是无效的。保险价值是指投保时作为确定保险金额的标的价值,实际价值是指投保车辆在合同签订地的市场价格。当投保车辆的实际价值高于购车发票金额时,以购车发票金额确定实际价值。

1.3.2.3 保险费的计算

车辆的保险费是根据投保人所投保车辆的种类、使用性质及需要投保的险种等,按照险别分别计算相应的数额。

车辆损失险保险费的构成为:

$$车辆损失险保险费 = 基本保险费 + 保险金额 \times 费率(\%)$$

第三者责任险则按照车辆种类及使用性质选择不同的赔偿限额档次收取固定保险费。

机动车辆共分为客车、货车、挂车、罐车、特种车、摩托车、拖拉机等13个车种和收费档次,以及国产和进口两个类别。

车辆的使用性质分为:非营业车辆,即各级党政机关、社会团体、企事业单位自用的车辆或仅限用于个人及家庭生活的车辆;营业车辆指从事社会运输并收费的车辆。对于兼顾有两类使用性质的车辆按高档费率计算。

各种类机动车辆保险费率见表2-3至表2-7。

机动车辆保险车辆损失险费率(单位:元)　　　　表2-3

党政机关、事业团体非营业客车	机动车损失保险							
	1年以下		1～2年		2～6年		6年以上	
	基础保费	费率	基础保费	费率	基础保费	费率	基础保费	费率
6座以下	285	0.95%	272	0.90%	269	0.89%	277	0.92%
6～10座	342	0.90%	326	0.86%	323	0.85%	333	0.87%
10～20座	342	0.95%	326	0.90%	323	0.89%	333	0.92%
20座以上	357	0.95%	340	0.90%	336	0.89%	346	0.92%

机动车辆保险第三者责任险(商业险)费率(单位:元)　　　　表2-4

党政机关、事业团体非营业客车	第三者责任保险						
	5万	10万	15万	20万	30万	50万	100万
6座以下	639	900	1018	1097	1229	1463	1905
6～10座	612	862	974	1050	1177	1401	1824
10～20座	730	1028	1163	1253	1404	1671	2176
20座以上	938	1321	1494	1611	1804	2148	2797

机动车辆保险乘坐险（车上人员责任险）　　　　表2-5

党政机关、事业团体非营业客车	车上人员责任险		党政机关、事业团体非营业客车	车上人员责任险	
	驾驶人	乘客		驾驶人	乘客
6座以下	0.39%	0.24%	10～20座	0.37%	0.22%
6～10座	0.36%	0.22%	20座以上	0.38%	0.23%

机动车辆保险附加玻璃单独破碎险费率　　　　表2-6

党政机关、事业团体非营业客车	玻璃单独破碎险		党政机关、事业团体非营业客车	玻璃单独破碎险	
	国产玻璃	进口玻璃		国产玻璃	进口玻璃
6座以下	0.13%	0.24%	10～20座	0.14%	0.27%
6～10座	0.13%	0.24%	20座以上	0.15%	0.28%

机动车辆保险不计免赔险费率　　　　表2-7

不计免赔率特约条款		不计免赔率特约条款	
适用险种	费率	适用险种	费率
第三者责任保险	15%	机动车损失保险	15%
车上人员责任险	15%	车身划痕损失险	15%
盗抢险	20%		

1.3.3 保险责任、除外责任及被保险人应履行的义务

1.3.3.1 保险责任

车辆损失险下保险人应承担的责任包括自然灾害和意外事故两大类。

自然灾害通常包括：雷击、风暴、龙卷风、洪水、暴雨、海啸、地陷、冰陷、崖崩、雪崩、雹灾、泥石流、滑坡等。凡是上述灾害现象发生所造成的被保险车辆损失，保险人应当予以赔偿。

意外事故通常包括：碰撞、倾翻、火灾、爆炸、外界物体倒塌、空中运行物体坠落、行驶中平行坠落、载运保险车辆的渡船遭受自然灾害等。这里的撞击不仅指车与车之间的撞击，也包括车上所载货物与外界物体发生的意外碰撞所造成的车辆损失。火灾事故要注意火灾与汽车自燃的区别，火灾是指在时间和空间上失去控制的燃烧所造成的灾害；汽车的自燃是指其一些机件如电器、线路、供油系统、货物自身等发生问题，造成内部热量无法散发，温度不断升高而导致汽车不明原因的着火燃烧。

发生保险事故时，被保险人对保险车辆采取施救、保护措施所支付的合理费用，保险人负责赔偿。

投保车辆第三者责任险时，保险人应承担的责任有：当保险车辆由被保险人允许的合格驾驶员在使用车辆的过程中发生意外事故，致使第三者遭受人身伤亡或财产直接损毁时，保险人应按保险合同的有关规定给予赔偿。这里的第三者是指机动车辆保险合同当事人以外的他人，而私有车辆的被保险人及其家庭成员不属于"第三者"的范畴。被保险人投保第三者责任险的车辆出险，造成第三者伤亡后，产生的医疗费、误工费、住院伙食补助费、护理费、残疾者生活补助费、残疾用具费、丧葬费、死亡补偿费、被抚养人生活费、交通费、住宿费等费用应由保险公司负责。

投保各种附加险时保险人应负担的责任有：

（1）全车盗抢险。整个车辆在停放中被他人偷走，或在行驶中途被盗匪劫走时，保险人负责赔偿。

(2)玻璃单独破碎险。保险车辆玻璃(不包括灯具、车镜玻璃)震裂,被别人打碎,保险人按实际损失给予赔偿。但在维修、安装过程中造成的破碎不负责任。

(3)车辆停驶损失险。由于保险事故的发生,造成车身损坏,致使车辆停驶,在车辆送修到修复竣工之间由于无法使用车辆,可能会带来一些停工损失,保险人应给予一定的赔偿。

(4)自燃损失险。因本车电器、线路、供油系统发生故障及运载货物自身原因起火燃烧造成的损失,保险人负责赔偿。

(5)新增加设备损失险。若被保险人在投保车辆出厂时,在原有各项设备以外,另外加装了设备及设施的保险,当发生事故后,又造成车上新增设备的直接损坏,保险公司负责赔偿。

(6)车上责任险。保险车辆在使用过程中,发生意外事故,致使保险车辆上所载货物遭受直接损失和车上人员发生人身伤亡时,保险公司负责赔偿。

1.3.3.2 除外责任

根据我国现行的《机动车辆保险条款》,车辆损失险和第三者责任险都规定了一系列的除外责任,当被保险车辆发生下列损失时,保险人是不负责赔偿的:

(1)自然磨损、锈蚀、故障、轮胎爆裂;

(2)地震、人工直接供油、自燃、高温烘烤造成的损失;

(3)受该车所载货物撞击的损失;

(4)遭受保险责任范围内的损失后,未经必要修理继续使用,致使损失扩大部分。

保险车辆造成下列人身伤亡和财产损毁,不论在法律上是否应当由被保险人承担赔偿责任,保险人也不负责赔偿:

(1)被保险人所有或代管的财产;

(2)私有、个人承包车辆的被保险人及其家庭成员,以及他们所有或代管的财产;

(3)该车上的一切人员和财产;

(4)车辆所载货物的掉落、泄漏所造成的人身伤亡和财产损失。

对于下列原因所造成的车辆损失或第三者的经济赔偿责任,保险人不负责赔偿:

(1)战争、军事冲突、暴乱、扣押、罚没;

(2)竞赛、测试、进厂修理;

(3)驾驶员饮酒、吸毒、药物麻醉、无有效驾驶证;

(4)保险车辆拖带未保险车辆及其他拖带物或未保险车辆拖带保险车辆造成的损失;

(5)保险车辆肇事逃匿经公安部门侦破后;

(6)保险车辆在全车被盗窃、抢劫、抢夺,以及在此期间受到损坏。车上零部件、附属设备丢失,以及第三者人员伤亡或财产损失。

除上述外,下列损失和费用,保险人也不负责赔偿:

(1)保险车辆发生意外事故,致使被保险人或第三者停业、停驶、停电、停水、停产、中断通信以及其他各种间接损失;

(2)被保险人或其驾驶员的故意行为;

(3)因保险事故引起的任何有关精神损害赔偿;

(4)直接或间接由计算机2000年问题引起的损失;

(5)其他不属于保险责任范围内的损失和费用。

1.3.3.3 被保险人的义务

投保机动车辆保险被保险人应当履行下列义务:

(1)对保险车辆的情况如实申报,并在签订合同时一次缴清保险费。

(2)应当做好车辆的维护工作,保险车辆装载必须符合规定,使其保持安全行驶技术状态。应根据保险人提出的消除不安全因素和隐患的建议,及时采取相应的措施。

(3)在保险合同有效期内,保险车辆的转卖、转让、赠送他人、变更用途或增加危害程度,应事先书面通知保险人并申请办理批改。不得非法转卖、转让;不得利用保险车辆进行违法犯罪活动。

(4)保险车辆发生保险事故后,被保险人应当采取合理的保护、施救措施,并立即向事故发生地交通管理机关报案,同时在48h内通知保险人。

(5)被保险人索赔时不得有隐瞒事实、伪造单证、制造假案等欺诈行为。

1.4 车辆索赔与理赔

1.4.1 索赔的一般程序

(1)当被保险车辆发生事故时(后),应立即通知保险人(俗称"报案"),将事故的基本情况报给保险人,如灾害事故的发生时间、地点、可能的原因、施救情况、损失概况等。报案可以用电话、传真、电报、派员等方式进行。无论用什么方式报案,最后保户均需填写由保险公司印制的出险通知书和损失清单。

(2)协助保险人进行现场查勘或进行调查,查明事故的原因和损失情况。接受保险公司理赔业务人员的询问,提供查勘的方便。

(3)提供保险单、事故的证明、事故责任认定书、事故调解书、判决书、损失清单和有关费用单据。并要在保险车辆修复或交通事故结案之日起的3个月内提交,不提交这些必要单证,保险公司就认为被保险人自愿放弃权益。

(4)接到保险公司赔偿或给付的通知后,被保险人(或受益人)对保险公司确定的赔款金额无异议后,在10日内向保险公司领取赔款。

1.4.2 车辆损失险的赔偿额确定

1.4.2.1 车辆损失险的赔偿

投保的机动车辆出险后,受损车辆必须由保险公司定损,或经保险公司同意后方可定损。保险车辆在发生保险事故遭受损失后,执行以修复为主的原则。修理前,被保险人须会同保险人检验,确定修理的项目、方式和费用。否则,保险人有权重新核定或拒绝赔偿。

(1)车辆全部损失的赔偿。车辆全部损失应按保险金额计算赔偿,但保险金额高于实际价值时,以出险当时的实际价值计算赔偿。即赔偿金额为:

$$赔款 = (实际价值 - 残值) \times (1 - 免赔率)$$

当保险金额等于或低于实际金额时,按保险金额计算赔偿。即赔偿金额为:

$$赔款 = (保险金额 - 残值) \times (1 - 免赔率)$$

(2)车辆部分损失的赔偿。保险车辆的保险金额达到投保时的保险价值,无论保险金额是否低于出险时的保险价值,发生部分损失按照实际修复费用进行赔偿。即赔偿金额为:

$$赔款 = (实际修复费用 - 残值) \times (1 - 免赔率)$$

当保险金额低于保险价值时,发生部分损失按照保险金额与投保时的保险价值比例计算赔偿修复费用。即赔偿金额为：

$$赔款 = (修复费用 - 残值) \times \frac{保险金额}{保险价值} \times (1 - 免赔率)$$

除此，部分损失最高赔偿金额以保险金额为限。保险车辆按全部损失或部分损失一次赔款加免赔金额之和达到保险金额时，车辆损失险的保险责任即行终止。但保险车辆在保险期限之内，不论发生一次或多次保险责任范围内的部分损失或费用支出，只要每次赔款加免赔金额之和未达到保险金额，其保险责任仍然有效。

1.4.2.2 第三者责任险赔偿

保险车辆发生第三者责任事故时，按照《中华人民共和国道路交通事故处理方法》有关法律法规和保险合同规定，在保险单载明的赔偿限额内核定赔偿数额。

当保险人应付赔偿金额超过赔偿限额时，赔偿金额为：

$$赔款 = 赔偿限额 \times (1 - 免赔率)$$

当保险人应付赔偿金额低于赔偿限额时，赔偿金额为：

$$赔款 = 应付赔偿金额 \times (1 - 免赔率)$$

第三者责任事故赔偿后，每次事故无论赔款是否达到保险赔偿金额，保险责任继续有效，直至保险期满。

车辆损失险和第三者责任险的赔款经保险双方确认后，还应根据车辆驾驶员在事故中所负责任，扣除一定的赔款，即免赔率。负全部责任的免赔率为20%，负主要责任的免赔率为15%，负同等责任的免赔率为10%，负次要责任的免赔率为5%，单方肇事事故的免赔率为20%。

1.4.3 索赔的注意事项

在按照索赔手续办理索赔过程中应注意：

第一，保险卡一定要随车携带。一旦车辆出险，应妥善保护好事故现场，在向公安交警部门报案的同时，要向保险公司报案。若为路面事故还要报请公安交通管理部门处理，非路面事故（如车辆因驾驶原因撞在树上）应由当地公安派出所出具证明材料。及时向保险公司报案不仅可以得到保险公司的及时救援，还可以得到正确的指导意见。

第二，索赔应直接找保险公司，而不要找代理人，因为代理人没有理赔权。

第三，保险公司仅承担善后补偿责任，受损车辆修复应尊重被保险人或车主的选择。如果保险公司人员指定修理厂，被保险人或车主可以不接受，必要时可以投诉。

第四，车辆修理完毕后，保户在提车时一定要进行验车。

第五，对第三者责任的索赔，还应由保险公司对赔偿金额依法确定，并依据投保金额予以赔付。对于保户与第三者私下谈定的赔偿金额，保险公司有权重新核定或拒绝赔偿。

1.4.4 典型出险情况的索赔操作

1.4.4.1 车辆失窃的索赔

车辆失窃，车主保户如何才能快速、及时、有效地向保险公司索赔呢？

首先，当发现车辆被盗抢后，应在24h内向公安部门报案，同时在48h内通知保险公司，并登报声明。经县级以上刑侦部门立案、证实，3个月内盗抢车辆未追回，保户即可向保险公司索赔，索赔简略程序如图2-2a)所示。

其次，如果偷车人驾驶保险车辆肇事而造成保险车辆本身损失，可向保险公司索赔，但发生责任事故,其经济损失应根据有关部门对肇事者处理的裁决来确定,保险公司按条款规定不予赔偿。

第三,保险公司理赔后,被盗车辆又找回来,怎么办呢?保险公司可将车辆返还给用户,并收回相应的赔款。如果保户不愿收回原车,则车辆的所有权归保险公司。

第四,特别提醒车主保户,请在车辆被盗 3 个月后将必需的索赔单证交给保险公司。向保险公司提供的索赔单证、项目、印章必须齐全,书写规范,数额计算必须准确,内容必须真实、合法、有效。若手续齐备后,且与保险公司达成赔偿协议后,保险公司应在 10 天内一次结案赔偿。领取赔款时,要携带公章、车主或领款人身份证等有效证件进行办理。了解了这些基本情况,当车辆被盗或被抢后,车主就可以及时、快速地向保险公司索赔。

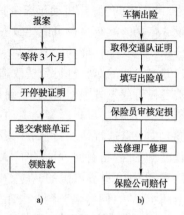

图 2-2 索赔理赔程序图
a) 盗抢索赔;b) 车损索赔

1.4.4.2 常见交通事故的索赔

最常见的是一些完全由自己承担责任的事故,例如:倒车、停车时不小心把车碰伤了。这种情况理赔也最简单:向当地公安部门报案后,带上保单,直接开车去保险公司,按规定填表、照相,保险公司经核实后,很快会给你开具修车单据,开车去指定修理点就是了。在某些修车点甚至有保险公司在现场办公,可免去一趟周折。修完车,就可以提车回家,修理厂会代理或直接跟保险公司结账,索赔程序如图 2-2b)所示。

另外就是轻微的交通事故,例如追尾,由于这种事故双方的责任比较清楚,向当地公安交管部门报案后,只要双方同时将车开到保险公司,由理赔人员拍照、定损,事故当事人办妥相关手续,就可以去结案、修车了。费用由责任方保险公司承担。

而对于有人员伤亡的比较严重的交通事故,由于后续问题复杂,案件处理时间也就相应较长,必须由公安交通管理部门处理。事故发生后,当事人首先应抢救伤员,保护现场,并打"122"电话通知交管部门和你所投保的保险公司。保险公司可能会到现场了解情况,由保险公司对事故车辆拍照、定损,并由保户、车主进行修理。待伤员伤势稳定后,交管部门要对事故双方进行责任裁定和调解。然后出具有关的事故证明、事故责任认定书、事故调解书、判决书等文件。伤员的医疗费、误工费和其他一些费用都会反映在处理结果中(应当注意,误工等项费用,保险公司是有标准可供参照的,一般是按当地的道路交通事故损害赔偿标准执行)。如果事先垫付了款项,事故处理后,款项结清,最后带齐保险单、交管部门的事故处理文件和所有费用单据、相关证明材料到保险公司办理赔付事宜。

需要特别提醒的是:出交通事故后,不管严重与否,应及时(48h 内)向保险公司报案。不要随意私了,符合公安交通管理部门私了范围的交通事故,再按私了规定快捷处理后也要尽快向保险公司报案。事故发生后或结案过程中,如有不清楚问题,可随时拨打保险公司理赔咨询电话。千万不可盲目结案。超范围、超标准的赔付,只能由自己承担。

1.5 汽车召回制度简介

汽车召回(Safety Recall)制度源于美国。美国在 1966 年颁布了《国家交通及机动车安全法》和后来的《联邦机动车安全标准》,这些法律规定:厂商发现了由于设计或制造的原因,已投放市场的汽车存在可能导致安全事故的缺陷后,必须在 5 个工作日内向运输部下属的国家公路交通安全管理局(NHTSA)报告,并提出改进措施;同时,通过新闻媒体公布消息、通知用户并对召回的车辆进行免费改造、修理,待消除隐患后再交还顾客使用。如果 NHTSA 得到消费者投诉或发现类似事故,经确认是设计或制造原因造成的,NHTSA 将劝告厂家采取改善措施。一般而言,汽车厂家会主动进行召回行动,如果厂家置之不理,NHTSA 将予以警告、制裁,同时向公众通报情况,直到厂家召回为止。这个制度的实施,有利于提高消费者对厂家的信赖程度,通过公布召回,可以使广大用户迅速了解情况,避免更大的损失。因此,美国实施该制度以来,得到了世界各国的响应。1969 年,日本修改了本国的《机动车安全标准规则》增加了制造商承担"召回缺陷车辆时公布于众"的义务。1995 年,日本又实施了《产品责任法》,规定因汽车缺陷发生交通事故,受害者有权得到赔偿等内容,充实了召回制度。2001 年,日本各汽车厂家又统一了召回标准。另外,市场化程度高的英国、德国、法国、意大利、瑞典、加拿大、澳大利亚等,也相继施行了该制度,有的国家虽然没有建立召回制度,但所属的汽车公司已开始了召回的做法,这些汽车厂商建立了用户跟踪体系,使召回工作能够快速实施。自召回制度在美国实施起至今,已有 7000 多起召回行动,召回了几百万辆汽车。其中,仅福特和通用两家公司就召回过 40 多万辆轿车和载货汽车,所花费用高达数亿美元。而近几年来,世界各主要汽车制造厂共召回了上千万辆的汽车。虽然厂商在这方面可能要受到一些损失,而从对用户负责、提高企业的信誉角度看,他们得到了更多。也正因如此,完善召回制度已成为成功公司与法制社会的标志,像福特等大公司与他们在中国的合资企业也发出了为国内用户提供同样服务的信息。

应该说"召回"是汽车售后服务的完善,补充了维修的内涵。科技再发达,企业知名度再高,也不可能制造出完美无瑕的汽车。随着科学技术的进步,汽车被改进得更加优异,过去认为完善的设计,也会暴露出它的种种不足,可以说,缺陷永远存在。关键是不少缺陷是人们很难在设计和生产中觉察的,只有在进一步使用和研究中才能发现,通过召回,就可采取措施加以弥补。

作为召回制度本身的形成和发展,当然有企业树立产品形象的内在动力,但从各国的情况看,政府从保障消费者权益出发,建立相关制度是促成这项制度广泛推行的极为关键的因素。

目前,我国汽车保有量增加迅速,因质量导致的事故也时有发生,许多厂家也表现出了实施召回制度的积极姿态,但总的来看,现在还是说得多、做得少,毕竟推出这样的承诺,厂家会冒一定的风险,也可能会造成经济上的巨大损失,特别是在目前我国汽车工业发展水平不高的情况下,缺陷的存在是必然。这就需要政府通过行政的手段加以引导,出台相关政策。

2004 年 3 月 15 日,国家质量监督检验检疫总局、国家发展和改革委员会、商务部、海关总署联合正式发布《缺陷汽车产品召回管理规定》,2004 年 10 月 1 日起开始实施。这是我国以缺陷汽车产品为试点首次实施召回制度。2012 年 11 月 22 日,国务院发布第 626 号令《缺陷汽车产品召回管理条例》,并于 2013 年 1 月 1 日实施。

1.6 新车的检查与验收

1.6.1 车辆的静态检查

完成了购车前的各项准备后,下一步就是如何选购一辆品质优良的新车。因为作为机电产品,汽车的内在品质,并非每辆车都绝对一致,如一些产品在出厂时就存在着外观上的瑕疵和品质问题,有的车因长期积压或运输不当导致损伤,特别是目前还存在着一些假冒伪劣产品,一些不法商家用旧车改造翻新后作为新车出售等。因此,精心选车十分重要。

汽车内饰是车辆性能、乘坐舒适性的重要因素。选购汽车,尤其是轿车,对车内布置、设计、装配、装饰等细节应该特别留心,细致查验。保证所购车辆驾驶操作方便灵活,零部件布置合理紧凑,检修便利,内饰赏心悦目,总体感觉舒适可人。购车时,应认真进行查验判断。

1.6.1.1 整车初步检查

离车稍远处查看,看车辆左右高度是否对称,风窗玻璃、刮水器、前照灯、后视镜等车外部件是否完好,轮胎是否完好无磨损等;走近看整车各部位漆膜厚薄是否一致,如出现细微的圈状刮痕,多是受损后经重新喷涂美容所致。用大力按动车身一角,松开后,看其振动次数,一般在2~3次为好。打开发动机舱盖,看发动机、车底各部是否有贴补痕迹,以防买到事故翻新车。检查各种液罐,如水箱补液罐、清洗液罐、动力转向液罐、润滑油、制动液面是否正常,液罐外表是否干净、无水痕、无油渍。正常液面高度有相应的指示标记,一般在容器3/5~4/5之间,液面不正常时可能存在泄漏。

1.6.1.2 车内布局与组装情况检查

汽车内部零部件繁多,电气器件及线路复杂,管路交错。合理的设计布局应该以保证车辆性能为前提,布置整齐、紧凑、美观,各机件检修、拆装方便,以便维修。对改装车,尤应仔细检查是否存在影响检修或破坏性的改装措施。查验内部时,还应该检查各主要零部件生产厂家、出厂时间、品质及性能状况,有无缺陷、瑕疵等。检查装配是否牢固、无松动、无锈蚀等。

1.6.1.3 车内操作系统检查

现代汽车十分重视人机工程设计。买车前应先坐在驾驶座上感觉是否乘坐舒适、视听灵敏,再检查操纵系统,如用手晃动转向盘,上下不应有窜动间隙,转动时自由行程不能过大,转向盘手感良好,行驶中转向灵活。左脚踩下离合器踏板,应感觉轻快、灵活、自如,无发沉、卡滞之感,有合适的自由行程。加速踏板反应灵敏、回位迅速,不应有卡滞、沉重、不回位的现象。脚放在加速踏板上面时,脚踝应自然舒适。行车制动也以反应灵敏为准,在检查时,右脚踩下制动踏板不放,其应保持一定高度,若其缓慢下移,则表示制动系统有泄漏现象。总之,各操纵系统使用均以顺手、方便、不易产生误操作为宜。

1.6.1.4 车内装饰检查

观察车内各部色彩是否协调一致,座椅、安全带、安全气囊、仪表盘是否外观完好,无破损、裂纹等损伤。车内门窗玻璃应升降自如、密封良好,指示仪表、指示灯应齐全,工作正常,安装紧固。改装或加装的辅助设施,应对驾驶安全操作无不利影响;车门开锁应灵活,关门时应能一次到位。质量差的车用力小了关不严,需要大力撞击方能关严且声响很大,不悦耳。检查前排座椅是否能在多个位置固定,前后是否能自由移动。检查车内饰件是否装卡到位,用手推动不应松脱。

1.6.1.5 车辆舒适性的检查

可根据车主主观感受判断,从车内色彩、布局、乘坐、操作是否方便来体味舒适与否。车主可起动车辆试乘、试驾,检查驾车时视线有无障碍,车内噪声、振动、音响、空调总体有无不良感受。

1.6.2 车辆的动态检查——试车

试车不仅是考察车辆舒适性的一种手段,更是检查、了解车辆性能的有效途径。因此,在试车时可按以下步骤操作,认真查验车辆状况。

(1)起动发动机,检查运转情况,听发动机运转是否轻快、连续、平稳,是否有异响,然后轻踩加速踏板,感受发动机加速响应是否连续,连续加速后,回到怠速状态是否仍稳定。

(2)缓踩加速踏板,轻抬离合器踏板,车辆起步应平稳。新车换挡可能不十分平顺,但不应有卡滞、挂不上或摘不下挡的情况。低速时轻踩行车制动踏板,以试验制动效能,制动踏板的随动性应良好;还可以试一下空挡滑行情况。例如,以 20km/h 的初速度滑行,平路可滑行 50~80m。若滑行距离太短,则表明运动部件安装调试或润滑不良,如轴承过紧、制动蹄片回位不良或转动部件卡滞等。

(3)试车时遇上下立交桥可感觉一下加速和动力情况。通过加、减挡位,轻转转向盘,感觉转向系统是否正常,正常行驶方向应不跑偏,能自动维持直线行驶,转弯后可以自行回正(90%);车辆掉头,左右转向转到极限时,车轮应无异响。有条件时可试验一下高速行驶情况,感觉高速行驶的稳定性、抓地感,看是否有车轮摆动、方向发飘现象。在保证安全的条件下,可以试验蛇行,体验一下车辆的操纵控制性能。还可以按不同车速测试紧急制动的感觉,如分别以 40km/h、60km/h、80km/h 的车速紧急制动,以检查制动时方向的稳定性。

经过这一系列查验,基本上就能把握待购车辆的总体状况;如果局部不满意,购车后经略加改装、装饰,同样可以获得一款称心如意的汽车。

为了在挑选新车过程中,更全面细致地对新车进行检查,可以按表2-8操作程序检查新车。

新车检查操作程序　　　　　　　　　　　　　　　　　　　　表2-8

异常部分损坏情况	检查车身是否有问题				
	项次	检查项目	无	有	备注
附件清点	1	备胎(轮辋)、千斤顶、扳手			
	2	点烟器			
	3	钥匙			
	4	其他标明的各项附件			
分类	项次	检查项目	是	否	
发动机部分	1	检查机油量是否足够			
	2	检查水箱冷却液及防冻液是否足够			
	3	检查冷却风扇是否正常工作			
	4	检查液压系统液压油量是否足够——制动系统/离合器系统/辅助转向系统			
	5	检查变速器油量是否足够			自动变速器
	6	检查风窗玻璃清洗液是否足够			
	7	检查蓄电池电压是否正常			
	8	检查加速踏板是否正常工作			
	9	检查发动机怠速情况及是否有异响			
	10	检查发动机所有部分是否有漏油、漏水			

续上表

检查车身是否有问题					
分类	项次	检查项目		是	否
车内部分	1	检查点火系统是否正常工作			
	2	检查电动窗、后视镜、中央门锁等的工作情况是否正常			
	3	检查电动座椅的工作情况是否正常			
	4	检查灯光系统是否工作正常			
	5	检查刮水器系统是否工作正常			
	6	检查空调系统是否工作正常			
	7	检查音响系统是否工作正常			
	8	检查制动踏板/离合器踏板位置是否正确			
	9	检查驻车制动手柄位置/变速杆挡位是否正确			
	10	检查转向系统是否正常工作			
外观	1	门锁润滑与否(含发动机罩、行李舱罩、加油口盖)			
	2	检查轮胎气压及轮胎螺栓是否紧固			

1.6.3 提取新车注意事项

尽管许多经销商都为车主提供一条龙服务,但购车时还是要尽可能亲自参与买车过程,做到心中有数。

1.6.3.1 认真查看新车手续

检查汽车与其证件是否相符。如合格证上的号码要与车上的发动机号、车架号一致。从出厂日期了解车辆从产到销的时间。另外,车型、功率、座椅数量等均要求与说明书所记录的一致。如出现不符,将影响以后办理验车上牌手续。

1.6.3.2 认真阅读填写购车合同

在填写《汽车购销合同》时,一要在填写售车单位的名称时注意填写完整的名称,不能有差错;二是在解决合同争议的方式一栏时,最好选择当地比较权威的仲裁机构仲裁;三是购车合同为一式三份,除供需双方各执一份外,交易市场的主管单位也要留存一份,注意此份合同要确保能交到交易市场的管理部门,这样万一出现问题,交易市场才会为你出面解决;四是对于一些模糊不清的质量保证及理赔条款,应特别留意,除认真检查质量卡、产品合格证外,还要对保修卡上的维修网点布局、购买常用零配件的价格、保修时间、质量、价格、收费的透明度等作相应的了解,以防日后发生争议时难以判定责任。

1.6.3.3 查验进口单据

购买进口车,还应注意查验进口货物证明及关税、增值税等各项应缴的税单。否则,买了手续不全的进口车,不但品质无法保证,而且在办理号牌时会因进口手续不全而无法上牌。

1.6.3.4 第一次出现质量问题时的处理方法

当车辆第一次出现质量问题时,消费者切记不要就近随便修理,一定要到经销商指定的修理厂进行修理,并认真做好修理记录。如果车辆日后屡修不好,消费者可据此向经销商或厂方索赔。如果消费者擅自修理,那么对车辆所存在的问题无法确认责任方,商家也会以此为由,认为是消费者自己修理坏的,从而拒绝消费者的赔偿要求。

1.6.3.5 消费者与经销商发生纠纷的解决途径

当双方发生纠纷时,通常有三种解决问题的途径:一是通过双方协商解决;二是到市场管理部门或消费者协会、技术监督部门、工商管理部门等寻求第三方的调解;三是通过司法途径解决。

1.7 新车的启用

1.7.1 新车的接收与使用前的准备工作

运输单位对新购进来的车辆,应根据其不同的使用性能以及运输的客观实际需要,尽可能地将同一厂牌、同一车型的车辆分配在一个运输队。否则,将会因车型多而引起配件种类和维修所需的专用工具过多,占用的流动资金增大;在缺少配件的情况下,有时就会因流动资金少而出现停工待料现象,影响车辆的正常使用。

为了使新车尽快投入正常的运行,充分发挥其效能,延长其使用寿命,在接收新车及新车使用前应做好以下几项工作:

(1)接收新车时应按车辆购置合同和车辆使用说明书的规定,对照车辆清单或装箱单进行验收,清点随车工具及附件等。在验收进口车辆时,要委托商检部门进行商检或邀请其共同验收,并要办好商检手续。

(2)新车在投入使用前,应对驾驶员和维修工进行技术培训,使驾驶员掌握各种仪表和按钮等的用途、车辆的使用性能、使用中应注意的事项、日常维护中的维护要点及维护周期等,使维修工掌握新车的维修技术要点。

(3)在新车使用前,应按制造厂的规定对车辆进行清洁、润滑、紧固、补给及必要的调整。

(4)在使用前应对车辆进行一次全面的检查,重点检查车辆是否有缺件、损坏及制造质量等问题,如发现有较大问题,要及时分析、解决。

(5)建立车辆的技术档案。

(6)严格按照制造厂规定的技术要求进行车辆走合及使用,并做好走合前的维护工作。在索赔期内,车辆如发生损坏,应及时作出鉴定报告,及时索赔。属于厂家责任的,应按规定程序向制造厂提出索赔申请,进行索赔。

(7)不要在索赔期内对车辆进行改装或加装其他附加装置,以便进行索赔。同时要做好使用记录,以备查阅。

若接收的是在用车辆,应注意检查车辆装备是否齐全,技术状况是否良好。如果有技术档案的,要注意查收其车辆的技术档案和有关技术资料。并向交车单位或交车人了解车辆使用情况。车辆交接后,视情办理车辆的转籍和行驶证等手续。

1.7.2 轿车表面油漆的护理

在现代轿车生产中,车身表面大多采用静电喷涂工艺。成品车在出厂时经检验,油漆表面镜物清晰,绝无任何小划痕存在。但在出厂后经过库存和运输,使新车表面积存很多尘土。此时绝对不能在现场条件很差的情况下,仅用一桶水、一块棉纱就将尘土除去,那样对油漆表面不是护理而是伤害。

在对车身进行养护时,最好用水直接冲刷,不用干布、干毛巾、棉丝或海绵直接擦拭车身表面,尽量少用油墩布、毛掸清洁车身表面的灰尘。

1.7.3 轿车的开蜡

进口轿车在外销时都在轿车油漆表面喷涂一层保护层,以防止在漂洋过海的长途运输途中被海水浸蚀,这层封漆蜡主要是石蜡、树脂和特富龙等成分。能对轿车表面漆起到近一年的保护作用。除掉这层封漆蜡的过程,就叫轿车的开蜡。

轿车开蜡的最好方法是用进口开蜡液,其具体开蜡方法是:

(1)选择无风、无太阳直接照射,且远离草本植物的地方,车身不必预先清洗。

(2)操作时,操作人应戴橡胶手套、防护眼镜,并穿防护靴。

(3)将开蜡液按其说明书中所规定的配方比例混合后装入手动或电动喷雾器中待用。

(4)自轿车底部由下至上顺序用配制好的开蜡液喷涂车身表面,确保每个部位都能被喷出的溶液覆盖,保持湿润2~3min后再用压力不超过5MPa的高压水枪喷洗。注意缝隙处要喷洗干净,不能留下残液。

(5)仔细检查车身各部,如有残留未洗净的蜡迹,应重新喷涂开蜡液、重新清洗,直到彻底干净为止。

(6)当车身表面防护蜡层除净后,可选用含有高分子材料的增光乳液或不含有研磨剂一类的车蜡做保洁处理,以保持漆膜的固有品质。

(7)冬季开蜡比较困难,因为低温使开蜡液不易与车身表面的防护涂层产生化学反应。因此,冬季不宜进行开蜡操作,最好选择气温在20℃以上时进行。

(8)如果没有开蜡液,也可用棉纱沾汽油、柴油或煤油进行擦拭。但汽油、柴油或煤油会与漆膜发生氧化反应,造成漆膜暗淡无光;另外,棉纱不干净还会使漆膜受到损伤。因此,最好不要使用这种方法对轿车开蜡。

1.8 汽车走合期的合理使用

新车或大修竣工汽车在投入使用的初期称为汽车走合期。

新车或大修竣工汽车,尽管在生产过程中经过了磨合,但零件的加工表面仍存在微观和宏观的几何形状偏差(粗糙度、圆度、圆柱度、直线度等),总成和部件也存在一定的装配误差。这些误差使新配合件表面的实际接触面积比理论面积要小,因而接触表面的实际单位压力较理论值大得多。此时,汽车若以全负荷运行,由于零件表面的单位压力过大,将导致润滑油膜破坏和局部温度升高,使零件迅速磨损和破坏。汽车走合期实际上是为了使汽车向正常使用阶段过渡,而在使用中对相互配合的摩擦表面进行磨合加工的工艺过程。经过走合期后,零件表面不平部分被磨去,从而形成光滑而耐磨的工作表面,以承受正常工作荷载;同时,由于走合期内所暴露出的生产、修理缺陷得以排除,减小了汽车正常使用阶段的故障率,从而提高了汽车的可靠性。

通常汽车制造厂对所生产车型均规定有走合里程,一般为1000~1500km,有的车型为2000~3000km。

1.8.1 汽车走合期的使用特点

1.8.1.1 零件磨损速度快

由于新配合件摩擦表面凹凸不平,必然产生相互啮合(嵌入)的现象。在接触紧密的地方,其接触距离非常小,接触压力要比理论计算值大许多倍。在相对运动中,就会产生很大的摩擦力,使配合件的两个摩擦表面磨损量增大。磨损下来的金属屑又会进入相配合零件之间构成磨料磨损,使磨损加剧。另外,由于间隙小,磨损过程中表面热量增大,进而使润滑油黏度降低,润滑条件变差。由于上述原因,使零件磨损加剧。

1.8.1.2 行驶故障较多

由于配合件的工作表面存在着微观和宏观的几何形状偏差,导致装配质量不佳、紧固件松动。使用不当以及未能正确执行走合规范,将导致走合期的故障较多。如由于装配质量不好、各部间隙过小,走合时润滑条件又差,发动机很容易产生过热现象,易出现拉缸、烧瓦等故障。

1.8.1.3 润滑油易变质

由于走合期零件表面还比较粗糙,加工后的形状和装配位置都存在一定的偏差,配合间隙较小,因此走合时零件表面和润滑油的温度都很高;同时有较多的金属屑磨损下来,被润滑油带进曲轴箱中,很容易使润滑油氧化变质。因此,走合期对润滑油有换油规定,通常行驶300km、1000km、2500km时应分别更换发动机润滑油。

1.8.1.4 耗油量大

由于走合期各运动件之间有较大的摩擦阻力而使油耗增加。另外,为了保证走合期小负荷运行,装有化油器的发动机由于安装了限速片,造成混合气偏浓,也使油耗增加。

1.8.2 汽车走合期应采取的技术措施

根据走合期的工作特点,汽车在走合期内必须严格遵守走合规定,以保证走合的质量。走合期必须遵循的主要规定包括:减载、限速、选择优质燃润料和正确驾驶等。

1.8.2.1 减载

汽车载质量的大小直接影响机件寿命,载质量越大,机件受力越大,引起润滑条件变坏,影响磨合质量。所以,在走合期内必须适当减载。一般载货汽车按额定载质量减载20%~25%,并禁止拖带挂车;半挂车按载质量标准减载30%~50%;若有具体减载规定的则按规定执行。为保证走合质量,车辆在走合期的加载应随着走合里程的增加而逐步增加,最终在走合期结束时,达到额定载质量。

1.8.2.2 限速

走合期车速的高低,与负荷的影响是一样的。载质量一定,车速越高,发动机和传动机件的负荷也越大。因此,在走合期内不允许发动机转速过高。行驶中应按汽车使用说明书的规定控制各挡位的车速。货车的最高车速一般不超过40~50km/h;轿车发动机的最高转速一般不超过4200~4500 r/min。在实际使用中,走合期车速一般限制在各挡最高车速的70%~75%之间。

1.8.2.3 选择优质燃润料

为了防止汽油机出现爆燃,导致加速机件的磨损,应采用抗爆性好的燃料。另外,由于各部分间隙较小,应选用黏度较低的优质润滑油使摩擦表面得到良好的润滑。同时应按走合期维护规定及时更换润滑油,行驶中应注意润滑油的压力和温度,有异常情况及时排除。

1.8.2.4 正确驾驶

走合期使用时,发动机起动后,应低速运转,待水温升到50~60℃再起步,起步时不要猛踏加速踏板,严格控制加速踏板行程,以免发动机转速过高。起步要平稳,以减少传动机件的冲击。行驶中,发动机的温度应控制在正常工作范围内,要适时换挡,注意选择路面,不要在恶劣道路上行驶,以减少振动和冲击。尽量减少汽车突然加速所引起的超负荷现象,避免紧急制动和长时间制动。

车辆在走合期内行驶时,要经常检查汽车变速器、驱动桥、轮毂及制动鼓的温度。异常高温往往是由于配合件间隙过小、磨损加剧、摩擦表面热量增大引起的。要注意检查、紧固各部外露螺栓、螺母,注意听察各总成在运行中的声响变化,并及时进行调整或排除。

1.8.2.5 加强走合维护

为了提高汽车的走合质量,除严格遵守走合规定外,还应注意加强走合前、走合期和走合后的维护。

汽车走合前的维护主要是检查各部分状况,防止汽车出现事故和损伤,保证顺利地完成走合。

汽车走合期的维护主要是对汽车技术状况开始发生变化的部分进行及时的维护,以恢复良好的技术状况,保证下阶段走合顺利进行。

走合期结束后,应到指定的维修服务站结合二级维护,对汽车进行全面的检查、紧固、调整和润滑作业。

2 汽车消耗品的合理使用

2.1 汽车运行燃料消耗量的影响因素

影响汽车运行燃料消耗的因素很多,概括起来有两大方面:汽车本身的性能和汽车的使用因素。

2.1.1 汽车技术状况对运行燃料消耗的影响

汽车的技术状况是节油的技术基础,只有在良好的技术状况下,才能充分发挥汽车的燃料经济性。因此,在使用中应特别重视汽车技术状况的检查与调整,使其处于最佳状态。

2.1.1.1 发动机技术状况对燃料消耗的影响

发动机的汽缸压缩压力、配气相位、供油系和点火系的技术状况以及发动机的工作温度都直接影响发动机的动力性和经济性。

(1)汽缸压缩压力。汽缸压缩压力越大,可燃混合气点燃后的燃烧速度越快,产生的有效压力越大,发动机的动力性和经济性就越好;若汽缸漏气、汽缸压缩压力降低、发动机工作性能变坏,燃料消耗就会增加。

(2)配气相位。汽车经过较长时间的使用后,由于配气机构机件的磨损等原因会导致配气相位失准、充气系数下降、发动机功率下降、燃料消耗增加。试验表明,气门间隙每减小0.1mm,发动机的功率约降低3.5%~4%,燃料消耗增加约2%~3%;相反,气门间隙增大也将产生类似的后果。

(3)供油系的技术状况。供油系的技术状况好坏对发动机的动力性和经济性都有着重要的影响。

对于电子控制燃油喷射的发动机,当空气流量计(或进气压力传感器)、氧传感器、温度传感器和节气门位置传感器不能准确进行检测时,它们将会向电脑传递一个错误的电信号,使电脑不能正确地发出喷油脉冲信号,引起喷油量失准,导致燃料消耗增加。

供油系中滤清器的技术状况,对发动机的动力性和经济性也有较大影响。如果空气滤清器工作不良,将导致进气阻力增加、充气量减少、混合气变浓;如果燃油滤清器工作不良,会使燃油中的机械杂质堵塞油道、量孔等,缩小燃油的通过截面;若杂质进入燃烧室会使积炭增多。这些都将影响燃烧过程,导致燃料消耗增大。

(4)点火系的技术状况。点火系技术状况不良不仅影响发动机的起动性能和动力性能,同时也增加了运行燃料的消耗。据实验资料表明:一个火花塞不工作,8缸和6缸发动机燃料消耗将分别增加15%和25%;两个火花塞不工作时,8缸和6缸发动机燃料消耗将分别增加40%和60%。

(5)冷却系的技术状况。发动机的工作温度是否正常,对燃料的消耗也有很大的影响。一般水冷发动机的正常工作温度为80～90℃,温度过高或过低都会使燃料消耗增加。水温在40～50℃时,燃料消耗比正常温度增加8%～10%;发动机温度高则易产生早燃和爆燃,充气效率降低,动力性和经济性下降。如果在冷却水沸腾的状态下勉强行驶,会使燃料消耗急剧增加。因此,必须使冷却系的技术状况良好,以保持发动机正常的工作温度,降低燃料消耗。

2.1.1.2 底盘技术状况对运行燃料消耗的影响

底盘的技术状况直接影响燃料消耗的高低,主要是影响传动效率和行驶阻力。

(1)传动系的技术状况。传动系的功率消耗约为传递功率的10%～15%,其中变速器和主减速器的功率损失占绝大部分。底盘中任何部位发响和发热,都意味着在发动机动力的传递过程中出现能量传递损失。例如离合器打滑而引起离合器总成发热,将使传动效率降低,这种发热,就意味着燃料的损失。变速器、万向传动装置和主减速器等,任何一处发响,都表明齿轮或轴等在运转中遇到了不应有的阻力。

改善底盘总成的润滑状况对于减少摩擦损失、提高传动效率有明显的效果。如果使用黏度、抗磨性及温度性能(黏度随温度变化的性能)不符合要求的齿轮油,将使燃料消耗量增加。

(2)行驶系技术状况。行驶系中轮毂轴承的松紧度对燃料消耗有较大的影响。如轮毂轴承调整过紧,将增加车轮旋转阻力和摩擦损失,使燃料消耗增加;如调整过松,车轮行驶时就会出现摇摆,使车轮滚动阻力增加,同时也使制动鼓歪斜,易与制动蹄片相碰擦,增大了旋转阻力,降低了汽车的滑行性能,燃料消耗同样将增加。

车轮定位的正确与否,对燃料消耗也有显著影响。如车轮定位不当,车轮在行驶中就会发生摇摆或在滚动中带有滑移现象。这不仅会加剧轮胎的磨损,而且也会使车轮的行驶阻力增加,燃料消耗也会增加。试验表明:前束改变1mm,燃料消耗将增加约5%。

轮胎气压的高低,将影响汽车的滚动阻力,直接影响燃料消耗。当轮胎气压低于标准时,轮胎的变形量增大,滚动阻力增大,燃料消耗也增加。试验表明:若货车中全部轮胎的气压都降低49.1kPa,燃料消耗将增加5%左右。所以一定要保持标准的气压。

(3)制动系的技术状况。制动器的调整应该既能保证可靠的制动,又要使放松制动踏板后没有制动拖滞现象。如果制动不灵,安全得不到保证,这样就会影响到汽车速度性能的发挥,燃料消耗将会增大。如果有制动拖滞现象,将导致行驶阻力增大而使燃料消耗增加。

总之,汽车底盘技术状况的好坏,可用汽车的滑行性能作为综合评定的标志。在其他性能和条件都相同时,汽车的滑行性能越好,功率消耗越少,燃料消耗量越低。试验表明,当汽车的滑行距离由173m增加到254m时,燃料消耗可减少21%。

另外,在汽车上增加附加设施,如加装油箱、工具杂物箱等会造成汽车整车整备质量的增加;在车上加设遮阳板、凉棚,任意加高栏板高度等将导致空气阻力的增加,这将会增加汽车燃料的消耗。如果汽车整车整备质量增加1%,燃料消耗将增加0.3%~0.4%;空气阻力下降10%,则燃料消耗降低3%左右。

综上所述,汽车的技术状况对运行燃料的影响很大,只有经常保持汽车技术状况完好和最佳调整状态,才能有效地节油。

2.1.2 驾驶技术对运行燃料消耗的影响

驾驶员的驾驶技术水平高低,对运行燃料的消耗有着关键性的影响。正确地驾驶操作方法可以大大降低汽车的燃料消耗量。据测试证明:不同技术水平的驾驶员,在相同条件下驾驶相同的汽车,其燃料消耗的差异可达20%~40%。根据长期的驾驶经验总结,驾驶操作方法包括:掌握汽车的工作温度、合理使用挡位、控制车速、正确滑行等。

2.1.2.1 掌握温度

汽车行驶中要保持发动机的正常工作温度,一般指水温、机油温度和发动机罩下空气的温度。温度过高或过低都将导致燃料消耗增加。

在低温条件下起动发动机时,由于温度低,燃料蒸发和雾化不良,润滑油黏度增加,起动阻力大,导致起动困难,起动时的燃料消耗增大。因此,在冬季应将车停在暖库内,必要时可对发动机进行预热起动。试验表明:气温为-3℃时不预热直接起动,运转15min,升温至80℃需耗油约1L;如果用热水预热使发动机升温至40℃再起动,10min后升温至80℃,耗油约0.6L。发动机起动后,应低速运转升温,待水温至50~60℃后再挂挡起步,起步温度太低,也将使燃料消耗增加。试验表明:水温在20℃时起步与水温为40℃时起步,同样在平路行驶5000m,燃料消耗将增加15%~20%。

汽车行驶过程中,应使发动机的水温保持在正常工作范围内,即80~90℃(轿车一般在90~105℃),并注意经常检查冷却液的容量及有无泄漏现象、保温罩和百叶窗的状况以及冷却系的工作情况,避免水温过高或过低。

2.1.2.2 合理使用挡位

汽车在起步时,驾驶员应根据载重情况和道路情况正确选用挡位。在起步时,挡位越高,油门就越大,发动机转速高,离合器接合时间变长,摩擦损失也就变大,导致燃料消耗增大;另外,用高挡起步,起步转矩小,而起步阻力特别大,发动机易熄火,造成无法起步,使得发动机起动次数和汽车起步次数增加,引起燃料消耗增大。而采用较低挡位起步,由于起步转矩大,起步阻力小,油门就较小,离合器接合时间短,摩擦损失小,起步燃料消耗就少。试验表明:载货汽车分别用一挡和二挡起步,起步后并将车速提到30km/h时,一挡比二挡节省燃油约15mL。

汽车上坡行驶时,应根据坡道的具体情况采用正确的挡位。如果坡度不大或短而较陡,可不换挡而采用高挡加速冲坡的方法,利用汽车的惯性直冲坡顶。如果坡度较大,单靠惯性不能冲上坡顶时,要及时换入较低挡位,切忌高挡"硬冲""硬撑""硬背",造成汽车发抖、发动机爆燃等不正常现象,甚至造成熄火或倒溜、重新起步等现象,而导致燃料消耗增加。

在一般道路行驶时,应根据载重情况和道路情况尽可能使用高挡行驶,尽量避免低速挡高速行驶。在同一道路条件与车速下,虽然发动机发出的功率相同,但挡位越低,后备功率越大,发动机负荷率越低,有效燃料消耗率也就越高。

在换挡时要脚轻手快。"脚轻"是指换挡时不要猛踏加速踏板(俗称轰油门)。"手快"是指换挡动作要准确、迅速、及时、干脆利索,不要"拖泥带水"。因为换挡动作快,能缩短加速和换挡操作时间,避免了发动机功率的无谓损失,降低了燃料消耗量。试验表明:技术熟练的驾驶员从二挡起步连续换入五挡仅需20s,行驶距离为60m,耗油34mL,而不熟练的驾驶员从二挡换入五挡所行驶的距离要长得多,燃料消耗量也要大得多。

2.1.2.3 控制车速

汽车在相同的道路上行驶,车速不同,燃料消耗也不同,这是因为汽车行驶时燃料消耗不仅取决于发动机的单位功率的燃料消耗量,也取决于汽车克服行驶阻力所需要的功率。当车速低时,由于空气阻力小,克服行驶阻力所需要的功率较小,但由于发动机的负荷小,有效燃料消耗率上升,故汽车百公里油耗较高;而在高速行驶时,尽管发动机负荷率较高,有效燃料消耗率降低,但由于空气阻力的增大,使汽车克服行驶阻力所需的功率增加较多,从而导致汽车百公里油耗增加。因此,只有在某一车速行驶时,燃料消耗最低。当汽车以直接挡(或超速挡)行驶时,燃料消耗最低的车速,称之为经济车速。

汽车的经济车速不是固定不变的,它随道路和荷载等因素的变化而变化。当道路条件好,荷载小时,经济车速较高;反之,经济车速较低。不同的车型,其经济车速也不一样。

对于用限制车速来节油的做法要根据情况灵活掌握。因为经济车速的速度相对较低,影响了运输的效率。所以,在实际运行中汽车多用略高于经济车速的中速行驶,照顾到了运行的安全、效率和燃料消耗等各方面的要求。

2.1.2.4 正确滑行

非电喷汽车在行驶中,解除发动机的驱动(输出功率),利用汽车的惯性继续行驶,称之为滑行。在确保安全的前提下,滑行是节约燃料的有效方法之一。在平原丘陵地区,滑行距离最多可达到每日行驶距离的30%~40%。根据试验表明:同是中速行驶,滑行不滑行,非电喷汽车的燃料消耗可相差30%左右。但滑行时,必须保证行车安全。在傍山险路和坡陡而长的路段禁止滑行。下坡滑行不得熄火,并控制好车速,不能越滑越快,失去控制。

电喷汽油发动机具有强制怠速断油功能。汽车挂挡滑行时,发动机供油系统会停止喷油,不但比空挡滑行安全,而且省油。

2.1.3 维修质量对运行燃料消耗的影响

在汽车技术状况发生变化以后,通过对车辆的维修,尽可能地恢复其原有的技术状况是使汽车处于良好技术状况的重要措施,也是节能工作的基础。

在维修中,要严格执行维修标准,把好检验质量关,提高汽车的维修质量;同时,要不断地提高维修人员的技术水平。维修质量好,车辆的技术状况就好,这样不仅可以降低燃料的消耗,还可以减少汽车在使用过程中的维修时间,减少维修费用。

2.1.4 企业管理对燃料消耗的影响

加强企业管理,提高管理水平是节约燃料的根本。无论是节能方针、政策的贯彻,还是节能技术、设备的改进和节能方法的落实,最终都要通过驾驶和改善管理工作来实现。

汽车运输部门应采取有效的管理方法,加强对节能的管理,收集和记录汽车燃料消耗的原始数据,进行统计分析,制定出切实可行的节能管理制度,并组织实施。

加强燃料的保管,减少浪费。燃料的装罐、运输、入库、保管、领发和盘存通常称为六大流转环节。各环节都应建立责任制度,完善手续,严格考核燃料自然损耗定额。杜绝各环节中的"跑、冒、滴、漏"现象。在燃料保管中,还需注意防止因变质造成损失,应减少油料与空气接触;室外存油用浅色容器以反射阳光,降低油温;容器密封,防止水和杂物混入,油桶应干燥、清洁、专油专桶。

建立和健全燃料领发制度、定额考核制度和节能奖惩制度,调动节能的积极性,促进节能工作的顺利开展。

2.2 汽油、柴油的合理使用及质量测定方法

燃料的质量对汽车燃料经济性有很大影响。如果燃料质量不符合发动机的要求,发动机就不能正常工作,导致动力性下降、燃料消耗增加;反之,对燃料的要求过高,就会提高燃料的成本,导致燃料经济性降低。因此,在选用燃料时既要保证发动机的正常工作,又要考虑燃料的成本。这样,才能提高汽车的燃料经济性。目前,汽车用燃料主要有汽油和柴油两类。

2.2.1 汽油的选用

汽油是汽车最主要的燃料。我国对汽油品质的评定标准为 GB 17930—2013《车用汽油》,车用汽油按研究法辛烷值分为 90 号、93 号和 97 号三个牌号。

2.2.1.1 汽油的选用

每种车型选用的汽油牌号与其发动机压缩比是相适应的。通常的低压缩比指的是压缩比在 10 以下,数值在 10 以上的就算是高压缩比发动机了。压缩比的高低对发动机使用汽油等级的要求有很大影响,一般来说,压缩比越大,要求使用的汽油标号越高。如果使用了低于建议标号的汽油,可能会产生"敲缸"、发动机振动加剧、不匀速行驶等问题,还会损害发动机性能,缩短使用寿命。通常,压缩比低于 7.5 可使用 90 号汽油,压缩比在 7.5~8.0 应选用 90 号或 93 号汽油;压缩比在 8.0~10.0 应选 93 号或 97 号汽油;压缩比在 10.0 以上的应选用 97 号汽油。

具体到每一款车,还要考虑到一些实际情况,而且现在的油品也存在问题,实在分不清楚,一般采用"就高不就低"的原则,但这并不是说汽油标号越高就越好。因为发动机的压缩比、点火提前角等参数已经在出厂时设置好了,并且在电脑程序中对抗爆性较差的汽油设置了微调节的适度性程序,而对高标号汽油则没有相应的程序。所以,盲目使用高标号汽油,不仅是一种资金的浪费,还可能会因其高抗爆性的优势无法发挥而产生加速无力的现象。最好的办法还是按照说明书或者按照加油口盖上标明的要求选择油号。

汽油的生产工艺较为复杂,技术含量高,一些地区的中小型企业不具备这样的炼油设备,也难以生产出高标号车用汽油。因此,加注车用汽油最好到国有的知名品牌加油站去加油,这样能避免购买牌号名不副实或质量不合格的汽油,计量方面也能得到保证。

2.2.1.2 汽油选用注意事项

(1)装有电控燃油喷射系统的汽车应选用无铅汽油,以免影响氧传感器和三元催化转换

器的正常工作。

（2）造成发动机爆燃的原因除与所使用汽油的抗爆性有关外,还与发动机结构及使用中的多种因素有关。当代汽车发动机的结构正在不断趋于完善,很多压缩比超过 8 的汽油发动机,使用 90 号汽油仍能正常工作。

（3）我国国产汽油实测的辛烷值一般比标定值高一个多单位,因此对要求使用 91/RON 号汽油的汽车（国外汽车所装用的汽油机压缩比大多在 8~9 之间,要求使用 91/RON 号汽油）一般均可使用国产 90/RON 号汽油。只有当 90/RON 号汽油不能满足使用要求时,才应选用 93/RON 或 97/RON 号汽油。

（4）在海拔较高的地区使用汽车时,因空气密度小,压缩终了的汽缸压力和温度均较低,不易发生爆燃。因此汽油的辛烷值可相应降低,当汽车从平原驶到高原时,若未换低牌号汽油,可把点火适当提前。

（5）汽油中不可掺入煤油和柴油,因其蒸发性较差,加入后会使汽油品质变差。

2.2.2 柴油的选用

普通柴油国家标准为 GB 252—2011,其产品适用于全负荷转速不低于 960r/min 的高速柴油机。有 3 种质量级别：优质品、一级品、合格品。每个质量等级又分为 10 号、5 号、0 号、-10 号、-20 号、-35 号和 -50 号 7 个牌号,其牌号的确定是按凝点高低来划分的。

柴油机的构造、性能、工作状态和环境是选用柴油的依据,必须按季节和地区的最低温度来选用柴油牌号,以保证在最低气温时,不至于因气温低于凝点而使汽车油路供不上油。

在气温低到一定程度时,某些柴油机起动困难,在这种情况下可用柴油机低温起动液协助起动。目前,市场上国内外低温起动液产品有多种,在选购中应选择低温起动性及平稳性可靠的产品。

起动液通常为 300mL 喷雾罐装,使用时,可用汽车上原有的专用起动液加注装置；无起动液加注装置的汽车,发动时可直接由汽车空气滤清器上盖螺母孔处喷入。

注意：起动液是特别易燃易爆的物品,不可加入车辆油箱中使用,以免发生气阻和火灾。低温起动液不可与其他低温起动装置（如预热塞、火焰预热装置等）同时使用；起动液应置于阴凉处,防止日晒,并远离热源。

2.3 汽车节油的技术与途径

能源是人类赖以生存和发展的物质基础。现代文明标志之一的汽车一刻也离不开能源。据统计,一辆汽车年平均消耗石油约 5t。截至 2013 年 12 月,全球汽车保有量达 11 亿辆,其中中国达 1.37 亿辆。但千人拥有量仅为约 89 辆,与全球平均千人 146 辆的水平还有不小差距。据国际汽车分析家预测,到 2015 年世界汽车保有量还将增加 20%。可见,汽车是消耗能源的大户。

汽车的主要能源是石油产品——汽油和柴油。据推测,全世界石油的储藏量约为 3000 亿吨,其中 600 亿吨已经开采,1000 亿吨已被探明。20 世纪 70 年代末期,全世界石油的年总产量为 33 亿吨,目前已经增长到 50 亿吨。照此计算,已探明的石油仅能开采 20 年左右。

汽车每年要消耗巨额数量的石油制品。人类必须正视能源问题,以保证能源的可持续发展。只有尽可能地节约能源,才能延缓石油枯竭的时间,并赢得充足的时间,以完成新能源的替换工作。

节油的目的,就是减少国家整个经济发展对能源的需求,以尽可能少的能源消耗来获得尽可能多的经济效益。世界节能委员会的报告提出:节能的中心思想是采用技术上现实可行、经济上合理、环境与社会可以接受的方法,来有效地利用资源。可见,节能工作要求从开发到利用的全部过程中获得更高的能源利用率。

节油从某种意义上说也是最便宜、最迅速地获得能源供应的"新能源"。因此人们说:"节油是开发第五能源(煤炭、石油、水电、核能四大能源之外),是不产生放射性废料,没有什么污染的能源"。因此,世界各工业发达国家都非常重视节油工作。

2.3.1 提高压缩比

汽油机等容加热理论循环的热效率为:

$$\eta = 1 - \frac{1}{\varepsilon^{K-1}}$$

式中:ε——压缩比;

K——绝热指数,对单原子气体 $K=1.6$,对双原子气体 $K=1.4$,对三原子气体 $K=1.3$。

由上式可知,当压缩比提高时,热效率增加,使发动机的动力性、经济性得以改善,发动机燃料消耗率有所降低。由试验得知,在压缩比为 7.5～7.9 范围内,压缩比提高一个单位,燃料消耗可降低 4% 以上。

汽油机的压缩比的提高主要受爆震的限制,同时提高到一定程度后,不仅对提高发动机的功率和效率无明显效果,而且会增加排气中的污染物。

目前,提高发动机的压缩比的主要措施有以下几种:

(1)改进燃烧室和进气系统,提高发动机结构的爆震极限;

(2)使用爆震传感器,自动延迟产生爆震时的点火提前角;

(3)喷水抗爆技术;

(4)开发高辛烷值的汽油。

2.3.2 改进进、排气系统

改进进、排气系统的主要目的是:减少进气管气流阻力,减少排气管排气干扰。进气管的结构和尺寸要保证有足够的流通截面,并保证管道的表面光洁、连接处平整,要减少气流转折以及流通截面突变,以减少气流的局部阻力。进气门处是整个进气管道中产生进气阻力最大的地方,不可忽视。

需要指出的是,进气管断面过大,气流速度低,燃油液态颗粒易沉积于管壁,而且液态燃油的蒸发速率比较慢,结果使各缸混合气的分配不均匀,发动机燃料消耗增加。

2.3.3 选择合理的配气相位

配气相位选择是与发动机经常工作情况相关联的。一般的规律是,配气相位的持续角较宽时,发动机在高速时充气特性好,低速时充气特性差,所以它适合于高速发动机;当配气相位的持续角较窄时,则反之。

就一般的发动机而言,气门开闭的时间和行程是固定不变的,这就不能最大限度地发挥发动机的潜力。因为当发动机处于低转速时,为了与较慢的燃烧速度相匹配,混合气进入汽缸的速度应该慢一些,进气量少一些。所以,此时理想的气门叠开角和进气门行程都应该比较小;

而当发动机处于高转速时,为了让发动机产生高功率,理想的气门叠开角和进气行程都应该比低速时更大一些。

但是普通发动机的凸轮设计是固定的,气门叠开角和进气行程只能在理想的最大与最小之间选一个折中值。于是发动机在低速时,由于气门叠开角比理想值大,新鲜混合气就可能被废气带走,造成燃料消耗增加;而在高速时,由于气门叠开角和进气门行程比理想值小,从而限制了发动机所能达到的最大功率。

为了解决这一问题,国外现已研究出可变气门正时系统。这一系统能使发动机在低速运转时气门的叠开角和进气门行程都变小;而在发动机高速运转时能使气门的叠开角和进气门行程都变大。目前,应用这一技术的公司有宝马、奔驰和菲亚特等。每家公司所设计的结构各不相同,其中宝马和奔驰主要是通过机械结构实现的,而菲亚特则主要是通过液压机构实现的。

2.3.4 采用稀薄燃烧技术

稀薄燃烧是指空燃比为 17.1:1~20:1 混合气的燃烧过程。稀薄燃烧按供给方式可分为均质和非均质两种。目前,分层进气(分层燃烧)发动机作为稀薄燃烧中的非均质燃烧是实现稀薄燃烧的主要方式。

稀混合气可以提高发动机燃料经济性的主要原因是:由于稀混合气中的汽油分子有更多的机会与空气中氧分子接触,容易燃烧完全,同时混合气越稀越接近于空气循环,绝热指数 K 值越大,使热效率得以提高;燃用稀混合气,燃烧后最高温度降低,一方面使通过汽缸壁传热损失较小,另一方面燃烧产物的离解现象减少,使热效率提高。从另一角度分析,采用稀混合气,由于汽缸内压力、温度低,不易发生爆震,则可以提高压缩比,增大混合气的膨胀比和温度,减少燃烧室废气残余留量,因而可以提高燃油的能量利用效率。但混合气过稀时,燃烧速度过于缓慢,等容燃烧速度下降,混合气发热量和分子改变系数减小,指示功减小,但机械损失功变化很小,使机械效率下降;混合气过稀,个别缸失火的概率增加。

采用非均质稀薄燃烧的发动机按燃烧室的结构可分为统一式燃烧室和分隔式燃烧室两种。统一式燃烧室主要利用强的旋流、适当喷油方向和锥角与燃烧室形状配合,以实现分层燃烧的。其特点是:无节流损失,燃烧室壁面造成的热损失较小,经济性好。分隔式燃烧室则主要是进气分层,副室供应浓混合气,主室供应稀混合气,通过燃气运动来控制稀混合气燃烧。其特点是:可形成较强的涡流,易于形成层状化的混合气。

稀薄燃烧系统燃烧室分类如图 2-3 所示。

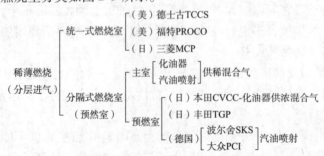

图 2-3 分层进气燃烧室分类

2.3.5 闭缸节油技术

为了保证汽车具有良好的动力性,要求选用功率较大的发动机,以便克服各种行驶阻力。但在一般行驶条件下,发动机功率仅有部分被利用,因此汽车行驶过程中,大部分时间处于不经济的部分负荷状态,结果使耗油量增多。如果能够根据汽车运行工况,同步地调节发动机功率,使发动机始终保持在有利的负荷率,就可解决上述问题。通常采取改变发动机有效工作排量的方法予以解决。

目前改变发动机工作排量有两种方法,即变行程法和变缸法。

变行程法是改变活塞行程,即在中小负荷时,活塞行程缩短,减少进气损失、泵气损失以及活塞及活塞环与汽缸壁摩擦损失。

变缸法是改变有效汽缸数目,即在中小负荷时,关闭一部分汽缸,而提高另一部分汽缸的功率利用率,使之处于较经济工况下工作。目前减少发动机工作汽缸的方法有:

①堵塞进气道;

②关闭进、排气门。关闭进、排气门能减少泵气损失和气门驱动损失,节油效果显著。如英国伊顿公司研制的变缸机构,是将 V8 型发动机,根据使用情况自动关闭两缸或四缸,关闭汽缸的方法是通过浮动的摇臂支座,将部分汽缸的进、排气门完全关闭。在低负荷时能节油 25%,怠速及减速时节油 40%,慢加油时节油 10%,实际行驶时节油 10% ~ 15%。

2.3.6 减轻汽车整备质量

汽车行驶时,汽车功率的消耗与汽车行驶阻力有关,而在四大行驶阻力中,除空气阻力外,都与汽车总质量有关。所以,减轻汽车整备质量,可以增加装载质量,降低百吨公里油耗,即使是空驶,其燃料消耗也可以减少。据有关资料介绍,在其他条件不变的情况下,整车整备质量每减少 100kg,节油 0.1L/100km。因此,减轻汽车整备质量,是降低燃料消耗最重要、最有效的措施之一。

减轻汽车整备质量的主要措施有:采用高强度材料,改进汽车结构,减少车身尺寸,取消一些附加设备及器材等。如奥迪 A8 2.8L、A2 1.2L 两款车采用的全铝质车身,其中奥迪 A2 1.2L 这款车的整车整备质量仅为 855kg,测试燃料消耗为 4.1L/100km(柴油)。

2.3.7 使用附加的节油技术

到目前为止,已出现的汽车节油装置的种类比较多。从节油装置的安装部位及节油的原理上来看,节油装置可以分为发动机节油装置和底盘节油装置两大类。发动机节油装置的节油原理主要是:提高燃料的雾化质量;提高汽缸的压缩压力;提高充气量;切断燃油的供应等。底盘及附件的节油装置的节油原理主要是:降低汽车行驶的空气阻力;降低汽车的传动阻力和滚动阻力。节油装置的节油效果可用下列几项标准进行综合评价:

(1)有明显、稳定的节油效果;

(2)结构合理,工作可靠;

(3)不对车辆使用性能和使用寿命产生不良影响;

(4)不增加驾驶员负担;

(5)便于拆装、维修;

(6)降低成本,提高运输生产率,有明显的经济效益。

2.3.8 提高驾驶员的驾驶技术水平

提高驾驶员的驾驶技术水平是节油的最有效的途径之一。驾驶技术水平好的驾驶员其驾驶操作和情况处理得比较好,汽车的平均技术速度比较高,汽车运行中的能量损失比较少,车况保持得比较好。因此,依靠提高驾驶员的驾驶技术水平来降低燃料消耗的潜力较大。

2.4 新能源汽车技术

新能源汽车是指采用非常规的车用燃料作为动力来源(或使用常规的车用燃料却采用新型车载动力装置),综合车辆的动力控制和驱动方面的先进技术,形成的技术原理先进,具有新技术、新结构的汽车。新能源汽车包括:混合动力汽车、纯电动汽车、燃料电池汽车、氢发动机汽车、其他新能源(如高效储能器、二甲醚)汽车等。其中,从2009年底至今,国家电网、中海油、南方电网和中石化相继传出大举建设充电网络的消息,这是新能源汽车中的电动汽车迈向大规模应用的积极信号,电动汽车将占领一部分市场份额。

近年来,新能源汽车产业发展如火如荼,尤其是2009年科技部等部委开始实施"十城千辆"新能源汽车大规模示范行动以来,我国新能源汽车推广应用的步伐逐渐加快。

新能源汽车是我国"十二五"规划中的七大新兴产业之一,已经成为国家振兴经济和转变产业结构的重要突破口。目前,国家对新能源汽车的政策倾斜,加速了汽车企业在新能源客车上的研发力度,加快了新能源汽车发展的步伐。中国新能源产业将会实现跃进式发展。国内新能源公交车的应用,发展前景广阔。

2.4.1 使用混合动力模式

混合动力就是指汽车使用燃油驱动和电力驱动两种驱动方式,优点在于车辆起动停止时,只靠电力驱动,汽车不达到一定速度,发动机就不工作,因此,便能使发动机一直保持在最佳工况状态,动力性好,排放量很低,而且电能的来源都是发动机。混合动力汽车是采用传统的内燃机和电动机作为动力源,通过混合使用热能和电力两套系统开动汽车,达到节省燃料和降低排气污染的目的。使用的内燃机既有柴油机又有汽油机,但共同的特点是排量小、质量轻、速度高、排放好。使用的电动力系统中包括高效强化的电动机、发电机和蓄电池。混合动力系统分串联式和并联式。串联式结构比较简单,由发动机带动发电机,再带动电动机,驱动汽车,动力系统采用电传动的方式(没有机械变速器),同时也为蓄电池充电,当发动机停止时由蓄电池的电能通过电动机驱动汽车。串联系统布置容易,连接方便,工作过程中发动机经常走走停停,一般应用于城市工况下。其缺点是整个动力系统功率储备大(既有发动机,又有电动机、发电机),效率受到影响。并联式结构比较复杂,发动机通过变速器驱动汽车,电力驱动系统通过蓄电池及电动机并联驱动汽车,发动机在一定的条件下也为蓄电池充电,发动机经常工作在最佳状态下,加速及高速行驶时电力系统参加工作。并联系统的结构复杂,两套动力系统的连接困难,但效率较高,一般应用在城市间较长路途的运输上。混合动力汽车除发动机、电动机、蓄电池等各种单元技术外,重要的技术是各系统的电子控制技术和整车的动力系统优化与控制技术,匹配好的系统能节省燃料50%,排放降低80%。还有制动能量回收技术,应能回收制动能量的30%。

HEV即混合动力装置。进入21世纪后,各国加快了HEV的概念产品化的进程,相继推出了不同形式的HEV产品。丰田的Prius、本田的Insight、通用的Precept、福特的Prodigy、戴姆勒-克莱斯勒的ESx3、日产的Tino等都是具有代表性的车型,其中Prius和Insight已是成熟的产品。截至2008年12月,丰田Prius全球销量已经超过了100万辆。

我国也非常重视混合动力电动汽车的研究与开发,有关工作始于20世纪90年代。在"十五"期间,科技部组织北京理工大学、清华大学、东风汽车公司等国内多家企业、高校和科研机构进行联合攻关,确定了以燃料电池汽车(FCEV)、混合动力电动汽车(HEV)纯电动汽车(BEV)车型为"三纵",多能源动力总成控制系统、驱动电机及其控制系统、动力蓄电池及其管理系统三种共性技术为"三横"的"三纵三横"的研发布局;之后,节能与新能源汽车的研发又被列入"十一五"863计划重大项目。

在2010年北京国际车展上,展出了一批混合动力汽车,主要车型见表2-9、表2-10。

自主品牌混合动力车型　　　　　　　　　　　　　　　　表2-9

序号	品牌	车型	序号	品牌	车型
1	帝豪	GPECs – EC7	5	长安	志翔混合动力
2	帝豪	GPEC – EC8	6	江淮	和悦混合动力
3	东风	风神S30 BSG	7	海马	海马3混合动力
4	江淮	愿景IV	8	荣威	750混合动力

其他品牌混合动力车型　　　　　　　　　　　　　　　　表2-10

序号	品牌	车型	序号	品牌	车型
1	丰田	豪华型SUV RX 450h	5	丰田	凯美瑞混合动力
2	丰田	运动豪华型GS 450h	6	本田	紧凑型Insight
3	丰田	豪华旗舰车型LS 600hL	7	本田	轿跑车CR-Z
4	丰田	新Prius	8	奔驰	新S400

2.4.2　替代燃料汽车

汽车替代燃料多种多样,每一种替代燃料都得到了一定的发展,有些发展较成熟,有些还处于初级阶段,但是他们的未来性很难确定,对于我们国家来说不可能每一种燃料都去发展和研究,问题的关键是依托国内可靠资源的供应体系,开发适合中国国情的替代燃料,对替代燃料的研究对找到我们自己国家汽车替代燃料的发展方向具有指导意义。

2.4.2.1　天然气的应用

天然气具有辛烷值高、污染小、冷起动性能好、运转平稳、价格便宜等优点,但是天然气储存不太方便,使汽车本身的质量加大。正是以上特点,天然气在汽车上面得到了一定的应用。

(1)纯天然气汽车:纯天然气汽车是指燃用天然气的单一燃料汽车,发动机为点燃式,它专为燃用天然气而设计,充分考虑了天然气的性质特征,使天然气汽车的性能有可能达到最佳。

(2)天然气/汽油两用燃料汽车:天然气/汽油两用燃料汽车可以交替燃用天然气或汽油。这种汽车的发动机是点燃式发动机,备用两套燃料系统和天然气/汽油两用燃料。

(3)柴油—天然气双燃料发动机:根据引燃油量多少,柴油—天然气双燃料发动机可分为常规天然气—柴油双燃料发动机和微引燃天然气发动机。

当然在应用的过程中会遇到很多的问题,比如功率下降、腐蚀、磨损等。

2.4.2.2　乙醇的应用

乙醇燃料具有辛烷值高、碳氢比低、汽化潜热大、蒸汽压力低、着火极限宽、燃烧速度快等优点。

正是因为这些特点,乙醇在汽车中得到了一定的应用。

(1)掺烧:乙醇与汽油掺烧,在混合燃料当中乙醇的容积比例以 E 表示,如乙醇占10%,表示为 E10。但是乙醇作为燃料单独使用时,需对发动机做较大改动,因此现在一般都是掺入汽油中燃烧,一般乙醇掺入量控制在10%以下,可以保证和普通汽油基本相同的动力性(动力损失小于5%)。这是因为乙醇来源广泛,可由多种农作物和石油副产品制得,辛烷值较高,氧含量高,可改善燃料的抗爆性,促进差;另外,它也容易对汽车油路系统和橡胶件产生腐蚀。

(2)纯烧:纯烧乙醇,应对发动机进行必要的改造;提高压缩比(9～11),充分发挥乙醇辛烷值高的优势。压缩比提高后,宜采用冷型火花塞;加大输油泵的供油能力,以避免气阻;用附加供油系统及加强预热等措施,改善冷起动;加大燃料箱,以保证必要续驶里程;改善有关零件的抗腐蚀性和抗容涨性等。

(3)灵活燃料:灵活燃料指既可以使用汽油,又可以使用乙醇和汽油以任何比例混合的燃料。工作时由燃料传感器识别燃料成分,通过电脑提供发动机最佳运行参数。灵活燃料汽车的商业前景很好,已在福特汽车厂生产线上大批生产。

这三种应用形式中,以掺烧应用最广泛。

2.4.2.3　甲醇的应用

甲醇抗爆性能好,与汽油调和后辛烷值高,可提高发动机热效率。甲醇也是含氧燃料,可促进燃烧完全,减少污染物排放。甲醇是重要的工业产品,作为燃料使用,经济性较好。因为这些特点,所以甲醇在汽车当中也得到了一定的应用。

(1)掺烧:甲醇容易对汽车油路系统和橡胶件产生腐蚀,这样甲醇作为燃料单独使用时,需对发动机做较大改动,因此现在一般都是掺入汽油中燃烧。

(2)纯烧:纯烧甲醇,应对发动机进行必要的改造;提高压缩比,充分发挥甲醇辛烷值高的优势。压缩比提高后,宜采用冷型火花塞;加大输油泵的供油能力,以避免气阻;用附加供油系统及加强预热等措施,改善冷起动;加大燃料箱,以保证必要续驶里程;改善有关零件的抗腐蚀性和抗容涨性等。

(3)甲醇改质:甲醇改质是利用发动机排气的余热将甲醇改成为 H_2 和 CO,然后再输往发动机。

2.4.2.4　二甲醚的应用

二甲醚十六烷值高,自燃点低,在发动机汽缸内蒸发速度快,有利于混合气的形成,燃烧速度快,滞燃期短。汽化潜热高于柴油,蒸发过程吸收热量较柴油多,可有效地降低汽缸内最高燃烧温度,有利于降低 NO_x 排放和噪声。作为含氧化合物,可提高燃烧效率,在燃烧过程中几乎无炭烟生成,CO 的排放都比较小。

二甲醚在汽车上应用的主要渠道是用作压燃式发动机的燃料,使用方式有以二甲醚作为点火促进物质和直接燃烧纯液态二甲醚。

(1)二甲醚在柴油机中作为点火促进物质。二甲醚的十六烷值高、自燃性好,因此把二甲醚作为部分燃料使其进入发动机汽缸,在压缩行程的后期先行燃烧,预先使缸内温度升高,对主燃料的着火有促进作用,从而改善发动机的性能和排放特性。按燃料的供给方式不同可分为混合喷射式和二甲醚预混、柴油喷射式两种。混合喷射顾名思义是将二甲醚和与柴油或其他燃料混合后由喷油器喷入汽缸。二甲醚预混、柴油喷射式是指二甲醚以预混的方式进入汽缸,柴油仍利用原喷油装置喷入汽缸。

(2)柴油机燃用纯二甲醚:这种方式利用燃油喷射装置直接向汽缸内喷射液态二甲醚。由于二甲醚的十六烷值较高,因此适用于作为压燃式发动机的燃料。在柴油机上,加装一套储气装置和加压设备,即相当于把柴油机改造成二甲醚发动机,另外还需配备一定压力的储气瓶。发动机工作过程中,在压缩冲程终了时,液态二甲醚经过高压泵和喷油器喷入汽缸,经过与空气混合在高温作用下自燃、燃烧膨胀。

2.4.2.5 氢能的应用

(1)热值高,氢气燃烧放热量为121061kJ/kg,是汽油的3倍。

(2)燃烧无污染,燃烧产物是水,不会对环境造成污染。

(3)来源广泛,可再生,不仅化石燃料和生物质中含有丰富的氢,而且水也是最为广泛的氢源,氢由化学反应发出电能(或热)并生成水,而水又可由电解转化为氢和氧,如此循环,永无止境。

(4)氢是"和平"能源,因为它既可再生又来源广泛,每个国家都有丰富的"氢矿",可以不依赖化石能源。

综上所述,氢能是唯一可以同时满足资源、环境和可持续发展要求的能源,是其他能源所不能比拟的,同时氢气在汽车上也得到了一定的应用。

(1)汽油-氢发动机:氢气具有点火能量低(0.02mJ),火焰传播速度快(比汽油的快5~9倍),可燃界限宽(理论上空气过量系数$\alpha=0.15\sim10$)等特点。所以,向汽油中掺入一部分氢气,可使汽油发动机燃烧着火延迟期大大缩短,火焰传播速度加快,燃烧持续期缩短。氢在燃烧时释放出OH、H、O等活性中心,可大大地促进燃烧速度,抑制爆燃。这样一来便可提高发动机的压缩比,从而提高热效率。

汽油-氢发动机对原汽油机结构改动不大,主要加装了一套控制加氢量的电子装置,根据发动机的负荷、转速等参数来控制不同工况下的加氢量。

从汽油-氢发动机试验结果看出,加氢后综合热效率明显提高。在中等转速和中等负荷下综合热效率提高7%~15%,在低转速和低负荷下综合热效率提高14%~20%,且汽油消耗率大幅度下降,同时有害排放物也明显减少。汽车道路行驶试验也证明了加氢后汽车油耗率明显下降。

(2)氢发动机:氢-空气混合气具有特别宽广的可燃范围,氢发动机可以燃用非常稀薄的混合气稳定工作,并可采用变质调节的方式来调节氢发动机的工况。当氢混合气浓度接近理论混合比成分时,它的燃烧速度比汽油高出许多倍,这样氢发动机的燃烧过程可在很短时间内完成,更接近于定容过程,所以热效率高。但当混合气较浓时,会发生不好的异常燃烧现象,尤其是回火。为了解决这一问题,国内外研究者们尝试着使用了许多方式,如临近汽缸供氢、改造燃烧室、向混合气喷水、使用液态氢和废气再循环等。我们通过试验发现,采用临近汽缸供氢的方式,再加上喷水或废气再循环的方法是很有效的。

(3)氢燃料电池:在国外,许多技术力量雄厚的公司都在研制氢燃料汽车,如奔驰、宝马公司等。奔驰公司的氢汽车功率为75kW,行驶距离为120km,最高车速为130km/h,还采用喷水来防止异常燃烧。用金属储氢器储存氢气,这是一种较为理想的储氢方法,它采用特殊的金属

材料 $LaNi_5$ 等制成容器,这些合金能够吸附氢气,而后在一定的温度下能够释放出来供发动机使用。还有的公司研究采用液态氢的方式,在 -253℃ 的温度下,将氢液化,再用绝热容器储存起来,在适当的时候喷入汽缸,这种方式不会产生异常燃烧,但是成本昂贵,结构复杂,制造液态氢所消耗的能量比制造同量的气态氢多 40%,并且液态氢汽化损失严重。

燃料电池通过使用氢和氧发生电化学反应而不是通过燃烧而产生电,不产生火焰,不会产生任何造成污染的 CO_2、CO 等有害物质。燃料电池中的氢是通过分解碳氢类化石燃料而制得,其 CO_2 的释放量也大大低于产生相当能量而燃烧这些碳氢燃料时释放出的 CO_2 量。在汽车上使用它可以真正实现没有污染的零排放,这一点对于汽车拥有量很大的城市里,意义尤为重大。

当然在应用的过程当中遇到了一些问题,这些问题成为制约氢气发展的关键。

2.4.2.6 生物柴油的应用

(1)具有优良的环保特性。主要表现在由于生物柴油中硫含量低,使得二氧化硫和硫化物的排放低,可减少约 30%(有催化剂时为 70%)。

(2)具有较好的低温发动机起动性能。无添加剂,冷凝点达 -20℃。

(3)具有较好的润滑性能。使喷油泵、发动机缸体和连杆的磨损率低,使用寿命长。

(4)具有较好的安全性能。由于闪点高,生物柴油不属于危险品。因此,在运输、储存、使用方面的优势显而易见的。

(5)具有良好的燃料性能。十六烷值高,使其燃烧性好于柴油,燃烧残留物呈微酸性,使催化剂和发动机机油的使用寿命加长。

(6)具有可再生性能。作为可再生能源,与石油储量不同,其通过农业和生物科学家的努力,可供应量不会枯竭。

在国际市场上,生物柴油根据等级和纯度的不同,价格也不同。目前在美洲、欧洲、亚洲的一些国家和地区已开始建立商品化生物柴油生产基地,并把生物柴油作为代用燃料广泛使用。

生物柴油使用最多的是欧洲,份额已占到成品油市场的 5%。目前在欧洲用于生产生物柴油的原料主要为菜籽油,生物柴油标准也主要是参照菜籽油的生物柴油标准品质作出的。2000 年初德国的总生物柴油生产量已达 450kt,并有逐年上升的趋势。德国凯姆瑞亚·斯凯特公司自 1991 年起开发研制了用植物油(如菜籽油)生产生物柴油的工艺和设备。目前利用该公司的工艺和设备已在德国和奥地利等欧洲国家建起多个生物柴油生产工厂,最大产量达 300t/d。

2.4.3 纯电动汽车

纯电动汽车省去了油箱、发动机、变速器、冷却系统和排气系统,相比传统汽车的汽油发动机动力系统,电动机和控制器的成本更低,且纯电动车能量转换效率更高。因为电动车的能量来源——电,来自大型发电机组,其效率是小型汽油发动机甚至混合动力发动机所无法比拟的。按比亚迪 F3e 纯电动车公布的数据,每百公里行驶耗电 12 度,依照 0.5 元/度的电价算,成本是 6 元。而其原形车 F3 汽油车每百公里耗油 7.6L,按 8 元/L 的油价,成本是 60.8 元。相比之下,电动车的使用成本才是传统汽油汽车的 1/10。铁电池的循环寿命超过 2000 次,能满足电动车行驶 60 万 km,使用 10 年。其次,电动汽车还可以充分利用晚间用电低谷时富余的电力充电,使发电设备日夜都能充分利用,大大提高其经济效益。

2.5 发展新能源产业的国际经验及对我国的启示

为应对石油危机的冲击,日本和巴西自20世纪70年代起开始探索替代石油的新能源,加大对新能源领域研发的支持力度,逐步形成了各自在新能源方面的领先优势。

2.5.1 日本——新能源发电和节能环保

从1974年至今,日本通过法律约束、税收优惠和政策引导等一系列配套措施,大力推动新能源产业的发展,积极开发太阳能、风能、核能等新能源和节能技术。经过四十多年的发展,日本在新能源发电、新能源电池和节能环保方面处于世界领先地位。其成功经验主要有以下3点:

(1)受石油危机重挫后,日本举国上下对能源安全具有了强烈的危机意识,日本政府制定了一系列新能源法规政策,明确了新能源发展的远景规划和实施目标,引导产业快速发展。日本于1974年和1978年分别推出了针对新能源技术开发的"阳光计划"和针对节能环保技术开发的"月光计划",一定程度上降低了经济对传统能源的依赖程度。

1979年,日本制定出《节约能源法》,用法律的形式约束企业及个人的节能标准,并根据时代发展不断进行修订。2004年6月,日本颁布了新能源产业化远景规划,目标是2030年以前,把太阳能和风能发电等新能源产业打造为产值达3万亿日元的支柱产业之一,有助于进一步提高日本新能源产业的国际竞争力。

(2)日本政府对新能源产业进行长期的资金支持。20世纪80年代,为了鼓励太阳能的开发利用,日本政府提出了太阳能促进计划,向太阳能发电设备生产企业提供大量财政资金,并逐步提高财政补贴额度。此外,在向新能源技术研发投入大量资金的同时,日本政府每年还向新能源行业的公司发放奖励性补助金。

(3)日本政府还通过立法、税收减免、媒体宣传和普及知识等一系列措施,来鼓励企业和个人使用新能源,有效地开拓了消费市场。

2.5.2 巴西——生物能源和新能源汽车产业

作为发展中国家,巴西在20世纪七八十年代亦饱受高油价之苦。为摆脱对石油的依赖,巴西政府从1975年开始研发替代石油的新能源,制定了"全国乙醇计划",鼓励利用甘蔗生产酒精替代石油,并大力研制使用酒精的新能源汽车。通过三十多年的推动,巴西生物能源在其能源消费结构中占据半壁江山,汽车市场售出的新车中约80%是可以使用乙醇燃料的新能源汽车,新能源汽车普及率较高,有效地降低了对石油的依赖,在使用生物乙醇解决污染方面走在世界前列。巴西在生物能源和新能源汽车方面的成功主要归功于3个方面:

(1)巴西因地制宜,充分利用本国耕地幅员辽阔、农业发达的比较优势,使用广泛种植的甘蔗、大豆、油棕榈等作物生产酒精,开发乙醇燃料来替代石油。目前,巴西大型企业继续加大对生物能源研发的力度,加快了从农林业废弃物中提炼乙醇的研发步伐,计划从2015年开始进行植物纤维素乙醇商业化生产,这也将使巴西燃料乙醇产量增加60%左右。

(2)巴西政府通过补贴、设置配额以及运用价格和行政干预手段,积极鼓励使用乙醇燃料,协助生产企业从国际金融机构获取贷款,对乙醇燃料汽车减免工业产品税和增值税,同时还加强相关立法来保证乙醇燃料的推广。

(3)巴西政府积极推动生物能源相关产业的发展,大力开发使用乙醇燃料的新能源汽车,有助于拉动本国经济和产业的快速发展。1984年,巴西生产的使用乙醇燃料的新能源汽车达到汽车总产量的94.4%。2003年3月,巴西开发出可用乙醇、汽油或任何比例的乙醇与汽油混合燃料驱动的可变燃料汽车。截至2008年底,巴西汽车年产量的3/4(约172万辆)是使用乙醇—汽油的可变燃料汽车。

2.5.3 对我国的启示

通过以上案例分析,政府应在新能源产业的发展中充分发挥主导作用:一是应制定明确、长期的新能源产业发展规划和产业布局政策,积极引导产业的发展壮大;二是应因地制宜地选择发展新能源产业的重点,充分发挥自身的比较优势;三是应制定一整套投资、生产和消费的激励政策,努力拓宽新能源的消费市场,推动新能源的产业化和市场化进程;四是应大力推动新能源产业的技术研发,培育新能源企业的自主创新能力。

汽车的发展方向与低碳经济是一致的,低碳经济旨在降低人类对环境的破坏以及对不可再生资源的合理应用,而汽车一直以节能、环保和安全作为发展主导方向。未来作为减少温室气体排放和减轻对原油进口依赖的解决方案之一,新能源汽车将成为各国汽车工业发展的大势所趋。今后新能源汽车能被推广到何种程度,还有赖于政府的相关配套政策具体细则的支持和推进力度。

2.6 润滑材料、制动液、冷却液及车用添加剂的合理使用

2.6.1 发动机润滑油的品质及特性

在发动机活塞、活塞环、汽缸壁、主轴瓦和主轴颈之间及连杆瓦和连杆轴颈之间,以及凸轮轴颈之间、凸轮和挺杆间均在相互运动和摩擦。这些摩擦副如果得不到良好的润滑,就会造成金属和金属之间的干摩擦,所产生的热量可以在极短的时间内使两个接触面的金属磨损、熔化,甚至使机件卡死,造成拉缸、烧瓦等,因此润滑是必不可少的。

目前我国发动机润滑油评价指标包括两部分,一部分是质量等级(也称 SAE 分级),另一部分为黏度等级如 SF 15W/40,其中 SF 为质量等级,15W/40 为黏度等级。

质量等级表征油品的质量水平。汽油机润滑油质量等级分为 SB、SC、SD、SE、SG、SH、SJ、SL、SM、SN 等,其中 S 代表汽油机润滑油,其等级从 SB 到 SN 逐级提高;柴油机油质量等级分为 CA、CC、CD、CE、CF 等,C 代表柴油机润滑油,从 CA 到 CF 逐级提高。近年来,国内还研制成功了汽油机和柴油机均可使用的发动机润滑油,称为汽、柴油通用油,质量等级同时包含了汽油机油和柴油机油的质量等级,如 SF/CC。

黏度等级表征油品的高、低温黏度特性,也是通过规定的仪器、设备来划分的。其主要等级有 40、30、15W/40、10W/30、5W/30(5W/20)等。其中:不带 W 的称单级油,低温性能一般;而带 W 的称多级油,对低温性能有特殊要求,从 15W 到 5W,油品低温性能逐级提高。具体情况见表2-11。

各种黏度等级油品运动黏度和低温性能差别 表2-11

油品黏度等级	100℃运动黏度 (mm²/s)	倾点 (℃)	油品黏度等级	100℃运动黏度 (mm²/s)	倾点 (℃)
40	12.5～16.3	不高于－10℃	10W/30	9.3～12.5	不高于－30℃
30	9.3～12.5	不高于－15℃	5W/30	9.3～12.5	不高于－40℃
15W/40	12.5～16.3	不高于－23℃			

好的发动机润滑油应具备这样几个特性：

（1）合适的黏度。发动机润滑油的黏度一般根据使用的环境选择，通常环境温度低于30℃时，选择100℃运动黏度为9.3~12.5mm²/s 的油品；环境温度在30~40℃以下时，选择100℃运动黏度为12.5~16.3mm²/s 的油品。

（2）较好的低温起动性和泵送性。一般情况下，在最低环境温度下，机油的低温动力黏度（GB/T 6538—2010）要求不低于3500MPa·s；发动机起动后，为保证发动机正常工作，机油的旋转黏度（GB/T 9171—1988）要求不大于3000MPa·s。

（3）良好的高温抗氧化性。在发动机中，发动机润滑油所处的环境温度很高，曲轴箱中的发动机润滑油温度一般为850~950℃，汽缸壁部分的发动机润滑油温度可达1500℃以上。在这样的高温下，要求发动机具有良好的高温抗氧化性能。

（4）良好的清净分散性。发动机润滑油在汽缸、活塞及其他热零件表面，由于同时受到高温、氧的作用和金属的催化作用，容易产生氧化聚合和氧化缩合反应，而生成漆状胶膜或积炭。这些漆膜或积炭能使活塞过热，活塞环灵活度降低，严重时会导致活塞黏死而引起发动机拉缸。发动机润滑油需要具备良好的清净分散性，能够有效地把氧化后生成的胶状物悬浮在油中，使其不易沉积在部件上；能够有效地把已沉积在部件上的漆膜和积炭清洗下来，并均匀地分散在油中。

2.6.2 发动机润滑油的选用原则

正确选择发动机润滑油要从以下方面考虑：

2.6.2.1 选择机油的质量等级

根据车辆使用说明书来选择机油的质量等级。选择的质量可以比说明书最低要求的要高，而不能低。不同设计的发动机具有不一样的工作苛刻度，如汽油机压缩比越高工作苛刻度越高。而柴油机是活塞平均速度和平均有效压力越高，工作苛刻度越高。苛刻度越高的发动机所用的发动机润滑油质量等级越高。发动机工作参数与所需质量等级关系见表2-12 和表2-13。

汽油机压缩比与发动机润滑油质量等级的对应关系　　　表2-12

汽油机压缩比	要求的汽油机润滑油质量等级	汽油机压缩比	要求的汽油机润滑油质量等级
低于6.5	SC	7.5~8.5	SE
6.5~7.5	SD	8.5以上	SF

柴油机强化系数与柴油机润滑油质量等级的对应关系　　　表2-13

柴油机强化系数	要求的柴油机润滑油质量等级	柴油机强化系数	要求的柴油机润滑油质量等级
30~50	CC	大于50	CD

2.6.2.2 选择合适的黏度等级

根据车辆实际使用的环境温度范围，按表2-14 选择合适的黏度等级。在选择黏度等级时，要尽量考虑车辆可能经历最高环境温度和最低环境温度，使机油的使用环境温度范围能够覆盖冬季最低气温和夏季最高气温，达到冬夏通用，以避免季节换油造成浪费。发动机润滑油黏度等级与使用环境温度的对应关系见表2-14。

润滑油黏度等级与使用温度的关系　　　　　　　　　　　　表2-14

润滑油黏度等级	使用的大致温度范围(℃)	润滑油黏度等级	使用的大致温度范围(℃)
0W(极地用油)	-55~-10	15W/40	-15~40
5W/20	-30~-5	20W/40	-5~40
10W/30	-20~10	30	0~40
15W/30	-15~20	40	20~50

2.6.3　润滑脂的选用

润滑脂能减轻机械摩擦,防止金属老化,防漏气、漏油、漏水,以保证机械设备的正常动作。而选用润滑脂时,一般要考虑温度、转速、负荷及特殊部位的要求等因素。

温度:温度对润滑脂的影响很大,若环境和机械运转温度较高的,应选用耐高温的润滑脂。

转速:高速运转的机件温度上升又高又快,易使润滑脂变稀而流失,应选用稠度较大的润滑脂。

负荷:由于润滑脂锥入度的大小关系到使用时所能承受的负荷,负荷大的要选用锥入度小(稠度较大)的润滑脂;如果既承受重负荷又承受冲击负荷,应选用含有极压添加剂的润滑脂,如含有二硫化铝的润滑脂。

特殊部位的要求:根据机械工作环境的不同而选用。在潮湿环境下应选用具有抗水性能强的润滑脂;在尘土较多的环境下选用浓稠的、含有石墨的润滑脂;在含酸环境下则选用烃基脂;如对密封有特殊要求,应选用钡基脂。

目前多数汽车基本上都选择通用的锂基润滑脂,因其有以下优点:

(1)有良好的耐水性、防锈性、胶体稳定性和高低温性,基本适应了现代汽车高速度行驶的要求。

(2)使用寿命长,是钙基润滑脂和普通润滑脂使用周期的2~3倍,可达3万km左右。

(3)能降低能耗,可延长车辆的滑行距离,并可在-30℃低温环境下使用。

(4)通用性好,可适用于夏季又可适用于冬季,这样便能简化采购品种,降低能耗,提高效益,方便管理。

2.6.4　齿轮油的选用

车辆齿轮油是用于保护齿轮转动、传动系统的润滑油,与发动机润滑油相类似,我国车辆齿轮油的名称均由两部分组成,一部分是质量等级,一部分是油品的黏度等级。

黏度分类:我国采用的是美国汽车工程师协会(SAE)有关车辆齿轮油的黏度分类标准分类,按这种分类方法将油品黏度分7个牌号,即70W、75W、80W、85W、90、140、250。其中有4个牌号带有W,它是取"Winter(冬季)"的第一个字母,表示该油品有一定的低温使用性。

质量等级分类:我国采用API(美国石油协会)分类标准,从GL-3到GL-5,它是根据齿轮类型和负载情况划分的。1991年,我国在车用齿轮油使用方面推出了强制性标准,将车辆齿轮油按质量分为普通车辆齿轮油、中负荷车辆齿轮油和重负荷车辆齿轮油三类,相当于API使用分类中的GL-3、GL-4、GL-5等级。

在选用车辆齿轮油的过程中,要从两个方面考虑:首先是确定齿轮油的质量等级是否能等于或高于在用油部位所需要的质量等级;其次是确定齿轮油的黏度等级所对应的使用温度范围是否能够覆盖车辆使用地区的气温变化范围。各黏度牌号的车辆齿轮油对应使用的温度范围见表 2-15。

车辆齿轮油使用温度范围表　　　　　表 2-15

黏 度 等 级	使用地区的气温条件	黏 度 等 级	使用地区的气温条件
75W	-40~+10℃地区使用	85W/140	-15℃以上地区四季通用
75W/90	-40℃以上地区四季通用	90	-10℃以上地区四季通用
80W/90	-30℃以上地区四季通用	100	0℃以上地区四季通用
85W/90	-15℃以上地区四季通用		

不同车辆,其齿轮系统对齿轮油的要求不同,选择时要依据车辆的使用说明书;若说明书不详,应查阅有关用油手册或向专家咨询。

在使用齿轮油的过程中,我们应该注意以下事项。

(1)更换周期。车辆型号及运行条件不同,齿轮油的更换周期也不同。过去使用的 18 号双曲线齿轮油一般更换周期为 1 万 km 左右,而对于 GL-5 级的齿轮油来讲一般情况下轿车换油周期可达 4 万 km,载货汽车换油周期可达 7 万 km 左右。

(2)齿轮油的储存。齿轮油的储存应密封、防水、避光以及防火,特别要注意的是:不同型号的车辆齿轮油不能混存。

(3)错用齿轮油的危害。有的驾驶员用发动机润滑油等非齿轮油替代齿轮油,这是十分危险的,这样做的话,用油部位将会很快出现异常磨损甚至断齿。同样,用低质量等级的齿轮油替代高等级的,也会损害齿轮系统,缩短设备使用寿命,造成不必要的经济损失。齿轮油能用高级替代低级,但绝不能用低级替代高级。在这方面图省钱往往会因小失大。

2.6.5　冷却液的合理使用

2.6.5.1　乙二醇型发动机冷却液的基本性能

自液冷式发动机诞生以来,就用水作为发动机冷却液。水的导热性好(比热大),不易渗漏(表面张力大),便宜且易得。但水也有很多缺点,如冰点高,冬季低温容易冻结,从而损坏发动机及水箱;天然水含钙、镁离子,易产生水垢。因此,人们希望有一种冰点低、沸点高,可以抑制其腐蚀和全年通用的发动机冷却液。乙二醇加入适当的腐蚀抑制剂后是人们所寻求的可以作为发动机全年通用的理想发动机冷却液。国际上称之为现代发动机冷却液;因其具有的冬季防冻功能,国内通常称为防冻液。目前,各国市场上供应的绝大多数发动机冷却液为乙二醇型发动机冷却液(少数国家供应丙二醇型发动机冷却液)。乙二醇发动机冷却液有以下 4 大基本功能:

(1)降低水的冰点。乙二醇的冰点为 -13℃,水的冰点为 0℃。但乙二醇与水混溶后,其冰点有良好的加权效应,即随着乙二醇水溶液的浓度的逐渐增加,冰点逐渐下降。当乙二醇浓度达到 68% 时,其冰点可达到 -68℃;当乙二醇浓度继续增加时,其冰点反而逐渐回升,直至浓度为 100% 乙二醇时,其冰点仅为 -13℃。

(2)抑制腐蚀(防腐性)。发动机冷却系统由多种金属部件组成,常用的材料有铜、黄铜、焊料、钢、铸铁、铸铝等。尤其是近年来,发动机冷却系统广泛使用铸铝合金部件(如铝质缸体、缸盖、水泵壳、水箱等)。乙二醇型发动机冷却液如何抑制发动机冷却系统各种金属的腐蚀,是乙二醇型发动机冷却液的质量关键。合格的乙二醇型发动机冷却液,因含有一组优良而持久的对发动机冷却系统各种金属有均衡的腐蚀抑制性能的复合腐蚀抑制剂,所以对金属的腐蚀强度一般为水对金属腐蚀强度的1/100～1/50。

（3）提高水的沸点。水的沸点为100℃，乙二醇的沸点为197.6℃，乙二醇水溶液的沸点随着乙二醇浓度的增加而逐渐上升。50%的乙二醇水溶液的沸点为108.5℃，冰点为-25～50℃，68%的乙二醇水溶液的沸点为104～110℃。沸点提高，水箱"开锅"的现象就减少了。

（4）防垢功能。因为乙二醇型发动机冷却液要求用蒸馏水或去离子水调配而成，已基本上去除了钙、镁离子，所以一般也就不会再产生积垢问题。常年使用乙二醇型发动机冷却液，且发生短缺后补充的也是乙二醇型发动机冷却液，而不是含钙、镁离子的水，因而就可避免使用中钙、镁离子进入发动机冷却系统了。

2.6.5.2 乙二醇型发动机冷却液的标准

我国现行的乙二醇型发动机冷却液产品标准是中华人民共和国石油化工行业 NB/SH/T 0521—2010《乙二醇型和丙二醇型发动机冷却液》。该标准结合我国的国情规定了合格品和一级品两个质量等级；按照冰点又分为-25℃、-30℃、-35℃、-40℃、-45℃、-50℃等6个水溶液和浓缩液7个产品系列。该标准是参照美国材料与试验协会（ASTM）D330686（《乙二醇型发动机冷却液》）产品标准而制定的。其中合格品要通过9项理化性能指标和2项使用性能指标要求，而一级品要通过9项理化指标和2项使用性能指标要求。

JT 225—1996《汽车发动机冷却液安全使用技术条件》是中华人民共和国交通行业标准。它是根据汽车运输行业对汽车安全运行的要求而提出的一个强制性标准。它从发动机冷却液如何保证汽车安全运行的角度出发，提出了关键性的技术要求，因此为广大用户提供了一个正确选择冷却液的指南，为冷却液的生产企业提供了保证其生产的冷却液使用的最低要求，为对市场上流通的冷却液进行质量控制和管理提供了技术依据。

该标准规定了汽车发动机冷却系统用冷却液的安全使用技术条件及推荐使用范围。它适用于汽车发动机冷却系统使用的冷却液的使用检验、社会抽查和行业统检。各级别冷却液推荐使用范围见表2-16。

汽车发动机冷却液推荐使用范围表　　　表2-16

级　　别	推 荐 使 用 范 围
-25号	在我国一般地区如长江以北、华北环境最低气温在-15℃以上地区均可使用
-35号	在东北、西北大部分地区及华北环境最低气温在-25℃以上的寒冷地区选用
-45号	在东北、西北及华北等环境最低气温在-35℃以上的严寒地区选用

2.6.5.3 冷却液使用与储存注意事项

首先看市场上供应的乙二醇发动机冷却液是否是正规企业的产品，一般正规企业产品的质量和冰点都有保证；其次要看是否是乙二醇型产品，而非乙二醇型（含丙二醇型）的应慎购；再次要注意包装上的产品执行标准，如果车辆发动机冷却系统的铝质部件较多，则更要慎重。

同时在选购中应注意，凡车辆发动机冷却系统是封闭式结构（装有冷却液溢流补给箱）的车辆，应该全年使用乙二醇型发动机冷却液。通常，进口的乘用车、多数载货汽车和部分国产车辆，如大众、奥迪、富康、切诺基等均须全年使用乙二醇型发动机冷却液；同时还应该选择冰点比车辆运行地区的最低气温低10℃左右的冷却液。冰点选得过高会造成发动机的冻结；冰点选得太低（冷却液浓度过高）则会造成发动机起动困难，机温偏高（严寒区除外）。

在使用过程中应该注意:

(1)使用之前,应仔细检查发动机冷却系统密封部件,更换损坏和失效部件。用清水把冷却系统冲洗干净,并彻底放尽冲洗水。没有冷却液溢流补给箱的车辆,加入冷却液时不要加满(约95%体积),然后起动发动机使之达到正常工作温度后,关闭发动机,检查冷却液液面,如不足则补足到箱体容积的95%处;有冷却液溢流补给箱的车辆,应该从补给箱口加注冷却液,起动发动机几分钟后(此时液面下降)再加冷却液至规定的补给箱正常液面高度。

(2)乙二醇和大部分腐蚀抑制剂均有不同程度的毒性。因此,在使用时请勿用乙二醇型发动机冷却液包装容器盛装食品;勿将乙二醇型发动机冷却液带回家中;换用时勿让宠物和牲畜靠近;操作后要彻底洗手,误服后要立刻找医生。

(3)乙二醇型发动机冷却液发生短缺时,应加同一牌号同一冰点的乙二醇型发动机冷却液。全年使用乙二醇型发动机冷却液的车辆,每年入冬之前应检查一次冰点,如其浓度不合适,则可用蒸馏水(去离子水)或浓缩液加以调整。

(4)不同牌号的乙二醇型发动机冷却液不能混加混用,否则会破坏腐蚀抑制剂系统的平衡,从而造成腐蚀。

(5)发动机冷却液由水改换成乙二醇型发动机冷却液后,水温表指示会偏高,这是因为乙二醇型发动机冷却液的比热比水的比热小的缘故,即同质量同温度的水和乙二醇型冷却液吸收同等热量后,乙二醇型发动机冷却液的温度上升高于水,对此不必担心。

(6)冷却液过热时,冷却液温度会通过车辆警示灯(表)显示出来。发生过热后,最好是换成空挡,提高风扇转速强制散热,使冷却液降至正常使用温度。

(7)冷却液过热大致有散热器部分堵塞、风扇皮带打滑和所用的冷却液浓度过高等原因,应及时加以排除。

(8)冷却液按使用周期定期更换。由于乙二醇型发动机冷却液作为发动机冷却介质,经常受80~100℃热负荷的作用,乙二醇会逐渐氧化成酸性产物,腐蚀抑制剂也会不断消耗或变质,因而应定期更换冷却液。更换期一般为1~2年(或6万~8万km),具体更换时间由厂家规定。

(9)乙二醇型发动液应放在阴凉、不直接受太阳光照射的库房内储存,容器应该是不透明的,容器盖子应该拧紧,以防氧化变质、失水或吸水。

2.6.6 制动液的合理使用

2.6.6.1 汽车制动液的功用

汽车制动液是汽车液压制动系统的工作介质,俗称刹车油。制动液品质的优劣,直接关系到汽车制动力的传递,即车辆制动性能的可靠程度。如果汽车制动液的平衡回流沸点低,系统中就易产生气体,造成制动失灵;如果汽车制动液的黏度大,低温流动性差,会导致制动力传递滞后,使制动失效;如果汽车制动液对金属腐蚀严重或与橡胶的配伍性差,则会导致车辆制动系统零部件损坏或失灵。总之,汽车制动液的品质,直接影响到汽车制动性能,关系到车主生命安全。因此在国外,汽车制动液被列为道路车辆安全用品。

2.6.6.2 汽车制动液的主要性能

(1)高温性能。制动液的高温性能,是指制动液高温抗气阻的能力,即制动液受热后是否容易气化、产生气阻。考察制动高温性能的指标是平衡回流沸点。制动液的质量级别,主要是根据平衡回流沸点的高低来区分的。制动液的平衡回流沸点越高,其质量级别就越高,这样的制动液的高温性能就越好。相反,如果制动液的平衡回流沸点低,就容易在高温下气化,产生的气体具有可压缩性,在此情况下踩制动踏板就会踩空,使制动失灵,从而严重影响行车安全。

(2)低温性能。制动液的低温性能,是指制动液低温时的流动性能。考察制动液低温性能的指标是-40℃时的运动黏度。如果-40℃黏度过高,制动液就会丧失传递压力的能力。因此,在国家标准中,都明确地规定了各级别的制动液的黏度要求。

(3)与橡胶的配伍性能。汽车制动系中密封件为橡胶皮碗,橡胶皮碗长期浸泡在制动液中,橡胶内的部分化学组分会溶解在制动液中,引起皮碗收缩变硬;同时,橡胶又能够吸收制动液中的部分化学组分,引起皮碗溶胀变软。当这两个过程达到平衡时,橡胶所体现出的溶胀或收缩,就是橡胶与制动液的配伍性。如果皮碗在制动液中发生收缩,就会失去密封性,造成制动液泄漏;如果皮碗在制动液中溶胀得大,硬度大大降低,就会出现翻碗和卡死现象。因此与橡胶配伍性良好的制动液,应该使皮碗适度溶胀,绝不能使皮碗收缩或过分溶胀。

(4)防腐防锈性能。汽车制动系统中的零部件,由多种金属材料制成,如铸铁、铝、铜、钢、锌,以及包装材料所用的镀锡铁皮等。制动液内必须添加多种金属缓蚀剂,才能防止制动系统中各种金属不被腐蚀。因此,对金属的防腐蚀性能是制动液的重要性能之一。

2.6.6.3 制动液的正确选用

国家技术监督局曾多次对制动液产品进行了产品质量监督抽查,抽查依据标准是 GB 12981—2012《机动车辆制动液》。近些年的质量抽查结果表明,市场上制动液的质量不容乐观。其中存在的最大问题是醇型制动液屡禁不止。醇型制运液的平衡回流沸点只有 70~80℃,高温性能极差,使用时极易产生气阻,造成制动失灵,直接影响到行车安全。但由于醇型制动液价格低廉,加上五花八门的伪装,使制动液知识并不丰富的用户上当。因此,提醒广大用户千万别贪小便宜吃大亏。在选择制动液时,应按汽车使用说明书规定的配套品牌和级别来选用。

制动液在使用过程中应注意以下几个问题:

(1)不同品牌的制动液不应混用。

(2)在使用非原车配套品牌的制动液时,可选用符合 GB 12981—2012 标准同一档次的产品。在更换时,一定要先将原制动液全部放掉,并用新制动液冲洗一两遍后才行。因为,不同品牌的制动液的组成是不一样的,若混用,容易使两种制动液中的部分组分发生化学反应,因而失去原有的功能。

(3)制动液容易吸收空气中的水分,吸水后会影响制动液的性能,因此,装制动液的容器应密闭防潮。

2.6.7 车用添加剂的合理使用

2.6.7.1 润滑油添加剂

我国的润滑油添加剂,根据行业标准 SH/T 0389—1992 石油添加剂的分类,按作用分为清净剂和分散剂、抗氧抗腐剂、金属钝化剂、极压抗磨剂、油性剂和摩擦改进剂、黏度指数改进剂、防锈剂、降凝剂、抗泡沫剂等。

(1)清净分散剂。清净分散剂包括清净剂和分散剂两类。清净分散剂主要用于内燃机油(汽油机油、柴油机油、铁路内燃机车用油、二冲程汽油机油和船用发动机油)。其主要作用是使发动机内部保持清洁,使生成的不溶性物质呈胶体悬浮状态,不致进一步形成积炭、漆膜或油泥。具体说来,其作用可分为酸中和、增溶、分散和洗涤等四个方面。

(2)抗氧抗腐剂。抗氧抗腐剂可以抑制油品氧化,主要用于工业润滑油、内燃机油和工艺用油等。

(3)金属钝化剂。金属钝化剂也是一种抗氧剂,它本身并无抗氧化作用,而是间接地"钝化"金属活性,抑制金属及其化合物对油品的氧化作用,减少油品的败坏,延长油品的使用寿命。

(4)极压抗磨剂。极压抗磨剂是指在高温、高压的边界润滑状态下,能和金属表面形成高熔点化学反应膜,以防止发生溶结、咬黏、刮伤的添加剂。它的作用是其分解产物在摩擦高温下与金属起反应,生成剪切应力和熔点都比纯金属低的化合物,从而防止接触表面咬合和熔焊,有效地保护金属表面。极压抗磨剂主要用于工业齿轮油、液压油、导轨油、切削油等有极压要求的油中,以提高油品的极压抗磨性能。

(5)油性剂和摩擦改进剂。凡是能使润滑油增加油膜强度,减少摩擦系数,提高抗磨损能力,降低运动部件之间的摩擦和磨损的添加剂都叫油性剂。

(6)黏度指数改进剂。黏度指数改进剂都是油溶性的链状的高分子聚合物,其相对分子质量由几万到几百万。当其溶解在润滑油中时,在低温时它们以丝卷状存在,对润滑油的黏度影响不大,随着润滑油温度升高、丝卷伸张、有效容积增大,对润滑油流动阻力增大,导致润滑油的黏度相对显著增大。基于不同温度下黏度指数改进剂具有不同形态并对黏度产生不同影响,可以增加黏度和改进黏温性能,故黏度指数改进剂主要用于提高润滑油的黏度指数,改进黏温性能,增大黏度。黏度指数改进剂可用来配制稠化剂油,使配制的油品具有优良的黏温性能,使其低温起动性好、燃料消耗低并具有一定的抗磨作用。

(7)防锈剂。防锈剂的作用是在金属表面形成牢固的吸附膜,以抑制氧及水,特别是水对金属表面的接触,使金属不致锈蚀。

防锈剂主要用于工业润滑油和金属加工冷却润滑液、金属防护油等。

(8)降凝剂。油品温度下降到一定程度后,就要失去流动性而凝固,降凝剂的作用主要是降低油品的凝固点,并保证油品在低温下能够流动。

降凝剂广泛应用于各类润滑油中,典型代表是烷基萘、聚α-烯烃。

(9)抗泡沫剂。液压油、压缩机油等油品可能遇到开机、停机频繁的工作条件,内燃机油、齿轮箱油等循环系统的搅拌又比较激烈,常常会产生大量泡沫,造成能量传递和供油故障。抗泡方法很多,可分为物理—机械抗泡和化学抗泡。实际上,大多数是用添加剂做抗泡沫剂。作为抗泡沫剂的物质应具备:

①抗泡沫剂不能溶于润滑油中;

②抗泡沫剂能均匀地分散在润滑油中;

③抗泡沫剂表面张力比润滑油要小。

2.6.7.2 燃油添加剂

燃油添加剂是近些年发展较为迅速的产品。其主要特点是能较大幅度改善原有车用油料的使用性能,有利于车辆维护和降低使用费用。汽车以汽油、柴油为主要燃料,因此燃油用的各类添加剂也是针对汽油与柴油的。如美国石油化学品BG公司的燃油添加剂。其作用是:

(1)清洗作用。将 BG 系列添加剂按一定比例加入燃油箱中与燃油一起在汽缸中燃烧,如 BJ202 Super Charge 汽油发动机沉积物控制添加剂、BG2.844K 发动机燃烧系统强力清洁保护剂等,能迅速清除发动机内各种有害沉积物(如积炭和胶质),清洁整个燃料供给系,包括供油管路、喷油器、燃烧室的进气门及排气门、活塞顶等部位,解决因沉积物引起的各种故障,减轻摩擦损失,延长发动机的使用寿命。

(2)改善燃油的气化、雾化状态。按一定比例加入合适的添加剂,如 BG248 柴油改善剂,能有效地改变柴油品质,改善低温起动性能,净化整个燃烧系统,减少沉积物产生,减轻废气排放污染并显著提高燃油经济性。

2.6.7.3 其他类型添加剂

(1)冷却液用添加剂。BG 525 发动机冷却系统添加剂可起到防锈、防漏、防结冰、清洗的作用。按一定的比例将冷却液添加剂加入水箱中,能迅速清除冷却系统中的油污和锈迹,增强导热性能,封堵渗漏,防止酸化,提高防冻作用,减少水垢产生。更有甚者,它还可润滑水泵或使废液再生利用。

(2)动力系统液压油用添加剂。动力转向系统、制动系统及离合器系统液压油用添加剂,能降低动力传递噪声,清洁活塞,保护橡胶、塑料制品,防止油液渗漏,减轻磨损,可使操纵系统轻便灵活,并延长油的使用寿命。

(3)空调系统用添加剂。如 BG 707 空调系统用添加剂,能降低空调的能量消耗,减轻摩擦与器械声,清除异味,保持空调系统空气清新,延长压缩机及各零部件的使用寿命,起到润滑、清洁的作用。

(4)金属防锈、防腐蚀剂。如 BG 440 金属防锈剂,可有效消除顽固性锈迹,并在除锈后的表面形成长期存留的保护层,防止酸、碱等化学腐蚀,防止潮湿气体、烟雾、沙子的损害,保持金属表面清洁,延长其使用寿命。

(5)蓄电池和点火系统用密封剂。用于蓄电池、点火系统密封。

(6)去污、上光剂。若油漆表面定期用去污光亮剂擦拭,能消除油漆表面的微小擦痕,使其光洁如新。

目前汽车用各类添加剂种类品牌繁多,用户应根据需要和功效,慎重选择。

2.7 发动机机油等润滑材料质量的测定方法

在用润滑油的油品测定包括黏度、水分、闪点、中和值(酸值和碱值)、不溶物和铁含量等质量指标的测定,在此简要介绍上述常规试验方法,同时介绍在无成套分析手段时采用的几种快速试验方法。

2.7.1 黏度的测定

在用润滑油运动黏度(100℃)的变化率 X 按下式计算:

$$X = \frac{v_1 - v_2}{v_1} \times 100\%$$

式中:v_1——新油黏度标准中心值,mm^2/s;

v_2——使用中润滑油的黏度实测值,mm^2/s。

采样应在发动机处于热状态怠速运转时进行,从发动机主油道(如通往空气压缩机的油管)处取样,无法在主油道取样的,可在发动机熄火后 5min 从油底壳取样。采样前不得向曲轴箱中补加新油。每次采样量不得过多,以足够分析项目使用量为准。采样容器要清洁,无水分和杂质。

试验方法有《石油产品运动黏度测定法及动力黏度计算法》(GB 265—1988)和《深色石油产品运动黏度测定法(逆流法)和动力黏度计算法》(GB/T 11137—1989)等。

GB 11137—1989 使用的是逆流黏度计(图 2-4),其他仪器和溶剂等均与 GB 265—1988 相同。

该黏度计毛细管是一组有 4 处扩张部分的 U 形玻璃管,在扩张部分 A 球的下端,B、C、D 球之间与 D 球上端刻有环形标线 a、b、c、d,借此观察油的流动。一组毛细管中各支管的内径分别为 1.0mm、1.2mm、1.5mm、2.0mm、2.5mm、3.0mm、3.5mm、4.0mm。试验时将黏度计垂直倒立,毛细管的一端浸入试样中,用橡皮球或水流泵自黏度计的另一端抽取,使油充满 A 球并流到标线 a 处为止。取出毛细管,擦净管上所沾的试样,并使其微倾,以便使试样慢慢从 A 球流入 B 球,直到 B 球中进入少量的试样为止,用一端已夹紧的短皮管套在 A 球上的管子上,让毛细管垂直,并放入规定的恒温浴中,当恒温至要求的时间后,放开夹子,使试样自动流入 B 球,再从 B 球流向 C、D 各球,当试样面正好到达标线 b 时,开动第一只秒表。当试样正好达到标线 c 时,停止第一只秒表,同时开动第二只秒表。当试样面正好达到标线 d 时,停住第二只秒表。

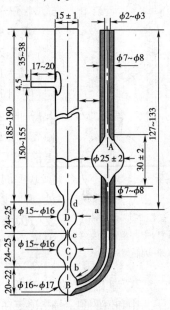

图 2-4　逆流黏度毛细管(mm)

用各球中所得的秒数乘以各球的黏度计常数,然后将两球所得的结果求算术平均数,作为试样的运动黏度,即

$$v_C = C_C t_C$$
$$v_D = C_D t_D$$

式中:C_C、C_D——C 球及 D 球的黏度计常数,mm^2/s^2;

t_C、t_D——试样在 C 球及 D 球的流动时间,s。

在温度 t 时的运动黏度(mm^2/s)按下式计算:

$$v_t = \frac{v_C + v_D}{2}$$

2.7.2　水分的测定

按 GB/T 260—1977《石油产品水分测定法》的规定,使用水分测定器(图 2-5)。

试验时,将 100mL 试样和 100mL 无水溶剂(工业溶剂油或直馏汽油 80℃以上的馏分)装进烧瓶,混合均匀后加热蒸馏,并控制回流速度,根据接收器中收集的水的体积,可按下式计算水分质量百分含量 X:

$$X = \frac{V}{G} \times 100\%$$

式中:V——在接收器中收集水的体积,mL;

G——试样的质量，g。

水在室温下的密度可视为1。

试样水分体积百分含量Y按下式计算：

$$Y = \frac{V\rho}{G} \times 100\%$$

式中：ρ——注入烧瓶试样的密度，g/mL；

V、G的含义、单位与上式相同。

2.7.3 闪点的测定

按GB/T 267—1988《石油产品闪点与燃点测定法（开口杯法）》的规定，使用开口闪点测定器、温度计和煤油灯、酒精灯或电炉。水分大于0.1%时，必须先脱水。按规定将试样注入坩埚内，并将温度计垂直固定，使其水银球位于坩埚中央，加热坩埚，使试样逐渐升温，当试样温度达到闪点前40℃起，升温速度应为每分钟(4±1)℃。当试样温度达到预计闪点前10℃时，将点火器的火焰（长度为3～4mm）放到距试样液面10～14mm处，并在该处水平面上沿坩埚内径作直线移动。试样温度每升高2℃，应重复一次点火试验，试样液面上方最初出现蓝色火焰时，立即从温度计读出温度作为闪点的测定结果，同时记录大气压力。若大气压力低于99.3kPa时，还须按规定进行修正。

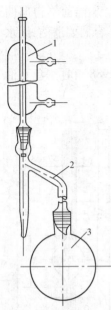

图2-5 水分测定器
1-冷却管；2-接收器；3-圆底烧瓶

2.7.4 中和值的测定

中和值的测定是指测定在用油中的酸性和碱性组分的中和值。

GB/T 7304—2014《石油产品酸值的测定 电位滴定法》，使用电位滴定仪，可测出酸值和碱值的相对变化值。

2.7.5 不溶物的测定

按GB/T 8926—2014《在用的润滑油不溶物测定法》测定正戊烷不溶物和甲苯不溶物。正戊烷不溶物包括油不溶物和某些从油和（或）添加剂分解（或裂解、降解）产生的油——不溶解树脂状物质。甲苯不溶物包括：来自外来的污染；从燃料、油和添加剂分解（或裂解降解）产生的燃料碳和高度裂化的物质；发动机磨损和腐蚀物质。用测得的正戊烷不溶物减去甲苯不溶物可以得到能溶解于甲苯的部分正戊烷不溶物——不溶解树脂状物质。

正戊烷不溶物、甲苯不溶物和不溶解的树脂状物质的变化，表示在油中能导致润滑系出现问题的一种变化。测得不溶物能帮助评价用过油的性能和帮助确定引起设备故障的原因。有两种测定方法：

方法A是测定不加凝聚剂的正戊烷不溶物和甲苯不溶物。测定时把一份用过的润滑油试样与正戊烷在离心管(50mL或100mL)中混合，放在离心机内离心分离，慢慢地倒出上层油清液，并用正戊烷洗涤沉淀物两次，干燥，再称重，即得到正戊烷不溶物。测甲苯不溶物时，把另一份试样与正戊烷混合，并离心，用正戊烷洗涤两次，用甲苯—乙醇溶液洗涤一次，再用甲苯洗涤一次，然后干燥不溶解的物质并称重，得到甲苯不溶物。

方法B用于测定含有清净剂油中的不溶物，测定时在正戊烷中加入凝聚剂（正丁基二乙醇胺和异丙醇）溶解试样，除能分离出方法A的分离物质外，还能分离出一些细小的可能悬浮在油中的分散物质。测定的方法与 A 法相同。

2.7.6 铁含量的测定

按 SH/T 0197—1992《润滑油中铁含量测定法(比色法)》,先将润滑油蒸发及灰化,然后把所得的灰分配制成溶液,用比色计测定。

润滑油蒸发及灰化按 GB/T 508—1985《石油产品灰分测定法》的规定进行。根据坩埚内灰分量加入 5~10mL 稀盐酸慢慢加热使其溶解,继续加热使其浓缩至 2mL,全部倒入 100mL 容量烧瓶中,然后加 10% 氨溶液使其呈弱酸性,冷至室温后用蒸馏水稀释至标线处。

将准备好的试样溶液 1mL 用微量滴定管加入 25mL 量筒中,再加 2mL 硫代水杨酸溶液,经摇动后,加 25% 氨溶液 2mL,然后用蒸馏水稀释至 25mL 标线处,即可用比色计进行比色测定。将试样液倒入比色计右边的杯中。而将预先准备好的标准色溶液倒入左边杯中,调整比色计,达到视野两半部颜色强度一致,按比色计指针分度,计算铁含量。

2.7.7 滤纸斑点试验

滤纸斑点试验是用于粗略分析判断车用内燃机油污染程度、质量衰变情况的一种现场快速测试方法。在无全套油品化验手段时,可用来对低档内燃机油进行质量监测和确定换油时机。

试验时,将用过的内燃机油试样,在油温与环境温度相近的条件下,滴在定性快速滤纸上,静置 2~4h 后,观察斑点扩散形态(图 2-6)。油内各种杂质随着油的浸润向四周扩散,杂质的粒度不同,扩散的远近也不同,因而在滤纸上形成不同形态的斑点。斑点的核心是沉积环 3,是油中粗粒杂质集中的地方;其周围是扩散环 2,它是悬浮在油内细粒杂质向外扩散留下的痕迹,其宽窄和颜色的均匀程度表明油内添加剂对污染杂质的分散能力;外围是油环 1,颜色由浅黄色到棕黄色,变深时说明油氧化严重。当沉积环呈深黑色,甚至呈油泥状,扩散环很窄,甚至完全消失,油环扩大,呈棕色时,说明油已严重污染、变质,同时添加剂耗尽,已无分散能力,此时油应予报废。由于目前汽车已广泛使用中、高档内燃机油,油中均加有大量添加剂,在各项理化指标已达报废条件时,试样斑点往往还不能形成报废形态,所以建议此法慎用。

2.7.8 介电常数(污染指数)的测试

物质的介电常数可表示与真空相比较传递电能的能力。在用润滑油的这个数值取决于其基础油、添加剂及油中的污染物。当机油被污染变质时,油中的氧化物、酸和其他基因使分子极化,变成带有极性的基因。使用 RZJ – 2A 型油质仪(图 2-7),可以检测各种污染物对油的介

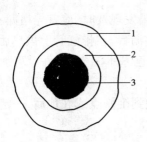

图 2-6 斑点形态示意图
1-油环;2-扩散环;3-沉积环

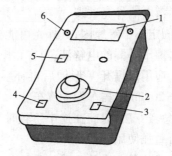

图 2-7 RZJ – 2A 型油质仪面板
1-数字显示屏;2-润滑油传感器;3-清零按键;
4-测量按键;5-电源开关;6-固定螺钉

电常数的总效应。油质仪的读数与常规试验的酸值、正戊烷不溶物及水分等指标具有相关性,测得的数值为一综合值,也叫污染指数,这是一种方便、快速的试验方法。

测试时,须先彻底清洁传感器2,用3~5滴与被测试样同牌号的新油置入传感器的油槽中,2~5s后轻按清零按键3,先显示出与上一个零点的变化量,约2s后消零,显示±0.00;再彻底清洁传感器油槽,并保持清洁、干燥;用3~5滴被测试样置入传感器油槽中,约2~5s后,轻按测量按键4,即显示出综合测量值(污染指数),约30s后显示水分含量;此后每隔2s分别交替显示综合测量值与水分含量。

仪器生产厂建议,综合值4.2~4.7为汽油机油换油指标,5.0~5.5为柴油机油换油指标。

2.8 蓄电池的正确使用

蓄电池的作用是供给起动机用电,在发动机起动或低速运转时,向发动机点火系及其他用电设备供电。当发动机高速运转时,发电机发电充足,蓄电池可以储存多余的电能。

2.8.1 行驶途中蓄电池损坏的应对措施

汽车在行驶途中蓄电池若突然损坏,是一件很头疼的事。下面介绍几种对蓄电池途中损坏的应急方法。

2.8.1.1 蓄电池断路

蓄电池断路分为内断路和外断路。内断路可以用试火的方式查找出故障出在哪一格。即从正极桩柱上引一根导线,逐一单格向后试火,有火无火之间为断路处,用足够粗的导线跨过断路的单格即可发动车辆。用起动机时,会受到一定影响,但摇车一定能起动。外部断路时用眼能看出断在哪一格,其解决方法同上。

2.8.1.2 蓄电池桩头折断

当蓄电池某一桩头从胶木壳上面平齐折断(或低于胶木壳上平面)时,可把该单格跨过去不用。以6单格12V蓄电池为例,假如负极柱折断可以把搭铁线移到同一单格的另一桩柱上,紧固好后发动机照样能起动。如起动发动机困难时,可用搭铁线接在断下的桩头上,然后一人用力压紧在断茬上(这样,原电压、容量不变)。待发动机起动后,再用一导线先将搭铁线接在断桩头那一格的另一桩柱上,以保证车辆的正常用电和向蓄电池充电,然后可以松手理顺加固电线。

2.8.1.3 蓄电池外壳破裂

蓄电池因固定不牢等原因,其外壳可能会破裂。如果发现及时,应首先堵漏:将蓄电池倒向不漏的一侧,擦干外漏的电解液,再在蓄电池盖处挖些沥青,在排气管上烘热后补漏。如果是长条状裂缝,应用钢锯开V形槽后再补。如果电解液已基本漏光,补好后可加注适当密度的电解液,静止20min后摇车发动汽车。

不论何种急救方法,只能在途中急救时使用,待行驶到维修点或驻地后,一定要全面维修或更换,不得再勉强使用。

2.8.2 免维护蓄电池的正确使用

现在的汽车蓄电池都是12V铅酸蓄电池,随着现代工业技术的发展,汽车蓄电池也发生了很大的变化。目前一些轿车上使用的新型免维护蓄电池,就是近十年来迅速发展和应用的

单元二 汽车的合理使用

一种新技术。

铅酸蓄电池是由正负极板、隔板、壳体、电解液和接线桩头等组成的,其放电的化学反应是依靠正极板活性物质(二氧化铅和铅)和负极板活性物质(海绵状纯铅)在电解液(稀硫酸溶液)的作用下进行的。其中极板的栅架,传统蓄电池用铅锑合金制造,免维护蓄电池是用铅钙合金制造,前者用锑,后者用钙,这是两者的根本区别。不同的材料就会产生不同的现象。传统蓄电池在使用过程中会发生减液现象,这是因为栅架上的锑会污染负极板上的海绵状纯铅,从而减弱完全充电后蓄电池内的反电动势,造成水的过度分解,大量氧气和氢气分别从正负极板上逸出,使电解液减少。用钙代替锑,就可以改变完全充电后的蓄电池的反电动势,减弱过充电流,降低液体气化速度,从而减少电解液的损失。

由于免维护蓄电池采用铅钙合金栅架,充电时产生的水分解量少,水分蒸发量低,加上外壳采用密封结构,释放出来的硫酸气体也很少,所以它与传统蓄电池相比,具有无需添加任何液体,对接线桩头、电线和车身腐蚀轻,抗过充电能力强,起动电流大,电量储存时间长等优点,从而受到用车人士的欢迎。

有些轿车上的免维护蓄电池还装有温度补偿型密度计,后者可以指示蓄电池的存放电状态和电解液液位的高度。当密度计的指示眼呈绿色时,表明充电已足,蓄电池正常;当指示眼绿点很少或为黑色,表明蓄电池须充电;当指示眼显示淡黄色,表明蓄电池内部有故障,须修理或进行更换。

2.9 轮胎的正确使用

2.9.1 汽车轮胎的使用常识

有些驾驶员为了使汽车有较好的行驶稳定性,喜欢改用低高宽比的轮胎。对于不同高宽比的轮胎互换,最好以同一外径为基础,若轮胎内径和轮胎轮圈直径不变,高宽比小的胎面会显得更宽些,接触面也会更大,令汽车行驶及转向更为平稳。如果轮胎内径不一样,必须与轮圈一起更换,则涉及范围较大,例如轮毂的接座相配问题、悬架几何参数、转弯半径等都可能有关联,必须慎重,最好与汽车生产厂服务点联系选择。

对于轮胎日常使用来讲,要注意胎压问题。有人认为爆胎是打气太足而致,以为轮胎欠压问题不大,这是十分片面的。一般轿车的行驶速度是很快的,轮胎的形状处于一种高频交变状态,如果气压不足,变形就会加大,胎面两边的胎纹会过度磨损,胎体因无法抵御地面的压力而扭曲变形,产生高温而加速轮胎的磨损,最终导致爆胎。如果气压过大也会使轮胎过硬失去应有的弹性及吸振能力,不但抓地力变差,而且中央胎纹过度磨损会产生胎纹深度不均的现象,轮胎在高速运转下也有可能因无法承受过度的膨胀压力而发生爆胎现象。所以轮胎气压过高或过低都有爆胎危险,因此不可小视气压问题。应当按照厂家要求保持轮胎的标准气压,包括备胎气压。胎压的测量可自行用气压计测量,不过必须在轮胎常温的状态下测量,因为在热胎状态下测量的结果是不准确的。

另外,轮胎每隔 1 万~2 万 km 就应当互换位置。为什么要互换位置呢?因为一般轿车的发动机放置在前面,前桥与后桥的分配负荷是不一样的;轿车在制动过程中由于惯性作用,前轮的负荷通常占汽车全部负荷的 70%~80%。4 个轮胎上的荷载既然不均等,就必然造成前轮轮胎磨损较大。为了减轻这一现象,最好的方法就是互换位置。

在轿车运行之中,应当尽量避免急加速、急制动和急转向,这不但对汽车本身的机械性能有好处,而且对轮胎的寿命也有好处。如果反复进行急加速、急制动、急转向等不正常的行驶,会引起轮胎的急剧变形、胎冠不均衡磨损、纵向沟纹撕裂、轮胎内部温度上升、帘布疲劳,使轮胎处于容易爆裂的危险状态。

轮胎应当定期作动平衡检查。轮胎平衡分为动态平衡和静态平衡两种。动态不平衡会使车轮摇摆,令轮胎产生波浪形磨损;静态不平衡会产生颠簸和跳动现象,往往使轮胎产生平斑现象。因此,定期检测平衡不但能延长轮胎寿命,而且还能提高汽车行驶时的稳定性,避免在汽车高速行驶时因轮胎摆动、跳动而失去控制造成交通事故的发生。

同一辆车不能混装两种不同规格的轮胎。子午线轮胎和斜交轮胎的侧向力不同,如果将两种不同的轮胎同时装在同一轴上,就会造成转向过度或不足,或容易造成侧滑,轻者影响汽车的操纵灵活性,重者会发生车祸。因此,同一轮轴上不能混装不同结构的轮胎。更换轮胎应到有专用机械设备的专业店去更换,避免使用大锤和撬棍的土办法,以免伤胎伤毂。

至于轮胎的淘汰,要看轮胎的磨损程度,当有磨损标志显露时就要更换了。轮胎的使用寿命与轮胎质量、使用条件、驾驶操作习惯、日常维护密切相关。一般而言,建议轮胎的使用寿命是6万~8万km。如果行驶里程较少,但轮胎使用时间超过5年,建议更换,因为橡胶材质受到环境影响,时间一长会有变质老化现象,容易产生龟裂,使用时就有发生意外之忧。

2.9.2 轮胎充气注意事项

充气要注意安全。要随时用气压表检查气压,以免因充气过多,使轮胎爆破。

停驶后,须等轮胎散热后再充气,因车辆行驶时胎温会上升,对气压有影响。

检查气门嘴。气门嘴和气门芯如果配合不平整,有凸出、凹进的现象或其他缺陷,都不便充气和测量气压。

充气要注意清洁。充入的空气不能含有水分和油液,以防内胎橡胶变质损坏。

充气时不应超过标准气压过多后再行放气,也不可因长期在外不能充气而过多地充气。超过标准过多会促使帘线过分伸张,引起其强度降低,影响轮胎的寿命。

充气前应将气门嘴上的灰尘擦净,不要松动气门芯,充气完毕后应用肥皂水涂在气门嘴上,检查是否漏气(如果漏气就会产生连续小气泡),并将气门嘴盖配齐装紧,防止泥沙进入气门嘴内部。

子午线胎充气时,由于结构的原因,其下沉量、接地面积均较大,往往误认为充气不足,而过多地充气;或反之,因其下沉量和接地面积本来就较大,在气压不足时也误认为已充足。因此,应用标准气压表测定子午线轮胎的气压。子午线轮胎的使用气压应高于一般轮胎0.05~0.1MPa。

随车的气压表或轮胎工使用的气压表均应定期进行校正,以保证气压检查的准确性。

2.9.3 轮胎不正常磨损的预防

轮胎磨损主要是因轮胎与地面间滑动产生的摩擦造成的。如果汽车起步、转弯及制动等行驶条件不断变化,例如转弯行驶速度过快、起步过急、制动过猛,那么这样轮胎的磨损就快;轮胎的磨损还与汽车的行驶速度有关,行驶速度越快,轮胎磨损越严重;路面的质量也直接影响到轮胎与地面的摩擦力,路面较差时,轮胎与地面滑动加剧,轮胎的磨损就快。以上情况产生的轮胎磨损,基本上是均匀的,属正常磨损。若轮胎使用不当或前轮定位不准,将产生故障性不正常磨损,如轮胎胎冠的中央部分早期磨损的主要原因是充气量过大,而轮胎充气不足且长期超负荷运行,则会导致轮胎两边胎肩磨损量过大。要预防此类磨损,就应当保持轮胎的正常充气量,避免长期超负荷运行。

对于轮胎的一边磨损量过大的情况,其主要原因是前轮定位失准。当前轮的外倾角过大时,轮胎的外边形成早期磨损;外倾角过小或没有时,轮胎的内边形成早期磨损,应及时校准前轮外倾角;轮胎胎面出现锯齿状磨损的主要原因是前轮定位调整不当或前悬架系统位置失常、球头松旷等;个别轮胎磨损量大说明个别车轮的悬架系统失常、支撑件弯曲或个别车轮不平衡。出现这种情况后,应检查磨损严重的车轮的定位情况、独立悬架弹簧和减振器的工作情况,同时应缩短车轮换位周期。轮胎出现斑秃形磨损也属不正常磨损,这说明轮胎平衡性差。若在行驶中发现在某一个特定速度情况下有轻微抖动,就应该对车轮进行平衡,以防出现斑秃形磨损。这里提醒驾驶员注意,应经常对轮胎的磨损状况进行检查,如发现上述情况,自身无条件进行调整的话,应及时与维修站点联系校正。

2.9.4 更换轮胎须知

车轮好像人的脚,一旦损坏便不能自然地行走;强行继续驾驶便会引发事故,所以必须将它更换后才可继续行驶。

(1)轮胎泄气。在行车时,我们发觉转动转向盘时越来越费力,而且在直线行驶时,还发觉转向盘有跑偏和不正常振动,那便表明前轮胎泄气;或在制动时及行驶中车尾出现向左或右摆动的现象,也明显地表示了轮胎损坏的信息,应立即停车检查确认后更换备胎。

(2)定期调换轮胎。因为汽车的每个车轮在行驶过程中的荷载都不相同,磨损部位和磨损量也不相等,所以汽车每行驶一段里程后(一般 1 万 km 左右),须将每个车轮互调,使之能达到均匀的磨损程度。

(3)更换轮胎须知。更换轮胎时,必须注意以下安全守则:

① 尽量避免在斜坡上进行。

② 切记垫着车轮。如更换前方轮胎,则垫后轮,使汽车不能滑动;如更换后方车轮则垫前轮。

③ 驻车制动是用来控制后轮的,当它升高离开路面后,驻车制动便失去了制动效能。

④ 升高车身时,车厢内不应有乘客。

⑤ 车身升高后,不要引身进车底下观察。

⑥ 不要让他人倚靠车身。

2.9.5 延长轮胎使用寿命的措施

轮胎的合理使用,其目的主要在于降低轮胎磨损,防止不正常的磨损和损坏,从而延长轮胎的使用寿命;同时保持轮胎良好的技术状况,以确保行车安全,降低燃料消耗。延长轮胎使用寿命,合理使用轮胎主要从以下几方面采取措施。

2.9.5.1 抓好轮胎的管理

轮胎的管理工作是汽车运输企业技术管理的一个重要部分。要配备专门的轮胎管理技术人员,负责轮胎的全面管理;建立轮胎技术记录卡片,考核轮胎实际行驶里程和使用情况。要抓好轮胎早期损坏和异常磨损的原因分析和资料统计,以便不断总结经验,推广先进的驾驶与维修技术。

2.9.5.2 提高驾驶技术

为了合理使用轮胎、延长使用寿命,驾驶操作要做到:起步要平稳,避免轮胎在路面上滑移;行驶中要尽量避免紧急制动;行驶中要尽量选择较好的路面;控制车速,防止高速行驶导致胎温过高。

2.9.5.3 加强对轮胎的维护

(1)抓好轮胎例行维护,做到"四勤"。"四勤"是指勤查气压、勤查胎温、勤挖石子和勤塞小洞。

(2)提高底盘维护质量。底盘技术状况将直接影响轮胎寿命,因此,在汽车维护时,要特别重视底盘的检查与调整。要保持前轮定位的正确,注意轮辋的变形,保持轮胎的平衡;车架和桥壳等应正直无弯曲变形,左右轴距要一致;轮毂轴承的松紧度要调整合适;注意转向系和制动系的检查调整。保持底盘良好的技术状况,使车轮行驶中尽可能保持滚动,避免与路面间的滑移而造成异常磨损。

(3)轮胎换位。轮胎换位就是汽车行驶一定里程后(通常与二级维护周期相同),按照一定的顺序换轮胎的位置。轮胎换位的目的是为了使全车轮胎合理负荷和磨耗均匀,避免偏重与偏磨现象。

轮胎换位的方法一般有交叉换位法和循环换位法两种(图2-8)。可根据具体情况选择一种进行换位,但一经选定,应始终按选定的方法进行换位(结合二级维护进行)。

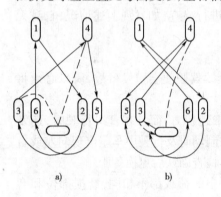

图2-8 轮胎换位方法
a)循环换位法;b)交叉换位法

3 汽车在特殊条件下的使用

汽车在热带、寒带、高原、山区及沙漠等各种特殊条件下使用,各部件或总成的工作状况会有变化,使汽车的使用性能变坏。因而必须针对特殊条件下的使用特点采取相应的措施,保证汽车的合理使用。

3.1 汽车在低温条件下的使用

3.1.1 低温对汽车使用的影响

低温对汽车使用的影响主要表现在:发动机起动困难、总成磨损严重、燃料消耗增加、零件和材料的性能变差及行车条件变坏。

3.1.1.1 发动机起动困难

气温在-10~15℃的范围时,对发动机起动影响不大。但气温再低冷车起动就会有一定的困难,发动机不预热就无法正常起动。

低温起动困难的原因主要是:曲轴旋转阻力大、燃料蒸发性差、蓄电池工作能力低。

(1)曲轴旋转阻力矩增大。随着温度降低,发动机润滑油黏度增大,增加了曲轴旋转阻力矩(图2-9),使发动机的起动转速下降,影响燃油的蒸发和燃烧,造成起动困难。

(2) 燃料的蒸发性变差。随着温度的降低,燃油的黏度和密度都变大,流动性变差,蒸发、雾化不良。温度从 40℃ 降到 -10℃ 时,汽油的黏度大约提高 76%,密度大约提高 6%。由试验可知:气温为 0℃、进气流速为 10m/s 时,有 31% 的汽油蒸发;进气流速低于 3～4m/s、气温在 -12℃ 时,则只有 4%～10% 的汽油蒸发。低温时发动机机件吸热量大,对燃油的蒸发也很不利,使大部分燃料以液态形式进入汽缸,造成起动困难。

低温对柴油的影响比较大。夏季牌号的柴油在温度降低到 -20～-18℃ 时,黏度开始明显上升(图 2-10)。由于柴油黏度的增大,引起柴油雾化不良,使燃烧过程变坏。当温度进一步降低,柴油含蜡的沉淀物析出,使柴油的流动性逐渐丧失,轻则供油量减少,重则中断供油。

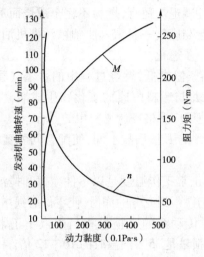

图 2-9 发动机转速及曲轴旋转阻力与润滑油的黏度的关系

M-曲轴旋转阻力矩;n-发动机曲轴转速

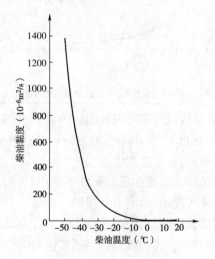

图 2-10 柴油黏度与温度的关系

(3) 蓄电池的工作能力降低。在低温条件下,随着温度的降低,电解液黏度增大,渗透能力下降,内阻增加;同时,起动时的电流很大,使蓄电池的端电压明显下降。在低温起动时,需要的起动功率大,而蓄电池输出功率反而下降(图 2-11),当气温降到一定程度时,起动系统便无法带动发动机,或达不到最低起动转速。另外,低温起动时,由于蓄电池端电压低,火花塞的跳火能量小,使发动机不易起动。

3.1.1.2 总成磨损严重

汽车在低温条件下使用时,各主要总成磨损都比较大,尤其是发动机的磨损更为明显。在发动机的使用周期中,50% 的汽缸磨损发生在起动过程,而低温条件下的起动磨损占总起动磨损的 60%～70%。此外,低温起动后在

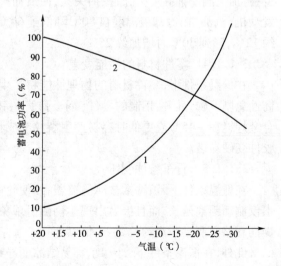

图 2-11 蓄电池输出功率与温度的关系

1-必需的起动功率(蓄电池功率的百分数);2-蓄电池供给的最大功率

未达到正常温度之前,磨损强度一直是很大的,图 2-12 表示了发动机汽缸壁磨损与汽缸壁温度的关系。

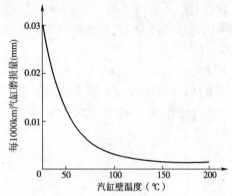

图 2-12 发动机汽缸壁磨损与汽缸壁温度的关系

低温下发动机磨损严重的原因主要是:

(1)低温起动时,润滑油黏度大、流动性差,不能及时到达汽缸壁、轴承等摩擦表面,使润滑条件恶化。

(2)由于燃料汽化不良,大部分燃料以液态形式进入汽缸,冲刷了汽缸壁上的油膜,稀释润滑油,并使其油性减退。还有,燃料不完全燃烧而形成的碳化物也会与废气一起窜入曲轴箱污染机油,使润滑条件进一步恶化。

(3)由于温度低,燃烧过程中的水蒸气凝结在汽缸壁上,并与燃料中硫的氧化物生成酸,引起腐蚀磨损,导致汽缸壁磨损加剧。为此,在低温条件下使用应严格控制燃料中的硫分。

(4)在低温时,由于曲轴主轴承及连杆轴承与轴颈的膨胀系数不同,使配合间隙变小,而且还不均匀,也使磨损增加。

传动系各总成在低温条件下使用时,由于总成的正常工作温度是以零件摩擦和搅油产生的热量来实现的,温度上升很慢。此时,齿轮和轴承仍得不到充分的润滑,使零件磨损增大。

据试验表明:当气温为 -18℃时,发动机起动时传动系的磨损量相当于汽车正常行驶 210km 的传动系的磨损量。-5℃油温时传动系的磨损量是 35℃油温时的 10~12 倍。

3.1.1.3 燃料消耗增加

在低温条件下使用,由于气温低,发动机升温时间长,工作温度低,燃料汽化不良,燃烧不良;再加上润滑油黏度大,摩擦损失大,使发动机输出功率下降,导致燃料消耗增加。例如,当发动机(汽油机)冷却液温度自 80℃降低到 60℃时燃料消耗量将增加约 3%,降到 40℃时增加约 12%,降到 30℃时增加约 25%。

3.1.1.4 零件材料的性能变差

在低温条件下,零件材料的物理性能将产生变化。如 -40~-30℃或更低时,碳钢的冲击韧性急剧下降,硅、锰钢制的零件(钢板弹簧)、铸件(汽缸盖、飞轮壳、变速器壳等)变脆;锡铝合金焊缝在 -45℃或更低时容易产生裂纹或成粉末状,从接头的地方脱落。汽车上的塑料、橡胶件变硬易裂。

3.1.1.5 行车条件变坏

在低温条件下,道路常被冰雪覆盖,致使轮胎与地面间的附着系数显著下降。在行车中,不仅制动距离延长,而且极易出现车辆侧滑现象。在同等条件下,冰雪道路上的制动距离比干燥沥青路面制动距离约长 2~3 倍以上。

此外,在低温条件下,冷却水容易结冰而导致散热器和缸体冻裂。电解液也易冰冻而造成蓄电池不能正常工作。

3.1.2 汽车在低温条件下使用的技术措施

根据汽车在低温条件下的使用特点,采取的技术措施主要有:预热、保温、合理选用燃润料、改善混合气形成、防冻等。

3.1.2.1 预热

在严寒条件下对发动机进行预热是改善混合气形成条件,提高燃料的蒸发性和雾化性,提高发动机在低温条件下起动性能的一项重要措施。常用的预热方法有:

(1)热水预热。热水预热是应用最广泛的预热方式,简便易行。将 90~95℃ 的热水注入冷却系,注满后,将放水阀打开,使之边加边流,待流出的水温达到 30~40℃ 时,将放水阀关闭。此种预热方法只能使发动机汽缸得到预热,而曲轴、连杆轴承与曲轴箱机油还不能得到预热。

(2)蒸汽预热。预热时将蒸汽导入散热器的下水管,然后进入冷却系,或者直接引入发动机冷却水套。后者加热快,效果好,蒸汽浪费少,但需要在缸体或缸盖上加设蒸汽阀。当温度升高时,缸体放水阀要打开;气温较低(-30℃ 以下)时,需同时打开散热器的放水阀,以使蒸汽窜通。同时可以在曲轴箱内加设蒸汽管或散热容器,以使发动机的润滑油得到预热,降低润滑油黏度,使发动机易于起动。预热的蒸汽压力不能大于 98kPa,也不能直接对向机件。发动机经过蒸汽预热后再加热水。这样就保证了起动的良好条件。

3.1.2.2 保温

对汽车发动机保温的目的是使发动机在一定的热状况下工作及随时可以出车。目前,在严寒地区对发动机保温主要是对汽车发动机和水箱罩采用保温套,在 -30℃ 气温下行驶,发动机罩内温度可以保持为 20~30℃。停车后,发动机各主要部位的冷却速度大约比无保温套的降低 6 倍。发动机油底壳可采用双油底壳或外表面封上一层玻璃纤维进行保温。

蓄电池的保温,一般采用木质的保温箱。保温箱有的做成夹层,在夹层中装有保温材料。

3.1.2.3 合理使用燃料及润滑油

在低温下使用的燃料应具有良好的挥发性、流动性、低含硫量,以便起动和减少磨损。有的国家有专门牌号的冬季汽油和柴油,供汽车在严寒地区使用。

汽车在冬季使用时,发动机、变速器、主减速器等应使用黏度较低的冬季润滑油,可使零件的润滑条件得到改善,并降低起动阻力。

3.1.2.4 正确使用防冻冷却液

在低温条件下使用防冻冷却液是改善发动机低温起动性能和防止冷却系易冻的一项重要措施。使用防冻冷却液能大大减少起动前的准备时间,减轻驾驶员的劳动强度。常用的防冻冷却液有:乙二醇—水型、乙醇—水型和甘油—水型三种。

防冻冷却液在使用中应注意以下几点:

(1)在配制和选用防冻冷却液时,防冻冷却液的冰点应比当地的最低气温低 5℃。

(2)防冻冷却液的表面张力比水小,容易泄漏,加注前要仔细检查冷却系的密封性。

(3)由于防冻冷却液的膨胀系数大,所以只能加到冷却系总容量的 95%,以免升温后溢出。

(4)经常用密度计检查防冻冷却液成分。使用乙醇(酒精)型防冻冷却液时,乙醇蒸发快,应及时添加适量乙醇和少量的水;乙二醇型和甘油型防冻冷却液只需添加适量的水。

(5)添加防冻冷却液时,应先让发动机熄火,待其温度降低后再添加,以防烫伤。

(6)乙二醇有毒,使用中应注意。

3.2 汽车在高温条件下的使用

3.2.1 高温条件对汽车性能的影响

在炎热的夏季,由于气温高、雨量多、灰尘多和辐射强,使发动机技术状况发生变化。如:充气能力下降;燃烧不正常(爆燃、早燃);润滑性能变差;供油系易产生气阻等。

3.2.1.1 发动机充气能力下降

在高温条件下,冷却系的散热效率降低,发动机罩内温度高,空气密度减小,导致发动机充气系数下降,发动机动力下降。

3.2.1.2 燃烧不正常

由于发动机温度高,进气终了的温度也高,使燃烧过程中产生的过氧化物活动能量增强,容易产生爆燃和早燃。不正常燃烧导致发动机零件热负荷增加,容易导致零件产生热变形,甚至裂纹,并使磨损加剧。

3.2.1.3 润滑油易变质

在高温条件下,由于发动机过热,加剧了润滑油的热分解、氧化和聚合过程。不正常燃烧的废气窜入曲轴箱,既提高了油底壳的温度,又污染了润滑油。发动机的工作温度越高,润滑油变质越快。

3.2.1.4 发动机的磨损加剧

由于高温下,润滑油的黏度降低、油性变差,加上润滑油易变质,导致机件的润滑条件差;同时,由于不正常燃烧产生的高温高压,使发动机的磨损加剧。

3.2.1.5 供油系易产生气阻

汽车在炎热的夏天或高原山区行驶,发动机罩内温度高,汽油在油管中受热后挥发成气体状态,积存在油路中的汽油蒸汽阻碍汽油流动,在汽油泵中的"油气"使油泵吸油真空度下降,造成发动机供油不足或中断。这种现象称之为"气阻"。

3.2.1.6 轮胎易爆

高温条件下,橡胶老化速度加快,强度减弱,行驶散热不良,轮胎内温度升高,气压增大,容易导致轮胎爆破。

3.2.2 汽车在高温条件下使用的技术措施

3.2.2.1 提高发动机冷却系的冷却强度

每种汽车的冷却系统只能适应一定的使用条件,在高温条件下使用时,可以在结构方面进行某些改进来增强冷却系的冷却强度,例如:增加风扇叶片数、直径或叶片角度;提高风扇转速;采用形状过渡圆滑的护风圈等。尽量使气流畅通、分布均匀、阻力小、没有热风回流现象以及避免散热器正面存在无风区,风扇对散热器的覆盖面积要大些,还可以采用通风良好的发动机罩、罩外吸气、冷却供油系等办法减小吸入空气对燃料温度的影响。

3.2.2.2 加强车辆技术维护

(1)加强冷却系的维护,清除水垢,保持冷却系良好的冷却效果。行车中勿使发动机过热。

水垢对冷却系的散热强度影响很大,试验表明:水垢的导热率比铸铁小几十倍,比铝小100~300倍。加强冷却系水垢的清除对提高散热能力有重要作用。此外,还应定期检查节温器的工作情况。

（2）各总成和轴承换用夏季润滑油（脂）。在技术维护中要注意机油平面的检查，适当缩短换油周期。在灰尘大的地区，应加强空气滤清器的维护。在条件允许的情况下，对于在酷热天连续行驶的车辆，要加装机油散热器并选用优质机油。

大型载货汽车和大客车变速器和差速器的油温在高负荷连续行驶的条件下逐渐升高，在炎热的夏季往往超过120℃。由于高温将引起传动系润滑油的早期变质，应适当缩短换油周期。润滑脂在高温下易流失（溶点温度一般在70℃），按规定周期进行检查和维护。

（3）在高温地区行驶的汽车，蓄电池的电化学反应剧烈，电解液蒸发快，极板易损坏。因此，应适当调小调节器的充电电流，并需要经常检查电解液平面，及时添加，保护通气孔的畅通。点火系的火花强度也会因气温高、点火线圈发热而减弱，因此，宜将点火线圈放在空气流通处。

（4）采用结构及性能良好的汽油泵是防止气阻的有效方法，例如，采用电动汽油泵，由于不需要发动机驱动，所以可安装在不易受热的位置上，降低输油温度，可有效地防止气阻现象。

（5）液压制动系的汽车，制动液在高温下可能产生气阻现象。在经常制动情况下，制动液温度可达80～90℃，甚至达到110℃。为了保证行车安全，应采用沸点高的（不低于115～120℃）制动液。

3.2.2.3 防止爆燃

由于发动机爆燃与发动机的进气温度有很大关系，从而可以改进进气方式，降低进气温度，防止爆燃。例如，在夏季，东风 EQ1040 型汽车满载拖挂行驶时，发动机罩下温度可达60℃。如果把空气滤清器原进气缝隙密闭，另开进气口，用连接管通至水箱侧支撑板处，在支撑板上开口，即改进成前吸式空气滤清器，使进气不受发动机热辐射的影响。试验表明：在汽车满载拖挂（汽车列车总质量为14t）上坡行驶（坡度8%）时，进气温度下降近10℃，减少了爆燃倾向。

在使用中，还可适当推迟点火时间，防止爆燃。

3.2.2.4 防止轮胎爆裂

环境温度高，轮胎散热差，特别是高速行驶的汽车，由于车速高，轮胎发热，容易爆胎。

轮胎的最高工作速度有统一规定，同一规格轮胎可能生产适应几种速度的产品，使用中不应超速行驶。

汽车超载也是爆胎的重要原因之一。在炎热的夏季，地面温度高，轮胎因升温而使胎体强度下降。如果超载行驶，容易产生胎面脱胶和胎体爆裂。轮胎的负荷能力是以速度为基础的，行驶速度提高，负荷能力应相应减少。轮胎负荷也有标记，例如桑塔纳2000型轿车的轮胎型号为195/60R1485H。其中 H 表示速度符号（210km/h），负荷指数为85，相应的负荷为515kg。

轮胎气压与环境温度有关，胎体上规定的气压是指常温下的轮胎气压。在汽车行驶过程中，轮胎气压随轮胎温度提高而相应增高。在检查轮胎气压时，应在停驶后胎内空气温度与环境温度达到平衡后，再进行检查这样所测得的轮胎气压才准确，仅凭轮胎外表温度来判断胎内空气温度是否冷却是很不准确的。一般在炎热夏季应在停驶4h以后测量轮胎气压，再根据需要进行补气。

3.2.2.5 注意车身维护

漆涂层和电镀层的湿热带地区试验表明，漆涂层的主要损坏是老化、褪色、失光、粉化、开裂和起泡等。电镀层的主要损坏是锈斑、脱皮以及不耐汗手触摸而引起锈蚀等。因此,在维修中,应注意喷漆前的除锈和采用耐腐蚀、耐磨性高的涂层,并加强外表养护作业。

高温、强烈的阳光、多尘和多雨均影响驾驶员的劳动强度、行车安全和乘客舒适性。应加装空调设备、遮阳板或加强驾驶室、车厢的通风和防漏。

3.3 汽车在高原和山区条件下的使用

汽车在山区和高原地区行驶时,由于海拔高,气压低、空气稀薄、发动机充气量少,导致发动机动力性和经济性下降。

3.3.1 高原和山区对汽车使用的影响

3.3.1.1 对发动机动力性的影响

汽车在高原行驶时,随着海拔升高,气压逐渐降低,空气密度减少,使充气量下降,发动机的动力性能降低。海拔高度每增加1000m,大气压力下降约11.5%,空气密度约减少9%,功率下降约12%,转矩下降11%左右。

海拔高度也影响汽车的加速性能,海拔每增高1000m,加速时间和加速距离加长50%,最高车速下降9%左右。

随着海拔高度的增加,大气压力降低,进气管真空度下降,发动机转速也下降,使怠速不良。海拔每增高1000m,怠速降低50r/min。

3.3.1.2 对发动机燃料消耗的影响

在高原山区行驶的汽车,由于坡度陡而长,汽车经常在低挡大负荷的条件下行驶,发动机工作温度高,引起燃料消耗增大。在高原地区,由于大气压力降低,燃料易蒸发,供油系容易发生气阻和渗漏等故障。另外,对于化油器式发动机,由于空气密度下降,充气量将会明显降低,如果量孔未经校正,则其量孔流量与正常状态比较变化不大。这样,随着海拔高度的增加,将使空燃比变小,混合气变浓,导致发动机的燃料消耗增加(图2-13)。

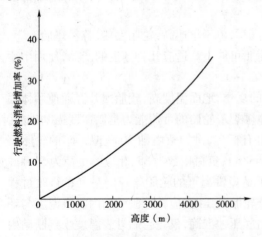

3.3.1.3 对润滑油的影响

在高原地区行车,由于发动机功率下降,发动机长时间大负荷工作,所以发动机易过热,导致机油变稀,氧化变质加快。同时过浓的混合气燃烧不完全,窜入曲轴箱,冲淡机油,也加快机油变质,加剧机件的磨损。

3.3.1.4 对汽车制动性能的影响

在山区,汽车下长坡,常需较长时间的连续制动,使制动器温度经常在300℃以上,甚至高达600~700℃。而制动器温度在一般情况下不应超过200℃,温度过高时制动蹄摩擦片的摩擦系数明显下降,导致汽车制动效能下降。

图2-13 行驶燃料消耗增加率与海拔高度的关系

3.3.2 汽车在高原和山区使用的技术措施

在高原山区行驶的汽车,为提高发动机的动力性、经济性,确保行车安全,常采用改善发动机性能和采用辅助制动等措施。

3.3.2.1 改善发动机的性能

在高原地区行驶的汽车,发动机功率下降,燃料消耗增加。改善发动机性能主要采取以下措施:

(1)提高发动机的压缩比。提高发动机的压缩比不仅可以提高压缩终了时的温度与压力,增大膨胀比,加快燃烧速率,改善燃烧过程,减少热损失,而且可采用较稀的混合气,从而提高了发动机的动力性和经济性。

从汽车使用的角度来讲,提高发动机的压缩比可采用以下两种方法:

①如果车辆经常在高原地区行驶,应购买汽车制造厂为高原地区专门设计、制造的高原型汽车。

②对缸盖进行改造,提高发动机的压缩比。高压缩比的汽缸盖可由原缸盖加工而成。如东风 EQ1090 型汽车在青藏高原使用时,可将原汽缸盖刨薄 3mm,使压缩比提高到 7.2∶1。

(2)改进配气相位。在平原使用的车辆,为了适应山区和高原地区使用,通过长期摸索和实践,总结出一些经验。如将气门间隙调大,即增加气门的开启期,有利于提高发动机的充气量,改善发动机的使用性能。

(3)安装进气增压装置。在发动机上安装增压器,可以提高发动机的充气量、压缩终了时的压力和温度,因而它能改善发动机的动力性和经济性。柴油机安装增压器后需要对柴油机的供油量及喷油提前角进行适当的调整。汽油机安装增压器后,应保证使用燃油的质量,即燃油的牌号不降低。

(4)采用含氧燃料。所谓含氧燃料就是在汽油中掺入酒精、丙酮及其他含氧化合物。因掺入含氧燃料的分子中都含有氧,在燃烧过程中,理论上必要的空气量减少,能补偿因气压低而产生的充气量不足的问题。试验表明:采用含氧较高的燃料其相对效能随海拔高度的增加而提高。例如 90 号汽油 20%、丙酮 20%、甲醇 60% 的混合油在 3200m 高原上的试验效果良好。

3.3.2.2 山区和高原的安全行车措施

由于山区地形复杂,经常会遇到上坡、下坡、窄路、弯多等问题。因此,必须采取措施确保行车安全。

(1)利用发动机制动。汽车在下长坡时,需要长时间连续制动,制动器温度会不断升高。例如:总质量为 16t 的汽车列车沿坡度为 8% 的坡道下行,如使用车轮制动器保持下坡速度为 20~30km/h,在行驶 6~8km 之后,制动蹄片温度可高达 300~350℃,轮辋温度可达 110~130℃。这样高的温度不仅对制动器不利,而且还有损于轮胎。所以,下长坡时应利用发动机制动。此时,变速器挡位越低,发动机转速越高,产生的制动力越大。一般下长坡利用发动机制动时,将变速器挂在上坡所用的挡位较为合适。

(2)采用辅助制动器。辅助制动器有电涡流、液体涡流和发动机排气制动等几种。前两种辅助制动器由于体积较大、结构复杂,多用于山区或矿山用的重型汽车。排气制动是一种有效而简便的措施,实际上是在发动机制动的基础上,再在发动机排气管内装一个片状阀门,在发动机使用排气制动时将阀门关闭,以增大排气的阻力(图 2-14),制动功率可达发动机有效功率的 80%~90%。

(3)制动鼓淋水降温。为了防止制动器过热,在下坡前可开始对制动鼓外圆淋水冷却,亦可在制动过程中,不断地淋水降温,以防止摩擦片烧蚀。采用这种降温方法,虽然效果较好,但要根据行车实际情况恰当运用,否则会带来不良后果。

(4) 使用矿油型制动液。液压制动的汽车多使用醇型制动液,较易挥发,在高原使用时,因制动频繁,制动管路容易发生"气阻"现象,致使制动失灵,行车不安全。而矿油型制动液,具有制动压力传递迅速、制动效果好、不易挥发变稠等特点,较适合在高原及山区使用。但使用矿油型制动液必须换用耐矿物油的橡胶皮碗。

(5) 改善灯光确保夜间行车安全。由于山区弯多路窄,应加宽汽车大灯照射角度,便于急转弯时可靠照明。大灯最好采用能随转向传动机构相应转动的装置。

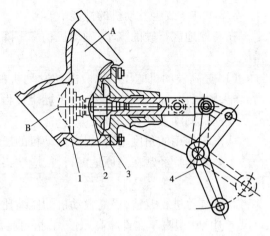

图 2-14 发动机排气制动装置
1-壳体;2-阀杆头;3-阀门;4-操纵臂;A-连接发动机排气管;B-连接排气消声器

为了适应高原地区使用特点,有的汽车制造厂生产了高原型汽车,可适合于高原山区使用。

3.4 汽车在坏路和无路条件下的使用

坏路或恶劣道路是指泥泞的土路、冬季的冰雪道路和覆盖砂土的道路等。无路是指松软土路、耕地、草地和沼泽地等。

3.4.1 使用特点

汽车在坏路和无路条件下的使用特点是驱动轮与路面的附着力减小,车轮的滚动阻力增大。此外,还会有突出的障碍物影响汽车通过。从而,使汽车的驱动—附着条件恶化。汽车在坏路和无路条件下使用,燃料消耗量较大,比一般正常使用条件高出约35%。

汽车在松软的土路行驶,路面被破坏形成车辙,滚动阻力增大,甚至陷车而无法行驶。在泥泞道路上行驶时,往往由于附着系数降低,轮胎的滚动阻力增大,引起驱动轮打滑,使汽车的通过性变坏。

在砂路上,路面的特点是表面松散,受压后变形大,承受切向力的能力差,使附着系数降低,滚动阻力增大,沙路和流沙地容易使汽车的驱动轮打滑。尤其在流沙地上,车轮的滚动阻力系数可达 0.15~0.30 或更大,驱动轮由于附着系数低而空转,影响汽车的通过性能。雪路对汽车通过性的影响很大,主要取决于雪的特性和深度。雪层的密度越大,其承受的压力也越大,雪层的密度、硬度都与气温和压实程度有关。气温低,雪层干而硬;气温高则相反。

雪层的厚度对汽车行驶也有一定的影响,车轮压实的平坦而密实的雪路,其厚度为 7~10mm 时,对汽车正常行驶影响不大。如果雪层加厚,特别是松软的雪层,汽车通过能力明显下降。经验表明:雪层厚度大于汽车离地间隙的 1.5 倍,雪的密度低于 $450kg/m^3$ 时,汽车便不能行驶。

在结冰路面上行驶的汽车,车轮与冰面的附着系数将降低到 0.1 以下,但车轮的滚动阻力与刚性路面相差不大。为了保证行车安全,在通过结冰河流时,需要检查冰的厚度和坚实状况,应按选定路线平稳匀速通过,行车间隔要大,中途不准换挡,不准使用紧急制动,不允许停车。途中发现裂痕应及时避开,绕路行驶。

3.4.2 使用时应采取的主要措施

在坏路和无路条件下使用时,改善驱动轮与路面之间的附着系数和减少滚动阻力对提高汽车的通过性是最有意义的。

从使用方面改善汽车通过性的措施有:

(1)提高车轮与路面的附着力,或减小轮胎对地面的压力,防止车轮滑转;

(2)采取汽车自救措施;

(3)合理使用汽车轮胎。

在汽车驱动轮上装防滑链是提高车轮与路面附着系数的有效措施,已得到广泛应用。防滑链的形式主要取决于路面状况和汽车行驶系的结构。防滑链有普通防滑链、履带式防滑链和防滑块。

普通防滑链是带齿的(圆形、V形或刀形)链条,用专门的锁环装在轮胎上。这种防滑链在冰雪路面和松软层不厚的土路上有良好的通过性,而在松软层厚的土路上效果明显下降。

履带链有菱形和直形,履带链能保证汽车在坏路上,甚至驱动轮陷入土壤或雪内仍可以通过,菱形履带还具有防侧滑能力。

防滑链的缺点是链条较重,拆装不方便,更重要的是装有防滑链的汽车,其动力性和经济性均下降,在硬路面上行驶的冲击大,使轮胎和后桥磨损增大,因此仅在克服困难道路时,才予装用。

克服短而难行的无路地段时,宜使用容易拆装的防滑块和防滑带。

汽车克服局部障碍或陷住时,可采用自救措施。一般自救的方法是去掉松软泥土或雪层,在驶出的路面上撒沙、铺石块或木板等,然后将汽车开出。也可以用绳索绑在树干(或木桩)和驱动轮上,如同绞盘那样使汽车驶出。

为了提高汽车在坏路和无路条件下的通过性,可根据路况选择汽车轮胎的气压和花纹:

(1)轮胎气压。轮胎气压减小后,轮胎与路面的接触面积增大,单位压力减小,致使车轮的滚动阻力减小,并改善了附着条件,轮胎气压降低后,轮胎变形加大,使用寿命降低,因此不能使轮胎长期低气压工作。

(2)轮胎花纹。轮胎胎面花纹可分为:普通花纹、越野花纹和混合花纹,即纵向花纹、横向花纹和纵横混合花纹。

越野花纹轮胎特点是:花纹横向排列、沟槽深、凸出面积小、与地面附着力大、抗刺扎和耐磨性好,适合在坏路和无路条件下使用。

在使用中,要注意轮胎的磨损情况,轮胎花纹的剩余深度是检查轮胎磨损的标准。因此,国际上都有规定,在轮胎花纹沟底部,轮胎生产厂家应当设计有磨损限度标志,每条胎有4~6个以上,在轮胎胎肩处设有相同数目的磨损限度标志位置的标志。磨损大的轮胎附着力小而且容易爆胎,不适合在坏路上使用。

此外,驾驶方法对提高汽车的通过性也有很大作用。例如,汽车通过沙地、泥泞土路和雪地等松软路面时,应降低车速,保证汽车有较大的牵引力,同时减少了车轮对土壤的剪切和车轮陷入程度,提高了附着力。除降低车速外,还应避免换挡和加速并尽量保持直线行驶,因为转弯会使前后轮辙不重合而增加滚动阻力。

思考与练习

一、填空题

1. 新车入户程序一般包括_____、_____、_____、_____。
2. 汽车走合期的使用特点有_____、_____、_____和_____。
3. 按照我国《机动车辆保险条款》规定,汽车保险分为_____险、_____险和_____险三大部分。
4. 我国齿轮油的名称由_____和_____两部分组成。
5. 新能源汽车包括_____、_____、_____、氢发动机汽车、其他新能源(如高效储能器、二甲醚)汽车等。
6. 纯电动汽车省去了_____、_____、_____和排气系统,相比传统汽车的内燃汽油发动机动力系统,电动机和控制器的成本更低,且纯电动车能量转换效率更高。

二、选择题

1. 下列属于汽车基本险的有(　　)。
   A. 自燃损失险　　　　　　　　B. 车辆损失险
   C. 第三者责任险　　　　　　　D. 全车盗抢险
2. 入出境的境外汽车号牌颜色为(　　)。
   A. 黑底白字白框线　　　　　　B. 黑底红字红框线
   C. 蓝底白字白框线　　　　　　D. 黄底黑字黑框线
3. 影响汽车运行燃料消耗量的因素有(　　)。
   A. 发动机技术状况　　B. 底盘技术状况　　C. 汽车使用因素

三、判断题(正确画√,错误画×)

1. 车辆索赔时,为了方便,可以直接联系保险代理人。(　　)
2. 由于配气机构机件的磨损等原因会导致配气相位失准、充气系数下降、发动机功率下降、燃料消耗增加。(　　)
3. 汽车底盘技术状况的好坏,可用汽车的滑行性能作为综合评定的标志。(　　)
4. 汽车的经济车速不是固定不变的,它随道路和荷载等因素的变化而变化。(　　)
5. 汽车在低温条件下使用,会导致燃料消耗增加。(　　)

四、简答题

1. 新车的检查程序是怎样的?
2. 机动车保险有哪些种类?
3. 简述车辆索赔的一般程序。

4. 影响汽车运行燃料消耗量的因素有哪些?
5. 节约燃料的途径有哪些?
6. 延长轮胎使用寿命的措施有哪些?
7. 简述替代燃料汽车的各种运用形式。

五、案例分析

根据本地区的条件及具体车型提出汽车节约燃料的途径及应采取的技术措施。从同学所做的方案中选择两个以上方案进行对比、讨论、分析,使同学掌握汽车节约燃料应采取的技术措施与途径(建议采用小组讨论的方法进行)。

单元三　汽车公害与环保

学习目标

知识目标
1. 简述汽车排放污染物、噪声及电波的形成、危害及主要影响因素；
2. 简述我国目前汽车排放与噪声的限值标准。

能力目标
1. 能对汽车排放污染物及汽车噪声进行检测；
2. 能提出控制汽车排放污染物、汽车噪声及电波的措施；
3. 能根据汽车排放污染物及汽车噪声检测结果提出治理方案并实施。

1　汽车排放污染物的主要成分及其危害

发动机燃料燃烧后的排放物中有 H_2O、O_2、H_2、CO_2、CO、HC、NO_x、SO_2、微粒物质等，我们把其中对人体有害和影响自然环境的成分称为污染物，主要有 CO、CO_2、HC、NO_x、SO_2、浮游微粒物质等。

1.1　一氧化碳

一氧化碳是发动机燃料在空气不足的情况下不完全燃烧后产生的，是一种无色、无味、无刺激性的有毒气体。因不易被人察觉，人们往往在不知不觉中因过量吸入 CO 而中毒。CO 吸入肺部，被血液吸收后，与人体血红蛋白(血红素 Hb)结合成一氧化碳-血红蛋白(CO-Hb)。血红素的作用是把氧气从肺部输入人体的各功能器官，以维持正常的新陈代谢，但由于 CO 与血红素的亲和力要比氧与血红素的亲和力大 300 倍，所以当 CO 存在时，血红素首先与 CO 结合，且离解很慢，使其失去与氧亲和并输送氧气的能力，导致人体氧缺乏。当大气中 CO 的浓度达 0.007%~0.008% 以上，几小时以后，当人体内 CO-Hb 浓度达 10% 时，便会导致头痛、心跳加速等症状；浓度达 20% 左右时，就会引起中毒；当含量达 60% 时，人便会因窒息而死亡。

1.2　碳氢化合物

碳氢化合物是发动机中未完全燃烧的燃料分解后产生的气体，有 100 多种各类烃化合物。HC 中的大部分成分对人体健康的直接影响并不明显，但化合物中含有少量的醛(甲醛、丙烯醛)、醇、酮、酯、酸和多环芳香烃(苯并芘)等，其中甲醛与丙烯醛对鼻、眼和呼吸道黏膜有刺激作用,可引起结膜炎、鼻炎、支气管炎等症状,且还有难闻的臭味。苯并芘是一种致癌物质,在每 1g HC 中含三四苯并芘约 75.4μg,每辆汽车每小时约排 300μg 三四苯并芘,人体吸入较多易得癌症。HC 也是光化学烟雾形成的主要成分。

1.3 氮氧化合物

汽车排放的 NO_x 是在高温、大负荷状态下燃料燃烧后生成的产物。NO_x 是复杂氮氧化合物的总称,它包括有 NO、NO_2、N_2O、N_2O_3、N_2O_4、N_2O_5 等多种成分,其主要成分是 NO 和 NO_2。NO 毒性不大,但高浓度的 NO 能引起神经中枢的障碍,且它很易氧化成剧毒的 NO_2。NO_2 是棕色气体,有特殊的刺激性臭味,被人体吸入后,能与肺部的水分结合生成可溶性硝酸,严重时会引起肺水肿、肺气肿,同时还会刺激眼、鼻黏膜,降低嗅觉能力。如大气中 NO_2 的含量为 0.0005% 就会对哮喘病患者有影响;若在 0.01% ~ 0.015% 的高浓度下连续呼吸 30 ~ 60min,就会使人陷入危险状态。

光化学烟雾属于二次污染物,是 NO_x 和 HC 在太阳光的照射下生成的一种黄色烟雾,其主要成分是臭氧(O_3),还含有许多过氧化合物。这些物质对眼睛、咽喉有很大刺激作用,使人流泪,引发红眼病、咽喉肿痛、呼吸困难等症状,严重时还会造成呼吸困难、四肢痉挛、神志不清,致人死亡。同时,光化学烟雾对植物的生长也会造成严重危害。

1.4 浮游微粒

浮游微粒主要是铅化合物和炭烟。铅化合物是含铅汽油燃烧后从排气管中排出的产物,炭烟主要是柴油机燃料不完全燃烧的产物,是一种含有大量的直径约为 0.5 ~ 1μm 的黑色炭颗粒。铅化物微粒散入大气,对人体健康十分有害,当被吸入肺部后,会积聚在人体内,引起心、肺部的病变,出现痴呆、精神病等症状。当人们吸入这种有害物体并积累到一定程度时,铅将阻碍血液中红细胞的生长与成熟,使心、肺等器官发生病变;侵入大脑后,则会引起头痛,出现一种精神病的症状。此外,炭烟孔隙中往往吸附 SO_2 及有致癌作用的苯并芘等。

严重的炭烟形成的黑雾,还会妨碍驾驶员视线,极易引发交通事故。

1.5 二氧化碳

CO_2 是汽车尾气的主要成分之一,当这种气体的积累达到一定程度时会使地球表面升温产生"温室效应",破坏生态平衡,影响全球气候。同时,CO_2 对人体健康也会产生潜在的影响。

1.6 硫氧化物

硫氧化物主要是二氧化硫(SO_2),是燃料中的硫(S)在燃烧后生成的产物。SO_2 有强烈的刺激性气味,进入人体后遇水便形成有腐蚀作用的亚硫酸。当 SO_2 浓度达 0.001% 时,可刺激咽喉与眼睛;达 0.004% 时,能使人在几分钟内中毒。此外,若大气中含有过多的 SO_2 时,还会形成"酸雨",对土壤及农作物产生危害。

汽车排放的危害程度,与某种污染物的危害性程度、排出量的多少、人体吸收的量以及人体本身的健康状况等多种因素有关。据统计,燃烧 1t 汽油生成的有毒物质达 40 ~ 70kg 之多,约占城市大气总污染量的55%~70%。其中在大气中,CO的90%是由汽车排放造成的,HC约占14%,NO_x约占8%,微粒物质约占1%。各城市因机动车辆保有量和车况不同,所占比例也不一样。有关统计数据表明,在交通发达、人口密集的大城市,由于汽车污染所造成的呼吸道疾病比一般城市高1.5倍以上,心肺病人死亡率逐年增加,肺癌达到惊人程度。经测定分析,死亡人数和污染程度成正比,高浓度污染区的死亡率是低浓度污染区的1.6倍。

2 影响汽车污染物排放量的因素

2.1 结构因素

在结构方面,汽车污染物排放的浓度主要取决于汽车类型和汽车科技含量。装用液化石油气和天然气发动机的汽车其污染较小;采用电脑控制的汽油喷射装置、排放装置、点火装置的发动机通常比化油器式发动机排放污染小;装用柴油发动机的汽车其污染物比装用汽油机的汽车污染物小。

2.2 使用因素

在使用因素方面,除发动机本身技术状况会直接影响汽车污染物排放量外,汽油发动机和柴油发动机影响污染物排放的使用因素各不相同。

2.2.1 影响汽油机CO、HC和NO_x排出量的使用因素

(1)混合气浓度。混合气浓度常用空燃比或过量空气系数来表示。空燃比是指空气质量与汽油质量之比。过量空气系数是指燃烧1kg汽油实际供给的空气质量与理论上燃烧1kg汽油所需的空气质量之比。如空燃比大于14.8或过量空气系数大于1,则称混合气较稀或过稀,反之,则称较浓或过浓。空燃比与有害物排放量的关系如图3-1所示。

对于HC,当空燃比大于17~18时,由于混合气过分稀释,易发生火焰不完全传播以致断火,而使未燃HC排放量迅速增加。

对于NO_x,用很浓的混合气时,由于燃烧温度和氧浓度都较低,所以NO_x的生成量也较低。当混合气过稀时,虽然氧浓度增加,但燃烧温度却有所下降,所以NO_x也低。

对于CO,很明显,空燃比越大,空气越充足,易完全燃烧,CO减少。

(2)发动机温度。发动机低温时,供给的燃油雾化不良,进入汽缸的混合气遇到冷壁而发生冷凝,所以需供给浓混合气。结果由于空气量不足,CO增加,但此时燃烧温度低,使NO_x减少,而未燃尽HC增多。若发动机温度过高,会引起发动机过热而出现爆燃及早燃等故障,使燃烧温度异常升高,从而导致NO_x增加。

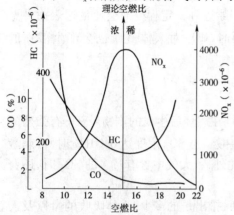

图3-1 空燃比与有害物排放量的关系

(3)发动机负荷。发动机负荷一般根据不同工况、车辆装载质量决定。发动机在怠速、减速行驶等低速小负荷运行时,汽缸内的混合气燃烧速度减慢,引起不完全燃烧,CO 增加,且由于气体温度低,汽缸中激冷面上的燃油不可能燃烧,形成 HC 排出,而 NO_x 排出较少。由于上述原因,在怠速工况下发动机(尤其是汽油机)排出的污染物最多。

(4)发动机转速。转速升高,汽缸内混合气紊流扰动增加,火焰传播速度加快,燃料燃烧比较完善,HC 排放浓度降低。

发动机在加速运行时,由于要求发出较大功率,须将汽缸内燃气的温度提高,因此会产生大量的 NO_x,而且由于在短时间内,燃料供给系统供应大量的燃油,又会引起一部分燃料的不完全燃烧,导致 CO 和 HC 排放量均增加。

在怠速时其转速与排气成分 CO、HC 的浓度也有关系,如图 3-2 所示。该图说明适当地提高怠速转速,对于降低怠速时的 CO、HC 的浓度都有好处。这是由于随着怠速转速的提高,进气节流度将减小,进入汽缸的新气量将增加,于是,使燃烧改善,结果使 CO 和 HC 的排放浓度随之降低。

(5)点火提前角。点火提前角的大小,由节气门开度、发动机转速和汽油质量等决定,如推迟点火提前角,即接近活塞上止点时点火,则由于排气时间延长,排气温度增高,而此时汽缸内容积相应减少,促进 CO 和 HC 的氧化与激冷面积的减小,使 HC 排量减少,对 CO 排量影响不大;但过于推迟,因 CO 没有时间完全氧化,CO 排出量会增大。

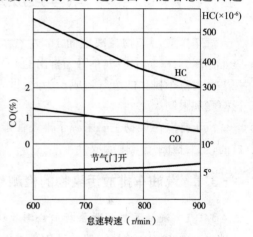

图 3-2　怠速转速对 CO 和 HC 排量的影响

(6)火花塞间隙及分电器触点的影响。使用经验表明,火花塞电极之间间隙大于最佳值,则 HC 排放量将增加 12%~14%,对于四缸发动机,若一个火花塞不工作,HC 排放量将增加 0.5~1 倍。分电器触点间隙过大或过小,对最佳点火提前角有明显影响,若间隙变化 0.1mm 将使点火提前角偏离 6°,则 HC 排放量可增加 3%。

2.2.2　影响柴油机炭烟排出量的使用因素

(1)燃料。柴油燃料的十六烷值较高时,因稳定性差,在燃烧过程中易于裂解,故有较大的冒烟倾向。

(2)喷油。提前喷油,可使着火延迟期延长,因此喷油量较多,循环温度升高,燃烧过程结束较早,排烟可降低。非常滞后的喷油时,其喷油是发生在最小的着火延迟之后,这时扩散火焰大部分发生在膨胀行程中,火焰温度较低,燃油高温裂解的条件差,所以炭烟减少。此外,喷油雾化质量差等原因会造成柴油机炭烟增多。

(3)转速。对直喷式柴油机,排烟随转速的提高而稍有增加。因为转速提高,不易于混合气的形成且燃料来不及燃烧,使未燃烧的油和局部混合气浓度增加。

(4)负荷。排烟随负荷增加而增多,如图 3-3 所示。因为负荷增加时,喷油量增加,燃烧温度也提高,容易生成炭烟。

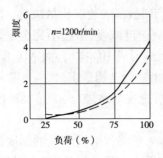
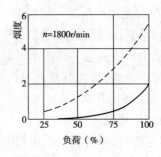

图 3-3　柴油机在各种负荷下的烟度
——：涡流式；- - -：直喷式

3　汽车排放污染物的检测及控制

汽车排放污染物在离地面 1m 左右浓度最大，极易进入人的呼吸系统，影响人的身体健康。据测算，一辆中型汽车每天排出的 CO 约为 $2.4m^3$，HC 为 $0.1 \sim 0.2m^3$，发达城市大气污染几乎全由汽车排出的废气造成。为此，世界各国极为重视制订相关法规对汽车排放污染物进行检测和限制。

汽车排放污染物主要来源于排气管排出的尾气，另外还有曲轴箱窜气及油箱的燃料蒸发。目前，主要检测尾气排放成分。

3.1　汽油车排放污染物的检测

3.1.1　汽油车排放污染物的检测原理

（1）CO 和 HC 测量仪器的结构与工作原理。汽油机排气中 CO 的浓度可以直接测量。而 HC 由于成分复杂，因此要把各种 HC 化合物的成分浓度换算成统一的正己烷（C_6H_{14}）浓度来作为 HC 的浓度测量值，从而，对于那些正己烷以外的 HC 的相对灵敏度，成了测量仪器的重要性能，在技术标准中，相对灵敏度用正己烷与丙烷（C_3H_8）的比值来表示，并规定：丙烷浓度值÷测量仪器指示值 =1.73~2.12。在测量仪中，把该数的倒数（0.472~0.578）作为换算系数予以标明。

测量 CO 和 HC 浓度的仪器种类很多，实际用于测量汽油机排气的仪器主要有两种：接触燃烧式分析仪和非扩散型红外线分析仪。

①接触燃烧式分析仪。接触燃烧式分析仪是利用废气中 CO 的可燃性，使其燃烧产生热量，从而测量 CO 的浓度。该仪器如图 3-4 所示。

它是由四个电阻组成的电桥电路，当对角线两个电阻乘积相等时，电桥处于平衡状态，图中电表指针不动。电阻 F_1 和 F_2 由铂丝制成，用电源 E 使其加热，当发动机废气经导管被引入 F_1 室后，废气中的 CO 遇加热的铂丝 F_1 而燃烧，产生热量，从而使 F_1 电阻值上升，流过 F_1 的电流减少，于是破坏了电桥的平衡，使电

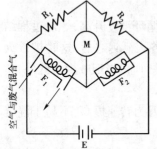

图 3-4　接触燃烧式分析仪原理图

表 M 指针发生偏转。

发动机排气中 CO 含量越高,F_1 室温度越高,F_1 电阻值上升趋多,流过 F_1 的电流越小。也就是说,F_1 阻值的变化与排气中 CO 的含量成比例关系,由此来测量废气中 CO 的成分。

但是,当发动机废气进入 F_1 室时,废气中除了 CO 之外,还有 HC 等气体,而 HC 也是可以燃烧的,于是 CO 与 HC 等一起燃烧,它们燃烧共同发出的热量改变 F_1 阻值。因此,当 F_1 阻值发生变化时,难于分清 CO 和 HC 各自所起的作用。也就是说,该种仪器难于分别测出废气中 CO 和 HC 的各自浓度。

② 非扩散型红外线分析仪(NDIR),非扩散型红外线式废气分析仪简称红外线分析仪,它可以分别测定 CO 和 HC 的浓度。能同时测定 CO、HC 浓度的仪器,称为 CO、HC 综合测试仪,或称 CO、HC 排气分析仪。

CO、HC 综合测试仪如图 3-5 所示,工作原理如图 3-6 所示。

它是由废气取样装置、废气分析装置、浓度指示装置和校准装置组成。具体工作过程如下:

废气取样装置用于获取被测发动机排出的尾气气样,它由取样头、滤清器、导管、水分离器和气泵等组成。取样头由耐高温和防气体腐蚀的特殊材料制成,在测量时须插入发动机的排气管消声器内部,发动机排出的高温废气经过取样头进入滤清器和水分离器后,滤掉废气中的灰分和少量的水,再经过导管进入仪器的测量装置。此处所用导管也是由特殊材料制成,管壁不吸附被测气体,也不与被测气体发生化学反应,以保证测量精度。从发动机排气管吸出废气,需要一定的真空度,因而在取样装置系统内还包括一只吸气泵。

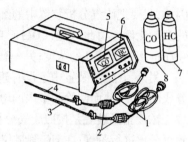

图 3-5 综合测量仪
1-导管;2-滤清器;3-低浓度取样头;4-高浓度取样头;5-CO 指示仪表;6-HC 指示仪表;7-标准 HC 气样瓶;8-标准 CO 气样瓶

废气分析装置由红外线光源、测量气样室、标准气样室、遮光扇轮和检测室等组成,如图 3-6 所示。

两个同样的红外线光源发出同等量的红外线光束,一束穿过测量气样室,另一束穿过标准气样室。在标准气样室内充满不吸收红外线光能的 N_2 气体,因此红外线光束穿过时,红外线光能未受损失。而测量气样室内则通以被测发动机的废气。因废气中含有吸收红外线的 CO 和 HC,故红外线光束穿过时,红外线光能将相应减少。从而,两束红外线光分别穿过测量气样室和标准气样室后到达检测室时,两束光的能量形成差异。检测室内充以适当浓度的与被测气体相同的气体(测量一氧化碳的仪器内充 CO;测碳氢化合物的仪器内充正乙烷),并在检测室中部设有一隔膜,将检测室分隔成两个独立的封闭腔,测量时,由于两个腔所接受的红外线光能不相等,因而两个腔内气体膨胀也不一致,致使两腔之间的膜片弯曲。该膜片与电容器的一只金属片相连,由金属片的位移引起电容量变化,这一微弱信号经过放大器放大,即可在显示仪表上指示出来。也就是说,发动

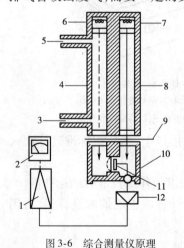

图 3-6 综合测量仪原理
1-主放大器;2-指示仪表;3-废气入口;4-测量气样室;5-排气口;6-红外线光源;7-红外线光源;8-标准气样室;9-遮光扇轮;10-检测室;11-电容器;12-前置放大器

机废气中 CO(或 HC) 含量越多，红外线光束在测量气样室内损失的光能也就越多，从而造成检测室两个腔内气体膨胀差异也越大，金属片电容器所产生的变化也随之加大，以此来测量废气中 CO(或 HC) 的含量。

应该说明的是，发动机废气中的 CO 和 HC 是同时存在的，它们又同样具有吸收红外线的作用，那么如何对它们进行区分呢？这是因为 CO 和 HC 所吸收的红外线的波长并不相同，如图 3-7 所示。

CO 气体对波长为 $4.7\mu m$ 的红外线吸收能力强，而 HC 气体则吸收波长为 $3.4\mu m$ 的红外线。因此，只要把废气分析装置中的红外线光源波长分别取为 $4.7\mu m$ 或 $3.4\mu m$，即可测出 CO 或 HC 的含量比例。由此可见，CO、HC 综合测试仪内设有两套废气分析装置：一套红外线光波长为 $4.7\mu m$，用于测 CO 的浓度；另一套红外光波长为 $3.4\mu m$，用于测量 HC 的浓度。

另外，在测量装置中还设有遮光扇轮，测量时遮光扇轮由电动机带动旋转，将红外线光束切分成断续光，从而使检测室内的电容器不断地产生充放电作用，带动检测仪正常工作。

浓度指示装置是按照废气分析装置送来的电信号进行显示，在 CO 测量仪上用 CO 浓度容积的百分比进行刻度；在 HC 测量仪上用 HC 换算成正乙烷浓度容积的 10^{-6} 为单位进行刻度。

仪表指针可用零点调整螺钉调零。根据测量浓度不同，仪表上设计不同量程的换挡旋钮，可以方便的控制。

仪器校准可分为简易校准和气样校准。

简易校准方法简便，用遮光板把分析装置中通过测量气样室的红外线挡住一部分（相当于被 CO 或 HC 吸收掉的一部分），用减少定量红外线的方法进行校准。简易校准开关就装在仪表板上，并分别设有 CO、HC 校准旋钮，如图 3-8 所示。

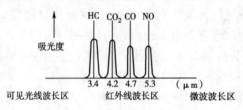

图 3-7 不同气体所吸收的红外线

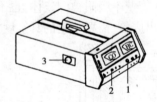

图 3-8 简易校准
1-HC 标准调整旋钮；2-CO 标准调整旋钮；3-简易校准开关

气样校准的方法是首先把标准气样瓶接到仪器的校准气样接口上，然后把标准气样灌入仪器，再按标准气样浓度调整仪器，如图 3-9 所示。

对于一氧化碳测量仪，要把标准气样瓶上标明的一氧化碳浓度值作为校准时的标准值。

对碳氢化合物测量仪，由于是用丙烷作为标准气样，因而要计算成正乙烷的换算值，再用它来作为校准的标准值：

$$\text{校准的标准值} = \text{标准气样（丙烷）浓度} \times \text{调换算系数}$$
$$\downarrow \qquad\qquad \downarrow \qquad\qquad \downarrow$$
（正乙烷换等值）（气体瓶上标明的数值）（测量仪上标明的数值）

（2）氮氧化合物分析仪的结构与工作原理。废气中的氮氧化合物常采用化学发光分析仪（CLD），其测试原理如下：

$$NO + O_3 \rightarrow NO_2 + O_2 \quad ①$$
$$NO_2 \rightarrow NO_2 + hr \quad ②$$

当废气气样中的 NO 和 O_3(臭氧)反应生成 NO_2 时,大约有 10% 的 NO_2 处于激化状态(式①),这些激化状态分子按式②向基态过渡时,会发射出波长为 250~590nm 的光量子 hr,并且 hr 的强度与 NO 量成正比,因而,可以利用光电倍增管将这一光能转变为电信号输出,从而推算出 NO 的浓度。对于排气中的 NO_2,通过转换器分解成 NO,再以上述相同的方法一起测定,求得 NO 和 NO_2 的和,即为 NO_x 值。化学发光分析仪的结构简图如图 3-10 所示。

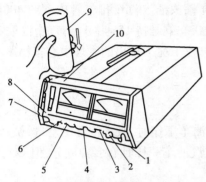

图 3-9 气样校准
1-HC 标准调整旋钮;2-HC 零点调整旋钮;3-HC 读数转换开关;4-CO 读数转换开关;5-CO 调整旋钮;6-零点调整旋钮;7-电源开关;8-吸气泵开关;9-标准气样瓶;10-标准气样注入口

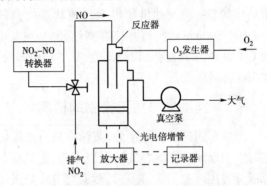

图 3-10 化学发光分析仪(CLD)结构简图

化学发光分析仪(CLD)的优点是灵敏度高,分辨率可达 0.1×10^{-6},线性度好,在 $(1\sim1000) \times 10^{-6}$ 范围内输出特性呈线性关系,适合于做连续分析。

3.1.2 汽油车急速排放污染物的检测

(1)受试车辆的准备。受试车辆发动机的进气系统应装有空气滤清器,排气系统应装有排气消声器,并不得有泄漏。测量前,发动机应运转预热,发动机冷却水和润滑油温度应达到车辆使用说明书所规定的热状态,使用燃料应符合国家标准的规定。

汽车变速器放在空挡位置,离合器处于接合状态,加速踏板处于松开状态,发动机在其使用说明书规定的急速转速下平稳运转。

(2)测量仪器准备。打开废气分析仪(NDIR)的电源开关,如图 3-11 所示,预热 30min,检查采样管路及过滤器有无堵塞现象,将 CO 和 HC 测量表的量程开关分别设定在 $0\sim2\%$、$(0\sim500) \times 10^{-6}$ 处。

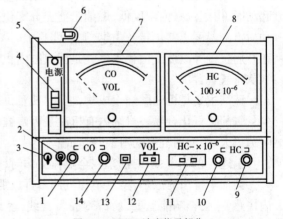

图 3-11 NDIR 浓度指示部分
1-CO 零点高速旋钮;2-泵开关;3-电源开关;4-流量计;5-电源指示灯;6-标准气体注入口;7-CO 指示计;8-HC 指示计;9-HC 零点旋钮;10-HC 标准调整旋钮;11-HC 范围转换开关;12-CO 范围转换开关;13-简易校正开关;14-CO 标准气体调整旋钮

打开(测量)吸气开关,吸进清新空气,分别调整 CO 和 HC 测量的调零旋钮使测量表指针对准零位。

关闭吸气开关,按下机械校准按钮,分别调整 CO 和 HC 测量表的标准调整旋钮使测量表指针对准仪器给定的标准状态。

将 CO 和 HC 测量表的量程开关分别设定在最大量程挡——CO:0~8%,HC:(0~8000)×10^{-6}处。

(3)测量步骤。将发动机由怠速工况加速至其额定最高转速的 70% 左右,维持 60s 后降至怠速状态。待发动机稳定至怠速状态后,将废气采样探头插入汽车排气管内深约 400mm(应大于 300mm)处,打开仪器测量开关,在发动机怠速状态下维持 15s 后开始读数,读取 30s 内 CO 和 HC 的最高值和最低值,其平均值即为该汽车怠速工况下排出的废气中有害物质 CO 和 HC 的测量值。

3.2 柴油车排放污染物的检测

柴油车用的燃料是柴油,柴油亦是石油提炼物。柴油车工作时,吸入汽缸的空气,被压缩同时喷油形成可燃混合气后燃烧作功,它排出的气体与汽油车一样具有多种成分,但 CO、HC 等成分要比汽油车少得多,其污染物主要是炭烟。

柴油车排出的炭烟在光照下具有不同颜色,按照烟色的不同,大致分为黑烟、白烟和蓝烟。

黑烟也称为"热烟",是由于混合气过浓,燃料未能完全燃烧,燃料中的碳氢化合物在缺氧状态下,部分在高温作用下分解的碳元素因没有得到充分氧化,形成炭质。这些炭质的微粒,变成浮游物,悬浮于废气之中,形成黑色或深灰色烟雾。因此,柴油车冒黑烟,表明有燃烧不完全故障,其原因如汽缸压缩压力不足、喷油正时失准、喷油器雾化不良、喷油泵供油失调、空气滤清器不通畅、发动机温度过低、柴油品质不佳或发动机超负荷运转等。

白烟也称为"冷烟",其中又可分为灰白色和水汽状白色两种。灰白色烟一般在柴油车刚起动时,由于汽缸内温度低,燃油未能充分雾化燃烧,残余燃料颗粒随废气排出所形成。如起动后汽缸温度正常仍冒灰白烟,则表明喷油时刻过迟,个别汽缸有断火现象或喷油器出油阀卡在开启位置等故障。白色水蒸气是因汽缸内积存有冷凝水,起动后冷凝水遇热汽化,形成水蒸气从排气管冒出。

蓝烟主要是机油燃烧生成物,也称"机油烟",排出时带有少量黏性液状物,这是一种含有少量氧的碳氢化合物。汽缸内有机油是因汽缸与活塞环磨损过大、间隙增大、气门与气门导管间隙过大、燃油内混有润滑油等造成。

上述各色烟中,以柴油车在全负荷工作时(如加速工况)冒黑烟最为典型。

柴油车排出的浓烟,虽然不像汽油车排放那样含有大量有毒成分,但是它会引起人们的不愉快感,亦会影响能见度,妨碍驾驶员视线,容易诱发交通事故。因此,对柴油车规定检验其烟度。

柴油车烟度的定义是:定容量排气所透过的滤纸的黑度。

3.2.1 烟度计的结构与工作原理

滤纸式 Bosch 烟度计是利用吸气泵在一定时间内吸取一定量的废气,并使这部分废气通过一定面积的滤纸,使废气中的炭烟粒子吸附在滤纸上,滤纸变黑,然后用一定的光线照射滤纸,并用光电池接受反射光,再根据光电池产生的电流使仪表指针偏转,把烟度用烟度值(Rb)的形式显示出来。

柴油机烟度计由废气取样装置、烟度值测量装置、烟度值指示装置和校准装置等组成,如图3-12所示。

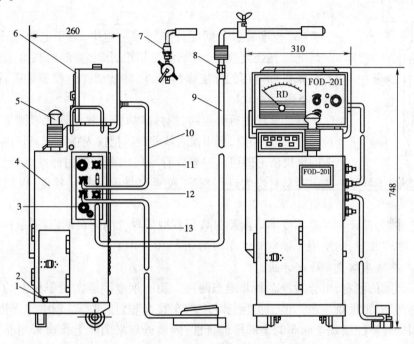

图3-12 FQD-201A型半自动烟度计及其工作过程(单位:mm)
1-螺钉;2-垫圈;3-扫气管;4-机壳罩;5-抽气泵;6-指示装置;7-三通阀;8-取样探头;9-取样软管;10-光电检测装置连接线;11-连接直流电源线;12-连接主电源线;13-脚踏开关连接线

(1)废气取样装置。取样装置由取样深头、活塞式抽气泵和取样软管等组成。整车试验时采用的取样探头上带有散热片,并有安装夹具以使其固定在排气管上。取样探头在活塞式抽气泵的作用下抽取废气。由装在加速踏板上的脚踏开关来控制吸气泵取样开始时刻与发动机加速同步。抽气泵活塞移动的全部抽气量为 $330 \pm 15 mL$,抽气时间为 $1.4 \pm 0.2 s$。

在抽气泵下端有一插口,内插测量滤纸,用夹持器夹紧密封。当抽气泵抽气时,废气经滤纸进入泵筒内,废气中的炭烟便黏附存留在滤纸上将滤纸染黑。滤纸的有效工作面直径为32mm。

取样软管是一根耐热、耐油的橡胶管,把取样探头和活塞式抽气泵连接在一起。软管的长度为5m,内径为5mm。

(2)烟度值测量装置和烟度值指示装置。如图3-13所示,烟度值测量装置由白炽灯泡、光电元件(硒光电池)等组成。白炽灯泡为测量用光源,灯泡光轴位于滤纸中心并与滤纸平面垂直。光电元件为一环形硒半导体光电池,受光面积外径23mm,内径10mm,硒光电池距滤纸表面距离为10.5mm。

把取样后表面带有黑烟的滤纸,放到烟度值测量装置的规定位置,灯泡发出的光线照射到滤纸上后被反射回来,反射光被环形光电池接收,光电池产生电流使测试仪表指针偏转。

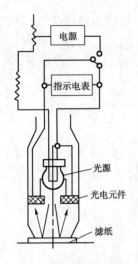

图3-13 烟度值测量装置和指示装置

烟度值指示装置实际是一只电流表,精度不低于1.5级。表盘刻度按烟度值(Rb)进行刻度,它刻有0~10Rb的刻度值。滤纸污染严重时,反射光线少,仪表指针向10Rb方向偏转(10Rb表示全黑);滤纸污染轻微时,反射光线多,仪表指针向0Rb方向偏转(0Rb表示白色)。

(3)校准装置。烟度计在使用过程中,由于电源电压的变化,引起灯光发光强度改变,影响测量精度,因此要随时校准。烟度计附带有三张供标定用的标准烟样卡,用标准烟样卡校准烟度计,精确度应为0.5%。

对烟度计进行标定时,把标准烟样卡放在烟度值测量装置的规定位置上,开灯照射,再用仪表调整旋钮把仪表指针调到标准烟样卡所代表的烟度值上即可。只要保存好可以重复使用标准烟样卡,用这种方法很容易对仪表进行校准,使烟度计保持指示精度,以便得出正确测量值。

除此之外,为保证测量时不受前一次测量残留在取样导管内的炭烟影响,取样系统还附带有压缩空气吹洗装置,吹洗用压缩空气的压力为0.3~0.4MPa。

3.2.2 柴油车烟度的检测方法

柴油车烟度的测定,可分为稳态和非稳态两种。稳态烟度测定实用于在发动机台架上进行,在汽车行驶时则很难测定。由于实际行驶中汽车在起步、加速等过程中排烟度较高,因而稳态下的烟度并不能反映柴油车的全部排烟特性,因而近年来国际上普遍采用非稳态烟度测定方式。根据测定时的不同工况,非稳态烟度测定有自由加速法和控制加速度法两种。

(1)自由加速法。自由加速法因测定方便易行,是目前欧洲很多国家采用的方法。这种方法是在发动机无负荷情况下测定加速工况的柴油车烟度,也就是测定柴油车由怠速状态突然加速到最高转速状态过程中的排气烟度,故又称之为无负荷加速法。虽然这种试验工况与实际有负荷工况的烟度并不很一致,但可以对排烟较大的加速工况起到监测作用。

我国目前柴油车自由加速烟度测定规范如图3-14所示。它是在柴油车无负荷怠速运转过程中,先后加速几次,以确定柴油车可否顺利达到最高转速。在测定前怠速运转5~6s,用压缩空气将烟度计采样系统清除污垢后并将取样探头固定于排气管内约300~400mm深度,然后进行第一次测定,每次测定保持4s的最高速运转(包括加速时间在内),在此期间用采样泵吸取废气占1.4s,使烟气通过滤纸。同法进行三次测定后,用算术平均值求出三次测定的平均烟度值,即为被测量柴油车的烟度值。

例:柴油车自由加速烟度值的检测。

仪器的准备:

①检查电源线、电缆线、压缩空气管路、取样管路的连接情况,接通电源后,预热仪器5min;

②按规定进行仪器的校准;

③检查取样装置、检测与指示装置工作是否正常,尤其要注意脚踏(或手动)抽气开关与抽气泵的动作应同步;

④检查滤纸是否干净无污染,若滤纸数量不足时,应补充安装。

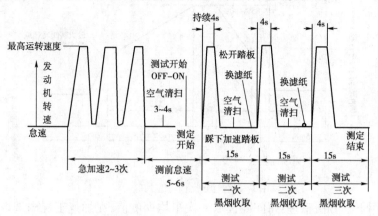

图3-14 柴油车自由加速烟度的测定规范

被检车辆的准备:
①排气系统不得有泄漏;
②排气管应能保证取样探头插入深度不小于300mm,否则排气管应加接长管并保证接口不漏气;
③必须采用汽车生产厂家规定的柴机油和未添加消烟剂的柴油;
④发动机应达到使用说明书规定的热状态。

检测方法及规程:
①把取样探头逆气流固定于排气管内并使其中心线与排气管平行。
②将踏板开关固定于加速踏板上并把检测仪表上的转换开关拨到踏板结合位置。
③由急速工况将加速踏板迅速踩到底,约4s后松开(如图3-14所示的测定规范)。
④完成滤纸走位、清洗取样管之后,将加速踏板与踏板开关一并迅速踩到底,至4s时迅速松开,读取指示仪表指示的烟度值。
⑤急速运转约11s。在此期间要用压缩空气对取样软管和取样探头吹洗3~4s,并把抽气泵活塞压至抽气开始位置(取样装置的最下端)。
⑥迅速把加速踏板踩到底(两次踩加速踏板的间隔时间为15s),进行第二次测量。
⑦如此重复三次,三次读数的算术平均值即为被检柴油车自由加速烟度值检测结果。

(2)控制加速度法。美国目前采用控制加速度法来测定柴油车烟度值,其工作循环如图3-15所示。控制加速度法测定的结果比自由加速法更接近于实际情况,它模拟了汽车在道路行驶中遇到的最大排烟状态。试验循环由急速、加速、额定转速、过载和中间转速等各种工况组成。循环开始时,发动机在急速状态下运转5min,接着开始加速并用5s时间使发动机克服预定负荷,加速至该发动机的最高转速。当此速度达到后立即卸去负载,并减速至该发动机的中间转速,即该发动机最大转矩时的转速,然后再深踩加速踏板加速,在(10±2)s内使发动机加速至95%~100%的额定转速,并在额定转速和额定负荷下运转1min。然后再转入过载工况,保持加速踏板位置不变,通过调节测功器负荷,发动机在(35±5)s时间内平稳减速至中间转速,在此转速下全负荷运转1min,最后再次回到发动机的急速工况。在整个试验过程中,连续记录烟度值随转速的变化关系。

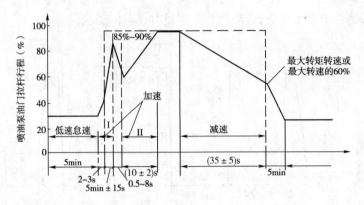

图 3-15　美国柴油车烟度试验循环

烟度曲线用下列方法整理:每间隔读取一次平均烟度值,在加速工况内选取 15,求出平均值,作为加速烟度值;在过载工况内选取 5 个 1/2s 区间的平均值作为过载烟度值;同时还选取整个试验过程中的三个最大的 1/2s 区间烟度值读数的平均值作为最高烟度值,以控制柴油车的最高烟度。

3.3　汽车排放污染物限制标准及控制排放污染物的措施

我国机动车保有量正在雨后春笋般迅速增长,某些交通路口,每小时车流量已超过 2000 辆,加上车况不是很理想,排污超标较多,污染日益严重。为了人民健康和交通安全我国已制定了机动车污染物检测方法、排放标准等国家标准,并作为机动车安全检测站的一项重要检测项目。

3.3.1　汽车排放污染物限制标准

目前,我国汽车排放污染物限值实施的国家标准主要有 GB 18285—2005《点燃式发动机汽车排气污染物排放限值及测量方法(双怠速法及简易工况法)》、GB 3847—2005《车用压燃式发动机和压燃式发动机汽车排气烟度排放限值及测量方法》、GB 14763—2005《装用点燃式发动机重型汽车　燃油蒸发污染物排放限值及测量方法(收集法)》、GB 11340—2005《装用点燃式发动机重型汽车曲轴箱污染物排放限值》、GB 18352.5—2013《轻型汽车污染物排放限值及测量方法(中国第五阶段)》和 GB 17691—2005《车用压燃式、气体燃料点燃式发动机与汽车排气污染物排放限值及测量方法(中国Ⅲ、Ⅳ和Ⅴ阶段)》。

汽车排放检测或试验分为:形式核准检查试验、生产一致性检查试验、在用车符合性检查和在用汽车的检测。其中,形式核准检查试验适用于新设计的车型;生产一致性检查试验适用于对成批生产的车辆所进行的抽样试验;在用车符合性检查指在新车投入使用一定时期内或行驶一定里程后,对污染控制装置的功能所进行的检查试验;在用汽车检测指按有关规定的要求对在用汽车的技术状况所进行的年检及抽样检测。不同的汽车排放检测试验,应采用相应的检测标准。

在上述国家标准中,GB 18285—2005《点燃式发动机排气污染物排放限值及测量方法(双怠速法及简易工况法)》和 GB 3847—2005《车用压燃式发动机和压燃式发动机汽车排气烟度排放限值及测量方法》,规定了在用汽油汽车和柴油汽车的排放污染物限值和测量所应满足的要求。鉴于本书主要介绍在用汽车的技术状况、使用性能和运用问题,因此以下主要介绍上述两个标准中关于在用汽车排放污染物检测的限值规定和测量方法。

3.3.1.1 点燃式发动机汽车排气污染物限值

1）在用汽车排气污染物排放限值

装用点燃式发动机的在用汽车,排气污染物排放限值见表3-1。

在用汽车排气污染物排放限值(体积分数)　　　　表3-1

车型	类别			
	怠速		高怠速	
	CO(%)	HC(10^{-6})	CO(%)	HC(10^{-6})
1995年7月1日前生产的轻型汽车	4.5	1200	3.0	900
1995年7月1日起生产的轻型汽车	4.5	900	3.0	900
2000年7月1日起生产的第一类轻型汽车	0.8	150	0.3	100
2001年10月1日起生产的第二类轻型汽车	1.0	200	0.6	150
1995年7月1日前生产的重型汽车	5.0	2000	3.5	1200
1995年7月1日起生产的重型汽车	4.5	1200	3.0	900
2004年9月1日起生产的重型汽车	1.5	250	0.7	200

注:对于2001年5月1日以后生产的5座以下(含5座)微型面包车,执行此类在用车排放标准。

2）过量空气系数α的要求

对于使用闭环控制电子燃油喷射系统和三元催化转化器技术的汽车,进行过量空气系数α的测定。发动机转速为高怠速转速时,α应在$1.00±0.03$或制造厂规定的范围内。进行测试前,应按照制造厂使用说明书规定预热发动机。

3.3.1.2 压燃式发动机汽车排气烟度限值

(1) GB 3847—2005《车用压燃式发动机和压燃式发动机汽车排气烟度排放限值及测量方法》实施后,经形式核准批准生产的在用汽车,应按自由加速—不透光烟度法的要求进行试验,所测得的排气光吸收系数,应不大于该车型核准批准时的自由加速排气烟度排放限值,再加$0.5m^{-1}$。

(2) 自2001年10月1日起至2005年6月30日生产的汽车,应按自由加速—不透光烟度法的要求进行试验,所测得的排气光吸收系数,应不大于以下数值:自然吸气式为$2.5m^{-1}$;涡轮增压式为$3.0m^{-1}$。

(3) 自1995年7月1日起至2001年9月30日期间生产的在用汽车,应按自由加速试验—滤纸烟度法的要求进行试验,所测得的烟度值FSN,应不大于4.5;1995年6月30日以前生产的在用汽车,则应不大于5.0。

3.3.1.3 欧洲汽车污染物排放标准

欧洲汽车污染物排放标准主要经历了下列几个阶段:

欧Ⅰ:欧共体(ECE)1995年7月2日生效的 ECE R83/02《按发动机对燃料的要求类别就污染物对车辆认证的规则》。我国 GB 14761—1999《汽车排放污染物限值及测试方法》与此等效,其实施时间对不同试验从2000年1月1日至2002年7月1日不等。

欧Ⅱ:欧盟(EU)指令96/69/EC《修订指令70/220/EEC 关于协调各成员国有关采取措施防止汽车发动机排放污染大气的法律》。我国 GB 14761—2001《汽车排放污染物限值及测试方法》与此等效,于2004年7月1日实施。

欧Ⅲ:2000年10月,欧盟又出台了"欧Ⅲ"标准。按照三号标准,家庭轿车和轻型汽车的一氧化碳排放量将在原有基础上减少30%,碳氢化合物和氮氧化合物分别减少40%。我国暂无与该标准等效的国家标准。

欧Ⅳ:欧洲于2005年起开始实施"欧Ⅳ"标准(欧Ⅳ型式认证和生产一致性排放限值)。2007年9月底,北京市环保局公布了新修订的《车用柴油北京市地方标准》及《车用汽油北京市地方标准》,从2008年1月1日起,北京市实施欧Ⅳ燃油标准。北京所有的加油站都必须提供符合新环保标准的汽油和柴油。

3.3.2 控制汽车排放污染物的措施

3.3.2.1 使用清洁能源型交通工具进行替代

(1)使用环保、节能的交通工具。

(2)在大城市建设地铁,施行电力牵引行驶等地下通道。

(3)提高人们的环保意识,尽量坐公车出行。

(4)加大对购买小排量、混合动力、新型能源汽车用户的政策支持力度。

3.3.2.2 加强行政管理

(1)提高汽车排放标准,强化新车准入制度。对不符合排放标准的新车采取"三不"措施:不准出厂、不准销售和不准上牌,促使各汽车企业加紧对节能减排汽车的研发力度。

(2)完善机动车尾气检测体系。

(3)加强汽车维护,保持汽车良好技术状态。

3.3.2.3 提高燃油品质

燃油品质是影响汽车排气污染的主要因素之一,加强燃油生产、加工、运输等环节的严格管理。

3.3.2.4 采用汽车尾气净化措施

发动机尾气净化措施是指将汽车尾气由原有害气体变成为无(少)害气体,再排放到大气中,从而减少对大气环境的污染。

机动车尾气净化措施有很多种,其中汽车尾气净化催化剂是控制汽车尾气排放、减少污染的有效手段。三元催化净化器的作用是,当汽车废气通过净化器的通道时,三元催化器中的净化剂将增强CO、HC和NO_x三种气体的活性,促使其进行一定的氧化—还原化学反应。其中,CO在高温下氧化成为无色、无毒的CO_2;HC化合物在高温下氧化成H_2O和CO_2;NO_x还原成N_2和O_2。最终,三种有害气体变成了无害气体。三元催化净化器的净化效率很高,可以净化90%以上的有害物质,大大减少了汽车尾气对环境的污染。

由于汽车运行具有严重的分散性和流动性,因而也给净化处理技术带来一定的限制。除了开发在机内净化技术外,还要大力开发机外净化处理技术。这应从两个方面入手:一是控制技术,主要是提高燃油的燃烧率,安装防污染处理设备和采取开发新型发动机;二是行政管理手段,采取报废更新,淘汰旧车,开发新型的汽车(即无污染物排放的机动车),从控制燃料使用标准入手。

(1)机外净化措施。

所谓发动机外部尾气净化措施也就是汽车尾气由原有毒气体,变成为无毒气体,再排放到大气中,从而可减少对大气环境的污染。

①采用催化剂:采用的催化剂有氧化锰—氧化铜、氧化铬—氧化镍—氧化铜等金属氧化物和白金属(铂)等贵金属。它们都可以净化CO、HC。

②水洗:通过水箱,使汽车尾气中的碳烟粒子经过水洗和过滤及蒸气的淋浴,使其黏附碳粒上的有毒物质,使碳粒子胀大而给予去除。

(2)机内净化措施。

①正曲轴箱通气系统的设计:把从汽缸窜入曲轴箱的气体(主要是未燃气体)再循环进入进气歧管,使其再次燃烧,改变了过去将其直接排入大气所造成的污染。

②排气再循环设计:发动机排气口用控制阀与进气歧管相连接,使排出的气体经过再次循环,以降低氮氧化物的排放量。

③蒸发排放控制系统的设计:将化油器浮子室中的汽油蒸气引入进气系统,而将油箱中的汽油蒸气引入储存系统,可大大减少污染物的排放。

3.3.2.5 汽车燃油的改用

(1)采用无铅汽油代替有铅汽油。无铅汽油是一种在提炼过程中没有添加四乙基铅作为抗爆添加剂的汽油,无铅汽油中只含有来源于原油的微量的铅,含量为0.01g/L。它的辛烷值为95,比现有其他级别含铅汽油的辛烷值(97)略低。使用无铅汽油能有效控制汽车废气中的有害物质,减少碳氢化合物、一氧化碳及氮氧化合物等污染。

(2)掺入添加剂,改变燃料成分。汽油中掺入15%以下的甲醇燃料,或者采用含10%水分的水—汽油燃料,都能在一定程度上减少或者消除碳氢化合物、一氧化碳及氮氧化合物和铅尘的污染。

(3)选用恰当的润滑添加剂——机械摩擦改进剂。在机油中添加一定量石墨、二硫化钼、聚四氟乙烯粉末等固体添加剂,加入到发动机的机油箱中,可节约发动机燃油5%左右。此外,采用上述固体润滑剂可使汽车发动机汽缸密封性能大大改善,汽缸压力增加,燃油燃烧完全。尾气排放中,一氧化碳和碳氢化合物含量随之下降,可减轻对大气环境的污染。

(4)采用绿色燃料同样可减少汽车尾气有毒气体排放量。

(5)采用多种燃料作为汽车燃料来源。汽车中可广泛使用新的配方汽油、电力、压缩的天然气体、太阳能以及生态燃料的蓄电池等。

(6)大力推广车用乙醇汽油。开发乙醇代替汽油,既节约能源,又可使汽车排出的有害汽体减少,是一项有利于保护环境和资源的措施。

3.3.2.6 改善汽车发动机工作状况

(1)减小喷油提前角。减小喷油提前角,可降低发动机工作的最高温度(1500℃),使NO_x的生成量减少。

(2)改善喷油器的质量,控制燃烧条件(燃比、燃烧温度、燃烧时间),可使燃料燃烧完全,从而可减少CO、HC和煤烟。

(3)调整喷油泵的供油量,可降低发动机的功率,使雾化的燃料有足够的氧气进行完全燃烧,从而也可以减少CO、HC和煤烟的生成。

4 汽车噪声的危害及检测

噪声环境包括:交通运输噪声、工厂设备生产运输噪声、建筑施工噪声以及生活噪声。随着机动车数量的增加,其在道路上行驶所产生的噪声已成为城市的主要噪声源,大约占75%

以上。机动车辆噪声的强度一般达 60～90dB,因此对人体和环境的危害很大,加之机动车噪声是流动性的,影响范围较大、干扰时间长。为了给人们创造良好的学习、工作和生活环境,尽量减少噪声的干扰和对人体的危害,应减少或控制机动车的噪声。因此,对机动车的噪声进行检测监控是很有必要的。

4.1 声学基本知识

4.1.1 声波

当物体振动时,会激励周围的空气产生周期性的压缩和膨胀,并逐渐向外传播,这一传播过程即为声波。液体和固体也能传播声波。当声波传播到人耳时,人就听到了声音。

人耳能听到的声频范围是 20～20000Hz,低于 20Hz 的声波称为次声波,高于 20000Hz 的声波称为超声波。

4.1.2 声压

在静止时,空气中存在着均匀的大气压强,当声波传播时,空气由于产生压缩和膨胀过程,使大气压强增加或降低,这一变化部分的压强,即总压强与静止时大气压强的差值称为声压,单位为帕(Pa)。

正常人耳朵在声波频率为 1000Hz 时能听到的最低声压为 2×10^{-5}Pa,人耳能承受的最高声压是 20Pa,最高声压与最低声压相差达 100 万倍。因此,用声压数值来表示声音的强弱极为不便,另外也不符合人耳对声音强弱变化的感觉。为此,建立了声压级的概念。

4.1.3 声压级

对声压与参考声压的比值取常用对数再乘以 20,并以分贝(dB)为单位,称为声压级。

$$声压级 = 20\lg\frac{声压}{参考声压} \quad (dB)$$

一般取参考声压为 2×10^{-5}Pa。

4.1.4 噪声

噪声是由各种不同频率和不同声压级的声音无规律的组合起来,形成声响较大、声色不悦耳,使人感觉不舒适、不喜欢或无好感的综合声音的总和。噪声并非单独的物理量,包含主观与心理上的一些因素。如声响很大的迪斯科乐曲,有人感觉是激情的音乐,也有人感觉是烦恼的噪声;身处寂静的深山,听到远处公路上的汽车喇叭声,不觉得是噪声,反而有舒服的感觉。

一些典型环境中的噪声级大致见表 3-2。

典型环境中的噪声级 表 3-2

声　　源	位　　置	声压级(dB)
飞机起飞时	机场跑道	130～140
汽车喇叭	2m	90～110
公共汽车内	人耳处	80～90
交通噪声	人行道	65～75
较安静的白天		40～50
静夜		30～40

4.2 汽车的噪声源及噪声的危害

噪声大小因汽车的类型不同而异,还与车辆的技术状况和车辆的使用情况有关。当汽车加速行驶、制动减速和在非良好路面上行驶时噪声较大。汽车产生的噪声主要来源于发动机、变速传动系统、底盘行驶系统及喇叭、蜂鸣器、车身振动等。

发动机是汽车的主要噪声源,其产生的噪声包括燃烧过程噪声、进气和排气噪声、发动机运动机构的机械噪声和风扇噪声等。

噪声对人的影响是一个很复杂的问题,不仅与噪声性质有关,而且还与每个人的生理状态以及社会生活等多方面的因素有关。经过长期研究证明,噪声的确危害人的健康,噪声级越高,危害性就越大,即便噪声级较低,如小于80dB(A)的噪声,虽然不致直接危害人的健康,但会影响和干扰人们的正常活动。就噪声对人的生理危害和心理影响而言,大致有下列几个方面:

(1)噪声会导致耳聋。噪声对人最直接的危害是对听觉器官的损伤。噪声对听力的影响与噪声的强度、频率及作用的时间有关,噪声强度越大、频率越高、作用时间越长,危害就越大,轻者可引起暂时性听阈偏移,重者可产生噪声性听力损伤乃至噪声性耳聋。

所谓暂时性听阈偏移,就是在强烈的噪声作用下,听觉皮质层器官的毛细胞受到暂时性的伤害,而引起听阈级的暂时性的偏移。离开噪声环境到比较安静的地方经过一段时间仍会恢复到原来的听阈状态。恢复时间的长短,因噪声的声级而不同。低声级噪声引起的暂时性听阈偏移恢复时间可以是几分钟,高声级噪声引起的暂时性听阈偏移则往往需要两三个星期。听阈偏移决定于噪声级、噪声特性、暴露时间以及各人对噪声的敏感性。听觉灵敏最大改变率是在3000Hz到6000Hz之间,低于和高于这一范围的频率改变得稍少一些。大量试验数据表明,强噪声环境下工作人员听阈最明显的偏移是在4000Hz左右。

噪声性耳聋通常按听力损失的分贝数分级,一般小于25dB时属于正常状况;大于25dB为轻度噪声性耳聋,听轻声谈话略有障碍;在40~45dB之间为中度噪声性耳聋,听正常谈话、听收音机等均感困难;在55~70dB之间属高度噪声性听力损伤,大声讲话也听不清楚;70dB以上为重度噪声性耳聋,此时已听不到谈话声音。

另外,特别高的噪声级还会引起人耳的外伤,高于130dB的声音不仅使听阈偏移不能恢复,甚至使耳膜击穿而出血,造成双耳完全失去听觉能力,所以对高于130dB的声音即使是暴露很短时间也应避免。

(2)噪声能引起各种疾病。强烈的噪声对人的生理刺激是诱发某些疾病的一个原因,除了特别强烈的噪声能引起精神失常、休克乃至危及生命外,由噪声诱发的疾病主要表现在神经、心脏、消化系统会产生一系列不良反应。对神经系统的影响主要表现为头晕、头胀、头痛、失眠、神经过敏、惊慌、记忆力下降、注意力不集中、神经衰弱;对心脏系统的影响,主要表现为心跳过速、高血压、冠心病等;对消化系统的影响主要表现在闻声呕吐、胃肠及消化功能紊乱等方面。

(3)噪声干扰谈话和通话。通常,人们正常谈话时的强度一般为60~70dB。若环境噪声高于谈话声,谈话就要被干扰,以致听不清对方谈话的意思。同样,打电话时的环境噪声在60dB时可以听清楚对方的意思,噪声超过70dB后就无法使用电话。在开会、讲课、听广播、看电视等与语言有关的活动中,45dB 以下的环境噪声对人影响很小,超过 65dB 就比较严重了。

(4)噪声对工作的影响。噪声对工作的影响是一个心理声学问题。噪声对工作的影响是广泛而复杂的,因影响因素很多,所以要想以一定指数或经济方法估计噪声对工作影响的程度是很不容易的。在噪声影响下,人们不容易集中精神于工作,尤其对脑力劳动者,常常由于噪声打断思路,反应迟钝,因而大大降低工作效率。对某些要求注意力高度集中的工种(如汽车驾驶员、文字校对者等),不仅影响工作进度,而且降低工作质量,容易出现差错和引起事故。

(5)噪声对人们正常生活的影响。人们的正常生活(休息、睡眠、社交活动等)需要一个比较安静的环境,这是不言而喻的。但是,在城市中由于建筑密集、道路狭窄、工厂与居民区混杂、交通繁忙等致使工厂噪声、交通噪声、日常生活噪声混杂在一起,使环境噪声达到相当高的数值。

我国 47 个城市噪声调查资料表明,白天平均声级为 59dB(A),夜间为 49dB(A),道路交通噪声绝大部分超过 70dB(A),平均达 74dB(A),城市人口 2/3 暴露在较高的噪声环境之下,城市居民有近 30% 在难以忍受的噪声环境下生活。

4.3 噪声的检测

4.3.1 声级计的结构和原理

声级计是用于测量汽车噪声级和喇叭声响最常用的仪器。常用的声级计有三类:普通声级计,如国产的 ST-1 型、丹麦 BK-2206、日本 NA-09 等;精密声级计,如国产的 ND2 型、DSY-25、丹麦 BK-2203、日本 NA-56 等;脉冲噪声精密声级计,如丹麦 BK-2209、日本 NA-57等。声级计是能用话筒把声音信号转变为电信号,再把电信号经放大处理后,由仪表把噪声级指示出来的仪器。

声级计的结构形式虽因制造厂家不同而异,但其主要部分却大致相同,都是由压力型传感器、放大器、计权网络、有效值检波电路、指示仪表等组成。如图 3-16 所示即为声级计原理方框图。

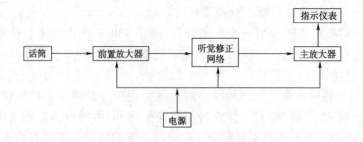

图 3-16 声级计原理方框图

图 3-17 为国产 ND2 型精密声级计外形图。声级计由传声器、放大器、衰减器、计权网络、检波器、指示表头和电源等组成。

(1)传声器:又称话筒,是把声压信号转变为电压信号的装置,有电容式传声器、动圈式传声器、压电式传声器等几种,电容式传声器应用较为广泛。

图 3-18 为电容式传声器结构示意图。金属膜片和金属极板距离很近,构成了一个平行板式

电容器。膜片受声压作用而振动,与极板之间发生距离变化,电容量亦发生变化,从而把声压信号转变为电信号。

(2)放大器:即放大电路,把传声器产生的微弱电压信号放大,以满足指示仪表的需要,电容式声级计中一般有前置放大器、中间放大器和输出放大器三部分。

(3)衰减器:衰减器的作用是调整输入信号或放大器输出信号的幅度,使指示仪表上获得适当的指示值。放大器的输出级和输入级分开设置是为了按噪声级大小相应地提高信号/噪声比(S/N)。输入衰减器和输出衰减器是用来改变输入信号的衰减量和输出信号的衰减量的,以便使表头指针指在适当的位置,其每一挡的衰减量为10dB。

(4)计权网络:计权网络是指模拟人耳对不同强度和频率声音的反应而设计的电子滤波线路。它能够模拟人耳的听觉特性,把声压电信号修正为听觉近似值。通过计权网络测得的声压级,已不再是客观物理量的声压级(线性声压级),而是经过听觉修正的声压级,称计权声级或噪声级。

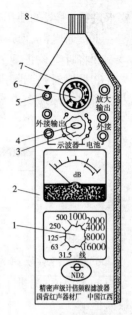

图 3-17 国产 ND2 型精密声级计外形图
1-滤波器开关;2-电池盖板(背面);3-计权网络开关;4-长六边形开关;5-校正电位器;6-透明旋钮(输出衰减器);7-黑色旋钮(输入衰减器);8-电容传声器

计权网络一般有 A、B、C 三种。A 计权声级是模拟人耳对 55dB 以下低强度噪声的频率特性;B 计权声级是模拟 55dB 到 85dB 的中等强度噪声的频率特性;C 计权声级是模拟高强度噪声的频率特性。三者的主要差别是对噪声低频成分的衰减程度,A 衰减最多,B 次之,C 最少。A 计权声级由于其特性曲线接近人耳的听觉特性,因此是目前世界上噪声测量中应用最广泛的一种。

从声级计上得出的噪声级读数,必须注明测量条件,如单位为 dB,且使用的是 A 计权网络,则应记为 dB(A)。

图 3-18 电容式传声器结构示意图

(5)检波器和指示表头:检波器即检波电路,把传声器输出的迅速变化的电压信号转变为变化较慢的直流电压信号,并经一定的处理后在表头上显示出来。为使声音随时间变动与人耳的听觉基本一致,声级计表头还设置了"快"、"慢"两挡,"快"挡时间常数为0.125s,接近于人耳听觉,适用于进行稳态噪声测量;"慢"挡时间常数为1s,适用于波动较大时的噪声测量。

声级计表头有数字式和指针式。数字式表头直接显示噪声级值,指针式表头显示出的数字(如+5)应加上衰减器挡位数字(如80)才是测量出的噪声级。

(6)电源:声级计的电源一般采用直流和交流两种方式。小型声级计,为便于携带,都采用内装电池的直流电源。

(7)校准信号源:声级计在应用时必须进行校准。通常使用活塞发声器的固定声压作为校准声源(如 1000Hz-94dB 的活塞发声器),如图 3-19 所示。

4.3.2 声级计的使用方法

(1)测试准备,由于声级计的品种、形式等不同,因此,使用时必须根据仪器使用说明书的

要求进行,一般的使用方法如下:
①接通电源,使声级计预热5min以上,检查电源电压正常后用活塞发声器校准。
②将听觉校正开关(计权挡)拨到所要测量的位置。
③根据对被测噪声级的估计值,预先选定量程。
④测定环境噪声。

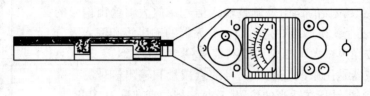

图3-19 声级计校准用信号发声器

(2)测试:
①测定行驶噪声和排气噪声、喇叭声音时,将计权网络开关置于(A)挡,采用"快挡"读取噪声的平均值;测量车内噪声频谱时,应将计权网络开关置于(C)挡,采用"慢挡"读取噪声的最大值。
②当被测定噪声于环境噪声的差值不足10dB时,应进行校正计算。
③检测完毕,切断电源。

(3)注意事项:
①检测时要注意仪表量程的选择应由高到低,切忌指针超出刻度线以外。
②避免在本底噪声大的场所检测。一般要求本底噪声应低于被测噪声10dB。
③注意避免声级计受反射音、大风和电磁波的影响。
④避免声级计受振动和冲击,注意防潮和避免阳光直射。
⑤传声器及其引线是和音量指示部分配套的,不能与其他声级计交换使用。如果损坏需要更换时,必须经过校准。
⑥电池式声级计在不使用期间,应卸下干电池。

4.3.3 汽车噪声检测

汽车噪声的检测,根据GB 7258—2012《机动车运行安全技术条件》规定,应按照国家标准GB 1495—2002《汽车加速行驶车外噪声限值及测量方法》,GB 4569—2005《摩托车和轻便摩托车 定置噪声限值及测量方法》的规定进行。

(1)车外噪声的测量方法。检测车外噪声的测量场地及测点位置如图3-20所示。测试话筒位于20m跑道中心点O两侧,各距中心线7.5m,距地面高度1.2m,用三角架固定,话筒平行于路面,其轴线垂直于车辆行驶方向。

车外噪声的测量可在车辆加速或匀速行驶时进行。

加速行驶车外噪声测量方法:
①车辆须按下列规定条件稳定地到达始端线。
行驶挡位:前进挡为4挡以上的车辆用第3挡;前进

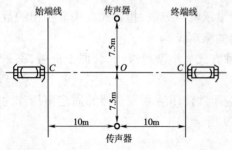

图3-20 车外噪声的测量场地及测点位置

挡为4挡以下的用第2挡。

发动机转速：转速为发动机标定转速的3/4。如果此时车速超过了50km/h，则车辆应以50km/h的车速稳定地到达始端线。

②从车辆到达始端线开始，立即将加速踏板踩到底或节气门全开，直线加速行驶。当车辆后端到达终端线时，立即停止加速。

③按规定使用声级计，读取车辆行驶时的声级计表头最大读数。

④同样的测量往返各进行一次。车辆同侧两次测量结果之差不应大于2dB，取每侧两次声级的平均值中最大值作为被测车辆的最大噪声级，若只用一个声级计测量，同样的测量应进行四次，每侧测量两次。

匀速行驶车外噪声测量方法：

①车辆用常用挡位，加速踏板保持稳定，以50km/h的车速匀速通过测量区域。

②声级计用A计权网络"快"挡进行测量，读取车辆驶过时声级计表头的最大读数。

③同样的测量往返各进行一次，车辆同侧两次测量结果之差不应大于2dB。四次测量值的平均值即为该车的匀速车外噪声。

（2）车内噪声的测量方法。车内噪声测量时，测量跑道应有足够试验需要的长度，应是平直、干燥的沥青路面或混凝土路面，风速（指相对于地面）应不大于3m/s，测量时车辆门窗应关闭，车内带有的其他辅助设备是噪声源的，是否开动，应按正常使用情况而定。车内本底噪声比所测车内噪声至少低10dB(A)，并保证车辆在测量过程中不被其他声源所干扰。车内除驾驶员和测量人员外，不应有其他人员。

测量车内噪声时，测点位置通常在人耳附近，话筒朝车辆前进方向；驾驶室内噪声测点位置如图3-21所示；客车车内噪声测点可选在车厢中部及最后排座位的中间位置，话筒高度如图3-21所示。

测量时，车辆以常用挡位50km/h以上不同车速匀速行驶，分别进行测量，读取表头指针最大读数的平均值。

（3）喇叭噪声的检测。城市用机动车喇叭噪声级在距车前2m，离地面高度1.2m处测量，读取声级计表头最大读数。测点如图3-22所示。

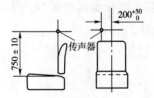

图3-21 驾驶室内噪声测点
位置（单位：mm）

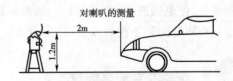

图3-22 喇叭声级测点位置

城市用机动车辆喇叭声级的检测，应注意排除其他声源峰值的干扰影响。测量次数应在二次以上，并监听喇叭声音是否悦耳。

4.3.4 汽车噪声检测标准

为了有效地控制汽车噪声，根据我国的具体情况并参照国外有关标准，在GB 7258—2012《机动车运行安全技术条件》中，对机动车的噪声控制做了规定。

5 汽车电波公害

在汽车电气设备中,有很多导线、线圈等电气元件,它们具有不同的电容和电感。而任何一个具有电感、电容的闭合回路都会形成振荡。因此,在汽车电气设备中有很多振荡回路。当火花放电时,就会产生高频振荡并以电磁波的形式放射到空中,切割无线电或电视天线,从而引起干扰。在汽车的电气设备中,点火系的干扰最为严重。此外,还有发电机、调节器以及灯开关等。

当汽车上的电气设备工作时,经常发出无线电电波,其作用半径可达几百米,使汽车上的收音机产生杂音或失真并干扰无线电通信,使其无法正常工作。附近的收音机、电视机甚至也受到影响。

汽车电波公害尚没有像汽车排出的废气和噪声公害对人们生活环境造成那么严重的影响,所以,关于汽车对电视和无线电通信等的电波干扰,我国目前尚未纳入规范和标准要求。

目前通常采用的防无线电干扰装置有以下几种:

5.1 加装阻尼电阻

在汽车的点火装置的高压电路中适当串入阻尼电阻或采用特制高压阻尼导线,以削弱电火花产生的高频振荡放电。国产东风 EQ1090 型汽车就装用了特制的高压阻尼导线。

5.2 加装电容器

在汽车电气中凡是产生火花的部件上并联适当容量的电容器,以便吸收火花能量,减弱高频振荡电磁波的发射。如发电机的"电枢"接柱与搭铁之间,以及调节器"电池"与搭铁之间并联 $0.2 \sim 0.8 \mu F$ 的电容器,在水温表、油压表传感器的触点处并联一个 $0.1 \sim 0.2 \mu F$ 的电容器等。

5.3 加装屏蔽遮掩

在容易产生火花的电器外,用金属网遮掩起来。导线也用密织的金属网或金属套管套起来,并将金属网搭铁。这样就使这些电器因火花而发射的电磁波在金属屏蔽内产生寄生电流变成热能消失,使电磁波不能发射出去,从而起到防干扰作用。

为了获得更好的防干扰效果,往往多种方法综合使用。

思考与练习

一、选择题

1.汽车污染物,主要有(   )等。

  A. H_2O、O_2、H_2、CO_2、CO、HC 化合物、NO_x、SO_2、微粒物质等

  B. H_2O、O_2、H_2、SO_2、浮游微粒物质等

  C. CO、CO_2、HC 化合物、NO_x、SO_2、浮游微粒物质等

D. CO、HC 化合物等
2. 影响汽车污染物排放量的因素有结构因素和(　　)因素。
   A. 使用　　　　B. 操纵　　　　C. 技术　　　　D. 发动机类型
3. CO、HC 综合测试仪是由(　　)个装置组成。
   A. 2　　　　　B. 3　　　　　C. 4　　　　　D. 5
4. A 计权声级是模拟人耳对(　　)dB 以下低强度噪声的频率特性。
   A. 25　　　　　B. 35　　　　　C. 45　　　　　D. 55
5. 客车车内最大噪声级不大于(　　)dB。
   A. 62　　　　　B. 72　　　　　C. 82　　　　　D. 92
6. 城市用机动车喇叭声级在距车前(　　)m,离地面高(　　)m 处应为 90～115dB。
   A. 1;1.2　　　B. 2;1.2　　　C. 1;1.5　　　D. 2;1.5

二、判断题(正确画 √,错误画 ×)

1. 碳氢化合物是发动机中未完全燃烧的燃料分解后产生的气体,有 100 多种各类烃化合物。(　　)
2. NO_2 是一种棕色的有毒气体。(　　)
3. 空燃比越小,空气越充足,易完全燃烧,CO 减少。(　　)
4. 校准的标准值 = 标准气样(丙烷)浓度 ÷ 调换算系数。(　　)
5. 废气采样探头插入汽车排气管内深度应大于 200mm。(　　)
6. 排气再循环(EGR)系统是用于降低 CO、HC 和 NO_x 排放的一种有效措施。(　　)
7. 人耳能听到的声频范围是 20～20000Hz。(　　)

三、简答题

1. 什么是汽车污染物?
2. 汽车各种污染物产生的原因是什么?
3. 什么是光化学烟雾?
4. 什么是怠速法和自由加速法?
5. 汽车的主要噪声源有哪些?
6. 什么是计权网络?
7. 排气管排出的蓝烟是如何产生的?
8. 汽油机混合气过浓会导致废气中哪一种有害物质的含量增加?
9. 噪声能引起哪些疾病?
10. 声级计中常用的传声器有哪几种形式?
11. 汽车电器对防无线电干扰采取了哪几种措施?

四、案例分析

根据对汽车排放污染物(或汽车噪声)的检测结果提出治理方案。从同学所作的方案中选择两个以上方案进行对比、讨论、分析,确定最佳方案,使同学掌握汽车排放污染物(或汽车噪声)的治理方法(建议采用小组讨论的方法进行,在条件许可的情况下实施治理方案,并比较治理前后的污染情况,验证治理方案的有效性)。

单元四　汽车运行安全

学习目标

知识目标
1. 简述道路交通管理的法规和机动车运行安全技术条件；
2. 简述汽车安全行驶的基本要求；
3. 简述车辆日常维护和汽车在高速公路上安全行驶的要求。

能力目标
1. 能根据本地区的条件及具体车型提出汽车安全使用与管理的实施方案；
2. 根据汽车日常维护提出的要求对车辆进行检查。

1　概　　述

　　交通运输是国家经济、国防建设的生命线，而汽车运输又以其特有的优越性得到大力发展。汽车自诞生以来的100多年间，为人类发展生产、改造环境、建设物质文明起到重要作用。但随着汽车的发展和普及，因车祸造成的人员伤亡数越来越大。因此如何安全地使用车辆是我们必须研究和重视的问题。

　　交通事故是行人、车辆在道路上行进时，因违反交通法规或其他原因发生人身伤亡和车物损失的事件。凡车辆在道路上行驶或停放过程中发生碰撞、碾轧、刮擦、翻车、失火、爆炸等情况，造成人员或牲畜伤亡、物资损失事件都称为交通事故。道路交通事故按事故造成的后果分为轻微事故、一般事故、重大事故和特大事故四类。

1.1　国内外道路交通安全简况

　　在现代社会没有任何发明像汽车那样集全人类宠爱和憎恨于一身。现代人类社会的政治、经济及生活等活动无不与汽车发生联系，现代交通涉及人类日常生活的各个方面，为人类社会进步提供了强有力的基础保障，它在整个国家的政治和经济生活中更占有举足轻重的地位。但是，随着交通日新月异的发展，汽车在给人类以舒适和便捷等正面效应的同时，也带来了交通事故等负面效应。战争造成的生命财产损失有时间性和地域性，而交通事故则是一场永不休止的全球战争。无论何时何地，只要人参与交通，就存在涉及交通事故的危险性。汽车诞生后的1899年，世界上第一起汽车交通事故发生在美国，轧死了一位叫蓓雷斯的妇女。在此以后，随着汽车工业和汽车运输的迅速发展，全球范围内的道路交通事故和伤亡人数大幅度上升。统计资料表明,自汽车诞生到现在,全世界已有近4000万人死于交通事故,这个数字是第一次世界大战死亡人数的两倍多,已经超过第二次世界大战死亡的人数(第一次世界大战约死亡1700万人,第二次世界大战死亡3760万人)。道路交通事故已成为涉及千家万户乃至每个人生命财产安全的日益严重的社会问题。据世界卫生组织统计,1998年全世界死于道路交通事故的超过117万人,地球上平均每15s就有1人死于交通事故。据估算许多国家因道路交通事故造成的经济损失约为GDP的1%,经济合作和发展组织国家因道路交通事故造成的经济损失约占GDP的2%。

从美国的情况来看,到1906年因道路交通事故而死亡的人数是400人,1910年为1900人,比1906年翻了两番多;到1915年死亡6600人,比1910年又翻了近两番;到1920年已经年死亡人数12500人,它比1915年又翻了一番。从1906年至1920年的25年中,交通事故死亡人数总共翻了五番。在后续多年汽车发展过程中,汽车交通事故也不断增加,在最高时因交通事故年死亡人数超过了5万人。日本在1970年因交通事故的死亡人数达到16765人。世界其他发达国家的情况基本相似,尤其在机动化前期,随着汽车数量的不断增加,交通事故基本都是越来越严重。全世界每年因道路交通事故重伤住院的高达500万人,受伤人数超过3000万人。

我国目前的道路交通安全现状不容乐观,是道路交通事故死亡人数最多的国家之一。2001年,全国公安交通管理机关共受理道路交通事故7.5万起,造成10.6万人死亡,38万人受伤,直接经济损失达30.9亿元,交通事故死亡人数首次突破10万,列世界第一位;2003年,我国发生道路交通事故66.75万起,死亡10.4万人,受伤49.4万人,直接经济损失33.69亿元;2009年,全国共发生道路交通事故23.8万起,造成67759人死亡、275125人受伤、直接财产损失9.1亿元,与2008年同期相比,分别下降10.1%、7.8%、9.8%和10.7%。

1.2 保障交通安全的途径

"现代社会的第一公害"交通事故是一种偶然发生的事件,似乎是不可避免的,然而一切事故都有其产生的原因。经过统计分析我们可以找到交通事故的规律性及从偶然性中找必然性。通过对大量的、多年的、种种类型的交通事故进行统计、分析,可以得出有针对性地采取有效预防措施,大幅度减少交通事故的发生。

产生交通事故的原因,属于驾驶员方面的,有性别、年龄、技能、气质、心理生理状况、情绪、疲劳、酗酒、受外界干扰等因素;属于道路环境方面的,有道路线形、交叉口类型及控制类型等因素。对交通事故原因的分析发现,大约90%的交通事故与驾驶员的错误行为有关,道路环境因素引起的事故大约为35%,车辆故障引起的事故约为10%,这些百分数的和大于100%,说明50%以上的交通事故是由两个以上原因造成的。

道路交通系统由人、车、道路环境三要素组成,该系统的工作实质是完成客货安全、迅速移动的过程。因此保障道路交通安全,务必以道路交通系统为前提,以交通法规为依据,以管理为手段。管理中包括了管理队伍素质,管理体制、机构以及现代管理的方法和手段等。目前各国政府均根据本国情况采取了一系列整治措施,从主动和被动两个方面对汽车交通事故采取对策,其中汽车的安全使用是最重要的措施之一。因此,为了减少交通事故出现的次数、减少交通事故的后果、提高交通安全,着重从立法管理、交通安全教育和工程措施三方面着手,加强汽车安全使用与管理就显得至关重要。

1.2.1 交通立法

管理的基础是以法规为依据。道路交通系统的安全,既涉及静态交通的道路以及有关环境设施,也涉及人和车辆的动态参与,还涉及社会、政治、经济的结构。所以,道路交通安全保障体系是一个有机整体,其中每个要素或环节都与整个系统的安全密切相关,而整个系统的安全又依靠各个要素与环节的保证。

交通立法是对交通实行法制管理,这对保证交通安全,正确处理交通参与者之间的关系很重要。在国际上交通法规包括:以交通安全系统为主的交通安全法;以道路管理为主的道路法;以停车场管理为主的停车法;以车辆检验与管理为主的车辆检验法;以交通运输为主的道路运输法。交通法规是交通参与者的行动指南,是国家(地区)的交通政策。

1.2.2 交通安全教育

目前,我国道路交通普遍存在违章多、秩序乱、交通事故突出等问题。其中,交通违章直接导致交通秩序的混乱,具有导致事故发生的可能和趋势。据统计,交通事故的90%以上是由于驾驶员、行人、非机动车驾驶者、车属单位的有关人员不遵守《中华人民共和国道路交通安全法》和有关安全制度而造成的。保障道路交通安全、预防交通事故、减少或取缔交通违章的有效措施是加强交通安全的宣传教育工作,在现行经济基础条件下提高汽车安全使用技术和国民素质显得尤为重要。只有切实抓好交通安全的宣传教育工作,提高广大群众的交通安全意识,使得人人关心交通安全,了解和自觉遵守《中华人民共和国道路交通安全法》,自觉维护交通秩序,提高交通安全意识,才有可能从根本上保障道路交通安全。

交通安全宣传教育以保障交通安全和畅通为目的,以交通法、有关的规定和交通安全知识为主要内容,通过依靠行政手段和社会力量,以各种形式和方法,向交通参与者进行的宣传教育;是改变人们传统的、落后的交通习惯,增强交通安全意识和社会主义法制观念,培养良好的社会公德和社会主义精神文明的一项长期的艰巨任务。

(1)对机动车驾驶员的安全教育。虽然我国高速公路的通车里程现在已居世界第二位,但仍有大部分道路还是混合式交通,加之道路交通设施落后,交通管理水平低,车辆本身安全性差,从多年交通事故发生情况的统计来看,综合安全技术水平比发达国家低得多。且在今后相当一段时间内,由于我国经济基础的局限性,要全面改善交通基础设施还有一定困难,而汽车的保有量仍将会大幅度增加。所以,从战略意义上讲,进一步提高驾驶员整体水平和汽车安全技术状况,对减少道路交通事故的发生具有重要的现实意义,也会收到事半功倍之效。

安全技术知识教育:

①车辆结构与性能知识。该知识包括车辆一般结构知识,重点是车辆制动、转向性能与安全行车的关系。驾驶员应掌握在任何情况下如何正确制动车辆。

②车辆安全行驶知识。该知识包括超车、会车、通过交叉口、复杂道路条件下行车、装载、停车、防火等安全知识。

③车辆维护。车辆维护包括日常维护、运行维护,特别是对涉及安全机件的检查知识。

④交通事故的基础知识。

职业道德教育:

职业道德是指一定职业的人,在本职工作中应遵守的行为规范。职业道德是社会道德的主要方面,它包括对职业的认识、职业感情、职业理想和职业习惯等具体内容。驾驶员职业道德表现为自觉遵守《中华人民共和国道路交通安全法》、礼貌相让、关心客货安全、爱护车辆和文明行车等方面。

针对性教育:

针对性教育是指在对驾驶员进行普遍性教育之外,针对部分驾驶员的重点教育。

①针对"多事故"或处于"多事故期"的驾驶员进行教育。交通事故与驾驶员的驾车年限有一定关系。统计数字表明,驾车经历在三年以下的驾驶员其事故率相对高于三年以上者。这里有技术经验方面的原因,但也有心理因素的影响。某运输单位发现,新驾驶员在驾车开始的2~3年里发生事故的情况最多,所以称这一时期为驾驶员的"多事故期"。另外,研究发现,一段时期的事故,往往集中在少数驾驶员身上。例如美国加州对30000名驾驶员进行调查发现,有36%的事故集中在其中4%的驾驶员上,这些少数驾驶员称为"多事故"驾驶员。

②针对违章受处分驾驶员进行教育。驾驶员严重违章除给予适当处分外,还应及时对其进行安全教育,采取一定形式组织违章驾驶员学习有关的交通法规。

(2)对骑自行车者的安全教育。我国素有"自行车王国"之称,自行车是我国城乡人民最普遍的交通工具。据轻工总会统计,目前,我国自行车的拥有量约为4.7亿辆,骑自行车的人约有4.5亿人。可见自行车拥有量大和自行车事故多是我国城镇交通的一大特点。预防自行车事故的宣传工作是我国交通安全宣传的重点(因为机动车与自行车碰撞事故比例最大)。通过对城市骑自行车者违章的初步调查表明,其中绝大多数人是明知故犯,真正不了解骑车规则而违章的人极少。因此,对骑自行车者的教育,应强调违章骑车的危险性,提高公民道德和法制观念。

(3)对行人的安全教育。与发达国家相比,我国行人遵守《中华人民共和国道路交通安全法》的观念较为淡薄,行人无视交通信号,随意横穿道路的现象不但在中、小城市随处可见,即便是一些交通管制较严的大城市也屡见不鲜。我国城市行人的数量和构成均与国外有较大差异。首先是行人数量大,一般城市的人行道面积相对不足;其次是行人构成复杂,我国行人构成中,职业、文化程度差别较大。因此,对行人的安全宣传教育亟待加强,应广泛深入地对社会成员进行《中华人民共和国道路交通安全法》的有关规定和交通安全常识教育。让行人了解横过道路的正确方法和规则及乘车和躲让机动车的安全常识等。

交通安全教育包括学校教育与社会教育两种。1920—1925年,美国在中小学试行了交通安全教育。试验证明,受过交通安全教育的中小学生的事故率明显下降。继之对驾驶员和成人进行交通安全教育。日本自1961年开始,开展全国性交通安全运动,每年春秋两季各举行一次。我国常采用交通安全宣传、交通安全月、驾驶员定期必须参加交通安全学习等方式进行交通安全教育。为收到良好效果,应注意针对性、科普性,并要有专门机构负责交通安全教育工作。

1.2.3 工程措施

工程措施是指增加道路密度、改进道路设计、提高道路等级和质量,科学地建全交通标志和道路交通标线、安装交通信号等措施。

2 道路交通管理法规

2.1 交通法规

交通法规属于法律的范畴。我国的法律体系大体上可分为下列各类：宪法；刑法；民法；经济法；行政法；劳动法；环保法；婚姻法；诉讼法；军事法等。交通法规属于国家行政法规（由国家行政机关制定颁布的有关国家行政法规）。它是中央和地方政府及职能部门颁布的，限制人的各种有碍于交通的行为，维护社会正常的交通秩序，保障道路畅通、交通安全，裁定交通违章与交通事故责任的一系列行政法规的总称。

交通法规的内容通常包括：交通信号、标志、标线的规定，对车辆和道路的使用、车辆结构的安全性能、道路上的安全设施、车辆驾驶员、自行车交通及行人交通等各方面的规定以及对交通违章、交通事故处理的规定等。

随着车辆、道路和交通管理科学的发展，交通法规的内容也应随之修改、增删，使其更加完善，以适应交通发展的需要。

2.2 发挥交通法规的作用

交通法规的作用，是约束所有交通参与者或每个社会成员的交通行为，协调、统一各种交通矛盾。这是因为交通法规的内容反映了道路交通的基本规律，反映了人、车、路环境的内在联系。它能够实现对行人、车辆的统一指挥；能够合理地利用现有道路，减少行人、自行车、机动车之间的相互干扰，也就是能够实现对道路交通的科学管理。具体地说，交通法规的作用是：

①它是人们使用道路（包括行车、走路、占路、掘路，以及在道路上空或附近进行作业）的行为规范；

②它是实施交通管理的法律依据；

③它是制裁交通违章，裁定交通事故责任的法律准绳；

④它是维护道路交通秩序，保障道路交通畅通、安全的有力工具。

2.3 我国交通运输法规的分类

我国的交通运输法规主要由三大类组成。一是关于道路管理的法律规定；二是关于驾驶员和车辆管理的法律规定；三是关于运输活动及其安全管理的法律规定。

2.4 《中华人民共和国道路交通安全法》简介

2.4.1 《中华人民共和国道路交通安全法》概况

《中华人民共和国道路交通安全法》是在《中华人民共和国道路交通管理条例》的基础上进行修改，经 2003 年 10 月 28 日第十届全国人民代表大会常务委员会第五次会议通过，自 2004 年 5 月 1 日起施行。根据 2007 年 12 月 29 日第十届全国人民代表大会常务委员会第三十一次会议《关于修改〈中华人民共和国道路交通安全法〉的决定》进行第一次修正；根据

2011年4月22日第十一届全国人民代表大会常务委员会第二十次会议《关于修改〈中华人民共和国道路交通安全法〉的决定》进行第二次修正,并自2011年5月1日起施行。《中华人民共和国道路交通安全法》共分八章一百二十四条。

《中华人民共和国道路交通安全法》的颁布和实施,是为了维护道路交通安全秩序,预防和减少交通事故,保护人身安全,保护公民、法人和其他组织的财产安全及其他合法权益,提高通行效率。

2.4.2 《中华人民共和国道路交通安全法》的基本特点

《中华人民共和国道路交通安全法》从我国道路交通的实际出发,在总结历史经验和借鉴国外一些发达国家的成功做法的基础上,对道路交通活动中交通参与人的权利义务关系进行了全面规范,主要有以下基本特点:

(1)以保护交通参与人的合法权益为核心,突出保障交通安全,追求提高通行效率。从立法的指导思想、立法目的以及内容上都体现了本法的这一精髓:一是,坚持以人为本,预防和减少交通事故,保护交通参与人的合法权益;二是,提高通行效率,保障道路交通的有序、畅通。

(2)坚持道路交通统一管理。明确政府及其相关部门在道路交通中的管理职责,明确提出政府应当保障道路交通安全管理工作与经济建设和社会发展相适应,同时又具体地规定政府应当制定道路交通安全管理规划,并组织实施。

(3)交通安全宣传教育上升为法律规定。明确规定政府以及公安机关交通管理部门,机关、部队、企事业单位、社会团体等单位,教育行政部门、学校、新闻、出版、广播、电视等媒体的交通安全教育义务。这符合我国道路交通事业发展的内在要求,符合现代交通管理工作的特点。

(4)倡导科学管理道路交通。改革开放以来,道路交通发生了深刻变化,随着社会的发展进步,尤其是随着高科技手段在社会各个领域的广泛应用,强化科技意识,运用科学技术,不断提高交通管理工作的科学化、现代化水平,已经成为未来道路交通发展的方向。因此,本法中明确规定提倡加强科学研究,推广、使用先进的管理方法、技术和设备。

(5)通过设立机动车登记制度、检验制度、报废制度、保险制度、交通事故社会救助制度、机动车驾驶许可制度、累积记分制度等来进一步规范交通管理行为,从法律制度上保障道路交通安全、畅通的实现。

(6)按照以人为本的精神,在通行规范中重点规定了有助于培养规则意识、保护行人的通行规定;在交通事故处理方面,对快速处理、自行协商解决、重点保护行人、非机动车驾驶人权益等内容作了重大改革。

(7)明确规定了规范执法的监督保障体系。从组织建设、职权、执法程序、禁止性条款、监督、处罚和处分等方面作了系统规定,以解决社会和群众普遍关心的乱扣、乱罚问题。强化执法监督,将司法监督、社会公众监督、舆论监督等融入对交通管理执法的监督之中。

(8)强化职能转变,退出一些事务性、收费性、审批性的工作事项。严禁公安机关交通管理部门及其交通警察举办或者参与举办驾驶学校或者驾驶培训班、机动车修理厂或者停车场等经营活动。

(9)体现处罚相当的法律责任追究原则。统一规定了处罚的种类,强制措施的适用范围。

对酒后驾车、超载、超速、无证驾驶和违章等严重影响交通安全的行为,规定了较为严厉的处罚。

2.4.3 《中华人民共和国道路交通安全法》对机动车辆登记和检验的规定

《中华人民共和国道路交通安全法》从管住重点、方便群众出发,区别不同情况,最大限度地方便车主办理登记和检验:

(1)申请机动车登记的证明、凭证法定化。即只需要提交《中华人民共和国道路交通安全法》规定的四类证明、凭证,除此之外只有法律、行政法现才能规定须另提交的其他证明、凭证。地方性法规、自治条例和条例、规章和规范性文件不得再附加其他条件,增加人民群众的负担。

(2)公开办理机动车登记的条件、程序和期限,对符合本法规定条件的,应当在申请之日起5个工作日内完成登记审查工作。对符合规定条件的,发给机动车登记证书、号牌和行驶证;不符合登记条件的,应当说明不予登记的理由。

(3)对新车经国家机动车产品主管部门认定,获得检验合格证的,免予登记时进行安全技术检验。

(4)对登记后的机动车根据车辆用途、载客载货数量、使用年限等不同情况,规定不同的检验周期。

(5)对登记后的机动车进行定期安全技术检验时,除要求提供机动车行驶证和第三者责任强制保险单外,不得再附加任何条件,如机动车泊位证明。

(6)实行社会化机动车安全技术检验的地方,任何单位不得要求机动车到指定的场所进行检验。

(7)公安机关交通管理部门、机动车安全技术检验机构不得要求机动车到指定的场所进行维修、保养。

(8)机动车安全技术检验机构对机动车检验收取费用,应当严格执行国务院价格主管部门核定的收费标准。

2.4.4 《中华人民共和国道路交通安全法》对电动自行车的规定

电动自行车作为一种新型的交通工具,此前没有相关的法律、法规规定。《中华人民共和国道路交通安全法》将电动自行车归类为非机动车,解决了电动自行车的属性问题。同时,考虑到地区特点,没有一刀切,而是赋予省、自治区、直辖市人民政府本着实事求是的原则,充分考虑当地的实际情况,如:地形特点,交通规划、道路网状况、交通安全设施、经济效益、非机动车拥有量、市场需求、环境保护、管理等多方面条件,自行决定是否允许给电动自行车登记。

2.4.5 《中华人民共和国道路交通安全法》对道路交通通行的规定

道路交通通行规范是对公民、法人和其他组织参与道路交通的主要行为准则。《中华人民共和国道路交通安全法》对通行的基本原则和主要规范作出了规定,有利于保证规则统一和执法统一。

(1)将右侧通行、各行其道、按交通信号通行、优先通行作为通行的基本原则,有利于科学组织交通,优化道路交通秩序,维护道路交通安全。

(2)写明保证专用车道的使用和通行优先,有利于公共交通的发展,尽快形成以大容量的公共汽车为主,其他车辆为辅的交通结构,增加道路的通行能力。

(3) 规范遇交通阻塞时的通行行为,即机动车遇有交通阻塞时,应当依次在本车道内停车等候。在车道减少的路段、路口,或者在没有交通信号灯、标志标线的交叉路口遇有停车排队等候或者缓慢行驶时,机动车应当依次交替通行,有利于缓解交通堵塞。

(4) 对行人通行安全予以保护,强调机动车行经人行横道时,应当减速行驶;遇有行人通过时,停车让行,着重体现以人为本的精神。

2.4.6 《中华人民共和国道路交通安全法》对保护行人的规定

为了保证人的健康权、生命权,保障良好的交通秩序,本法特别从通行权利的分配上充分保护行人的生命安全。一是,赋予了行人在人行横道上的绝对优先权,规定机动车行经人行横道,应当减速行驶,遇行人通行,必须停车让行;二是,保护无交通信号情况下的行人横过道路权,规定在没有交通信号的道路上,机动车要主动避让行人。这些规定有利于让机动车驾驶人防止因疏忽大意、采取措施不当而发生交通事故,同时也与国际上通行的规定一致,是一个重大的进步。

3 机动车运行安全技术条件

3.1 《机动车运行安全技术条件》概况

《机动车运行安全技术条件》(GB 7258—2012)是车辆安全技术管理的最基本的技术性规定,是我国有关机动车辆运行安全方面的技术标准。标准适用于在我国道路上行驶的所有机动车(轨道上运行的车辆除外);是机动车辆管理部门新车注册检查、在用车检查、事故车检查的技术依据,是车辆安全技术管理的最基本的技术性法规,是国家强制性标准。该标准的实施对于机动车辆的安全运行,减少道路交通事故,提高运输效益会起到重要作用。

《机动车运行安全技术条件》由范围、引用标准、术语和定义、整车、发动机、转向系、制动系、照明信号装置和其他电气设备、行驶系、传动系、车身、安全防护装置、特种车的附加要求、机动车环保要求等十四个部分组成。

3.2 《机动车运行安全技术条件》的基本要求

行驶的汽车必须具有良好的安全性。汽车行驶的安全性是指其本身应具有防止和减少道路交通事故的性能,如制动性、行驶稳定性、操纵性等。发生事故后,汽车本身还应具有减轻人员受伤和货物受损的性能,即被动安全性。使用中,汽车技术状况变坏,汽车的行驶安全性下降,是导致交通事故的重要原因。在汽车技术状况中,以转向系、制动系的技术状况对运行安全的影响最大,此外,照明与信号装置、行驶系及车身等对运行安全均有影响。

为保证车辆安全行驶、运行可靠,车辆必须符合国家关于《机动车运行安全技术条件》(GB 7258—2012)的规定。车辆外观整洁、装备齐全、紧固可靠、部件完好,具有正常的技术性能。

3.2.1 整车条件

(1) 车辆标志。在验车时,车辆管理部门需检查并登录车辆的商标或厂标、型号标记、发动机功率、车辆的总质量、载质量、发动机及整车出厂编号等。对于运行车辆要核对车辆的牌号、发动机号码、整车出厂编号是否与原始登录的号码一致。

① 商标或厂标。应在车身前部外表面的易见部位上应至少装置一个能永久保持的商标或

厂标。

②产品标牌。产品标牌应固定在一个明显的、不受更换部件影响且使其能永久保持的位置,其具体位置应在产品使用说明书中说明。永久保持的意思是指商标或厂标、标牌必须"以铆接或焊接或其破坏性操作不能拆除的方式固定在车辆上"。

③发动机型号标志。发动机型号应打印(或铸出)在汽缸体易见部位,出厂编号应打印在汽缸体易见部位,在出厂编号的两端应打印起止标记。

④整车型号与出厂编号标志。整车型号和出厂编号应打印在车架(对无车架的车辆为车身主要承载且不能拆卸的构件)易见且易于拓印的部位;其型号在前,出厂编号在后,且在出厂编号的两端应打印起止标记。

车辆识别代号(VIN)是制造厂为了识别而给一辆车指定的一组定码,共17位码。它由三部分组成,如图4-1所示。第一部分为世界汽车制造厂识别代号(WMI),由三位字码组成,它必须经过申请、批准和备案后方能使用;第二部分为车辆说明部分(VDS)——车辆特征特性代码,由六位字码组成,通过它能识别车辆的一般特性;第三部分为车辆指示部分(VIS),由八位字码组成,其中第一位为指示年份的。年份代码是按表4-1的规定使用的。

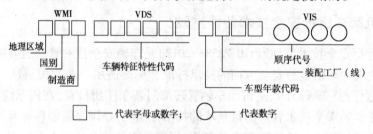

图4-1 车辆识别代码

标示年份的代码　　　　　　　　　　　　　　　　　表4-1

年份	代码	年份	代码	年份	代码	年份	代码
2001	1	2011	B	2021	M	2031	1
2002	2	2012	C	2022	N	2032	2
2003	3	2013	D	2023	P	2033	3
2004	4	2014	E	2024	R	2034	4
2005	5	2015	F	2025	S	2035	5
2006	6	2016	G	2026	T	2036	6
2007	7	2017	H	2027	V	2037	7
2008	8	2018	J	2028	W	2038	8
2009	9	2019	K	2029	X	2039	9
2010	A	2020	L	2030	Y	2040	A

车辆代码中仅能采用下列阿拉伯数字和大写罗马字母(其中字母I、O、Q不能使用)。

数字:0 1 2 3 4 5 6 7 8 9

字母:A B C D E F G H J K L
　　　M N P R S T U V W X Y Z

(2)侧倾稳定角。车辆在空载、静态状态下,向左侧或右侧倾斜最大侧倾稳定角见表4-2。

机动车的最大侧倾稳定角 表4-2

车 辆 类 型	最大侧倾稳定角	车 辆 类 型	最大侧倾稳定角
三轮机动车	≥25°	其他车辆(两轮摩托车及轻便摩托车除外)	≥35°
双层客车	≥28°	卧铺客车、总质量不小于整装备质量的1.2倍的专用作业车和轮式专用机械车	≥32°
总质量为车辆整装备质量的1.2倍以下的机动车	≥30°		

(3)在发动机运转及停车时,水箱、水泵、缸体、缸盖、暖风装置及所有连接部位均不得有明显渗漏水现象。

(4)机动车连续行驶距离不小于10km,停车5min后观察,不得有明显渗漏油现象。

(5)车辆外观应整洁,各零、部件应完好,连接紧固,无缺损。车体应周正,外缘左右对称部位高度差不得大于40mm。

(6)车辆直线行驶时,其前后轴中心的连线与行驶轨迹的中心线应一致。

3.2.2 发动机的运行安全技术条件

(1)发动机应动力性能良好,运转平稳,怠速稳定,无异响,机油压力正常。发动机功率不得低于原标定功率的75%。

(2)发动机应有良好的起动性能。汽车发动机应能由驾驶员在座位上起动。

(3)柴油机停机装置必须灵活有效。

(4)发动机点火、燃料供给、润滑、冷却和排气等系统的机件应齐全,性能良好。

3.2.3 转向系的运行安全技术条件

(1)转向盘应转动灵活、操纵轻便、无阻滞现象,车轮转向过程中,不得与其他部件有干涉现象。

(2)转向轮转向后应有自动回正能力。

(3)转向盘的最大自由转动量。对于最大设计车速大于或等于100km/h的机动车,其转向盘的最大自由转动量不得大于20°;对于最大设计车速小于100km/h的机动车(三轮农用车除外),其转向盘的最大自由转动量不得大于30°。

(4)在平坦、硬实、干燥和清洁的道路上行驶时不得跑偏,其转向盘不得有摆振、路感不灵或其他异常现象。

(5)在平坦、硬实、干燥和清洁的水泥或沥青路面上,以10km/h的速度在5s之内沿螺旋线从直线行驶过渡到直径为24m的圆周行驶,施加于转向盘外缘的最大切向力不得大于245N。

(6)前轮定位值应规定标准;前轮的侧滑量不得超过5m/km。

(7)转向节及转向臂、转向横拉杆、转向直拉杆及球销应无裂纹和损伤,并且球销不得松旷。维修时,横拉杆、直拉杆不得拼焊。

3.2.4 制动系的运行安全技术条件

(1)制动踏板的自由行程应符合规定。

(2)在产生最大制动作用时的踏板力,乘用车应不大于500N,其他车辆不大于700N。

(3)液压行车制动在达到规定的制动效能时踏板行程(包括空行程)不得超过踏板全行程的3/4,制动器装有自动调整间隙装置的车辆的踏板行程不得超过踏板全行程的4/5,乘用车不得超过120mm,其他类型的车辆不得超过150mm。

(4)液压制动系不得因制动液对制动管路的腐蚀或由于发动机及其他热源的影响形成气阻而损坏行车制动系的功能。

(5)应急制动时,必须在行车制动系统有一处管路失效的情况下,在规定的距离内将车辆停住。

(6)驻车制动时,施加于操纵装置上的力:手操纵时,乘用车应不大于400N,对于其他车辆应不大于600N;脚操纵时,乘用车应不大于500N,对于其他车辆应不大于700N。

(7)驻车制动操纵装置必须有一定的储备行程,一般应在操纵装置全行程的2/3以内产生规定的制动性能;装有自动调节装置时,允许在全行程的3/4以内达到规定的制动效能;对于棘轮式制动操纵装置允许来回拉动驻车操纵杆三次以内来获得规定的驻车制动效能。

(8)弹簧储能制动装置可通过手动方式或利用通用工具来解除驻车制动状态。

(9)对采用气压制动的机动车辆,当气压升至600kPa时,在不使用制动的情况下,停止空气压缩机3min,其气压的降低值应不超过10kPa。在气压为600kPa的情况下,将制动踏板踏到底,待气压稳定后观察3min,单车气压降低值不得超过20kPa,列车不得超过30kPa。

(10)采用气压制动系统的车辆,发动机在75%的额定转速下,4min(列车为6min,城市铰接公共汽车和无轨电车为8min)内气压表的指示气压应从零升至起步气压(未标起步气压者,按400kPa计)。

(11)对于双管路或多管路制动系统的机动车辆,当部分管路失效时,其余部分制动效能仍能保持原规定值的30%以上。

(12)在车辆运行过程中,不应有自行制动现象。当挂车与牵引车意外脱离后,挂车应能自行制动,牵引车的制动仍然有效。

(13)采用液压制动系统的车辆,踏板力为700N时,保持1min,踏板不得有缓慢向底板移动现象。

(14)在规定的初速度下,机动车的制动距离和制动稳定性应符合规定要求。

(15)在规定的初速度下急踩制动时的平均减速度和制动稳定性应符合规定要求。

(16)在空载状态下,驻车制动装置应能保证车辆在坡度为20%(总质量为整备质量的1.2倍以下的车辆为15%)、轮胎与路面间的附着系数不小于0.7的坡道上正反两个方向保持不动,其时间不少于5min。

(17)在试验台上测出的制动力应符合规定要求。在制动力增长全过程中,左右轮制动力差与该轴左右轮中制动力大者之比对前轴不得大于20%,对后轴不得大于24%。

(18)制动完全释放时间对于单车不得大于0.8s。

3.2.5 照明、信号装置和其他电气设备的运行安全条件

(1)车辆的灯具应安装牢靠、完好有效,不得因车辆振动而松脱、损坏、失去作用或改变光照方向。所有灯光开关应安装牢固,开、关自如,不得因车辆振动而自行开、关。

(2)车辆的外部照明和信号装置的数量、位置、光色、最小几何可见角度等应符合有关

规定。

(3)全挂车应在挂车前部的左右各装一只红色标志灯,其高度应比全挂车的前栏板高出300～400mm,距车厢外侧应小于150mm。

(4)机动车必须装置后反射器。车长大于10m的机动车应安装侧反射器。

(5)前照灯光束照射位置与发光强度应符合规定要求。

(6)远近光变换装置的工作应良好、可靠。

(7)空载高为3.0m以上的车辆均应安装示廓灯。

(8)仪表灯点亮时,应能照清仪表板上所有的仪表并不得炫目。

(9)危险报警闪光灯和转向信号灯的频率为1.5±0.5Hz,起动时间应不大于1.5s。

(10)机动车的前、后转向信号灯,危险报警闪光灯及制动灯白天距100m可见;侧转向信号灯白天距30m可见;前、后位置灯,示宽灯和挂车标志灯夜间好天气距300m可见;后牌照灯夜间好天气距20m能看清牌照号码。制动灯应明显大于后位灯。

(11)其他电气设备和仪表应符合规定要求。

3.2.6 行驶系的运行安全技术条件

(1)轮胎外部尺寸、形状应符合规定要求。

(2)轮胎负荷不应超过该轮胎的额定负荷,充气压力应符合该轮胎承受负荷的规定的压力。

(3)总质量小于或等于3.5t的汽车其车轮总成的横向摆动量和径向跳动量不得大于5mm,其他车辆不得大于8mm。

(4)轮胎螺母和半轴螺母应完整齐全,并应按规定力矩紧固。

(5)减振弹簧应符合规定的要求;减振器应齐全有效。

(6)车架不得有变形、锈蚀和裂纹,螺栓和铆钉不得缺少或松动。

(7)前、后桥不得有变形和裂纹。

(8)车桥与悬架之间的各种拉杆和导杆不得变形,各接头、衬套不得松旷和移位。

3.2.7 传动系的运行安全技术条件

(1)离合器踏板自由行程应符合整车技术条件的有关规定。踏板力应不大于300N。

(2)变速器、分动器、驱动桥工作应正常且无异响。

(3)传动轴在运转时不得发生振抖和异响,中间轴承和万向节不得有裂纹和松旷现象。

3.2.8 车身的运行安全技术条件

(1)车身和驾驶室在车架上应安装牢固,并坚固耐用,覆盖件应无开裂和锈蚀。

(2)内饰材料应具有阻燃性,其阻燃性应符合GB 8410—2006《汽车内饰材料的燃烧特性》的要求。

(3)车门和车窗的开启、关闭及其密封应符合规定要求。

(4)客车座椅的座间距及乘客通道的宽度应符合规定要求。

(5)卧铺客车的卧铺布置、宽度和间距应符合规定要求。

3.2.9 汽车安全防护装置的安全运行条件

(1)乘用车的所有座椅(第三排及第三排以后的可折叠座椅除外)、卧铺客车的每个铺位均应有安全带,且应可靠有效。

(2)机动车后视镜的安装位置、角度应适宜。

(3)风窗玻璃的防冻、除霜装置、刮水器应工作良好。

(4)客车的安全门和安全窗应满足规定的要求。

(5)燃油系统的管路应坚固并固定牢靠,不会因振动和冲击而发生损坏和漏油现象。

(6)车辆的牵引、连接装置应牢固、有效。

3.2.10　其他的安全技术条件

(1)消防车、救护车、工程抢险车和警车的车身颜色、标志灯应符合规定要求。

(2)汽车排气污染物排放应符合相关标准的要求。

(3)客车车内噪声声级应不大于79dB(A),汽车驾驶员耳旁噪声声级应不大于90dB(A)。

有关机动车运行安全的具体技术条件可参阅 GB 7258—2012《机动车运行安全技术条件》。

4　汽车安全行驶与日常维护

4.1　概述

汽车安全运行的关键所在是安全驾驶,一辆技术性能完好的车辆能否充分发挥其应有作用,平安顺利完成运输任务,驾驶员是重要因素。汽车驾驶是一项涉及人、车及行驶环境(道路、气候、交通条件)的系统控制问题,在现代化的交通系统中,驾驶员要在保证一定速度的前提下完全合理地使用车辆,就必须具备一定的安全行车知识,诸如:交通规则、交通心理学常识、车辆的行驶原理、安全性能、维护与检测诊断常识、事故原因及预防等,以保证在复杂的交通环境中能正确理解和自觉遵守各项交通法规,对不同的运行条件,及时正确地选择合理的驾驶方法,准确把握车辆动态,及时发现并排除各种行车故障,对车辆进行经常正确的维护作业以保持其技术状况的良好,从而达到安全运行的目的。

4.2　汽车的安全行驶

汽车行驶过程中的运行条件和交通环境总是经常变化的,而安全行驶的核心内容就是使车辆去适应这些变化,并有效地发挥其速度性能而不发生任何事故,圆满完成运输任务。如果运行条件恶劣,交通环境复杂,这种适应的难度就大,驾驶操纵的动作也多。但不管运行条件如何变化,其驾驶过程主要是由起步、选择车速、保持安全间距、会车、超车、转向、掉头、倒车、滑行、制动、停车等环节组成。从行车的外界条件来看,除一般运行条件下的行车外还有一些特殊环境下的行驶,如:夜间行车,雨雾、雪天行车,坏路无路条件下的行车及拖挂等。下面我们仅从安全角度叙述上述各驾驶操作环节的安全问题。

4.2.1　车辆起步

上车前先检查汽车前后和车下是否有人或障碍物,货物是否装好,并观察周围环境和将要行驶方向的交通状况。在此基础上起动发动机,听察发动机运转情况,观察各仪表指示状况。待发动机温度达40℃以上,确认各仪表指示也正常后,关好车门,系好安全带,挂上适当挡位,并通过后视镜察看后方有无来车等情况,然后鸣笛、放松驻车制动器操纵杆、缓抬离合器踏板、适当加速,徐徐起步。手动变速器的车辆,空车可用二挡、重车用一挡起步;自动变速器的车辆一般选 D 挡位起步。

如果是在上坡道上起步,应一手握转向盘,另一手握紧驻车制动器操纵杆,一脚适当踩加速踏板,另一脚缓抬离合器,待离合器大部分已经接合时,立即放松驻车制动器操纵杆,使车辆徐徐起步。

如果在冰雪、泥泞的道路上起步,离合器要抬得更缓。如驱动轮打滑空转,应垫沙土等或清除轮下冰雪、泥泞。

如果从慢车道上起步,要打开左转向灯,以引起后方车辆、行人注意。

4.2.2 合理选择车速

在运距确定以后,汽车行驶速度越快,运行时间就越短,运输效率就越高。但加快车辆行驶速度的前提是必须确保交通安全,所以我们应避免盲目开快车的现象,提倡安全行车。

车速的快慢是相对而言的,车速过快与安全行车的根本区别,不在于车速的快慢,而在于当时车速是否危及到行车安全。例如:一辆小轿车以 50km/h 的速度行驶在道路宽阔、空闲、视线良好的路段,就不算快;而以 40km/h 的速度行驶在弯道,交叉路口以及冰雪道路上,也算车速过快。因为后者危及到行车安全。因此,要根据不同的道路状况、交通环境,掌握适当的车速,在保证安全的前提下,该快就快,该慢就慢。

车速过快是指驾驶员不顾道路状况和交通环境,采用挤、抢、钻的方法,盲目开快车,一遇情况就紧急制动,猛转方向,当采取措施不及时的时候就会发生事故。车速过快对车辆制动性能有很大影响。因为车速越快,制动停车距离也就越长,发生事故的可能性也就越高。另外,车速越快,车辆转弯时产生的离心力也就越大,使车辆所受侧向力也就越大,极易造成车辆侧滑甚至翻车。在凸凹不平的路段上车速过快,会由于剧烈的颠簸振动而使车辆悬挂机构、行驶机构、车架、轮胎等损坏,或发生故障而导致行车事故。

车速过快还会导致驾驶员不能全面正确地感知车内外的情况,车速越快驾驶员的视点也越快,视野范围就越窄,对近处周围的情况就难以觉察,而万一有情况时,采取处理措施时间也越短,再加上精神高度紧张带来的疲劳等,发生事故的可能性就越大。

车速过快时超车的机会相对增多,从而增加了道路上的交织点,扰乱了正常行驶的交通流,破坏了正常的交通秩序,也使行车安全受到影响。可见盲目车速过快既不能提高平均车速,又极易发生事故;而遵章守法、准确判断交通条件、掌握适当车速适时制动停车,既能确保安全行车,又能平安顺利地完成运输任务。

4.2.3 车辆的安全间距

车辆在行驶过程中和同车道内同向行驶的前车应保持一个适当的距离,在会车或超车过程中也要留出一定的侧向间距,这段距离就是安全距离。如果这种距离过小就有可能导致碰撞、挤擦其他车辆或行人的事故发生。但安全距离也不宜过大,间距过大会使道路上的通车量下降,尤其是大中城市,车辆行人十分拥挤,车速本来不高,安全距离过大会引起其他车辆的超车,在没有交通管理人员把守的交叉路口,行人会找留出间距较大的车辆前横穿马路,而导致行驶中断或堵塞,甚至引发事故。所以安全间距必须留得合适。

同方向行驶的前后车之间的安全间距实际主要取决于制动停车距离,而制动距离又和行驶速度有关,同时也和后车驾驶员采取制动措施的时间和方法有关。当前车采取制动措施一段时间后,后车才开始制动。这中间的相差时间就是后车驾驶员的反应时间。另外,前后两车制动减速度也有差异。所以,合适的安全间距基本上由后车速度、制动时的减速度和后车驾驶员反应时间来确定。道路湿滑(如下雨、冰雪等),安全间距应适当加大。

4.2.4 会车和超车

车辆在行驶中随时都会和对方来车交会或超越同向行驶的车辆(在允许超车的路段)。在会车和超车时,首先应注意保持适当的侧向安全间距,同时应正确估计和选择会车、超车的地点、路段和距离。

一般来说,车速越快,侧向安全间距应留得越大,如果拖带挂车,间距应该更大一些。通常情况下,时速40km/h以下时,侧向间距应保持0.75m以上;时速40～70km/h时,同向行驶的车辆侧向间距应保持1～1.4m,异向行驶的车辆侧向间距应保持1.2～1.4m;时速70km/h以上时,侧向间距应不小于1.4m。

超车是在高速行驶情况进行的,而且超车过程中,超越车一方要占中线或并向行驶,因此极易发生事故。超车最要紧的是超车前驾驶员根据本车车速和加速性能及被超车辆的车速,正确判断超车所需时间和超车距离,尤其要观察清楚将要超车的路段内交通情况。前方数百米范围内是否有对方来车,被超车辆的路线内是否有障碍物等。必须做到:前方、后方情况不明时不超车,前方不让时不超车,影响对方来车行驶时不超车。同时应注意:准备超车时不要与被超车辆跟随太近,以防万一;超车过程中保持一定的安全间距;超越停靠路边的机动车时应减速鸣喇叭,以防停放的车辆车门突然打开或起步驶向车道;如果是公共汽车停靠站,应警惕从车前突然跑出横穿道路的行人。

4.2.5 车辆掉头和倒车时的安全

因掉头、倒车不慎而发生碰撞、挤擦其他车辆、障碍或行人的事故时有发生。尤其是大车或重车,由于后箱板较高或后视窗被货物遮挡,难以观察到车后情况,更易发生事故。因此,在掉头、倒车时必须谨慎驾驶。在操作时应尽量选择道路宽阔,交通情况不繁杂的地段进行;事先观察好周围情况,选定进、退路线和目标;对后方情况看不清时,应有人在车下指挥;倒车时车速要慢,同时必须顾及前轮位置,应掌握"慢行车,快转向,多进少退"的方法。

4.2.6 安全滑行

滑行是车辆驾驶过程中常用的一种具有预见性的、提前减速的操作方式。当车辆快要到停车地点或快要进入交叉路口时,利用滑行来提前减速,避免了紧急制动,减轻了各部机件的磨损。另外,由于滑行是利用车辆的惯性来维持车辆继续行驶的,发动机处于怠速运转状态,因而可节省燃料。

正确、合理的滑行是利用滑行时的自然减速代替使用制动器,从而达到预防交通事故、减少制动消耗、降低磨损和节约燃料的目的。但若运用不合理,就会使磨损与燃料消耗增加,甚至造成事故发生。滑行应在发动机未熄火和制动有效的条件下进行。在泥泞、积雪、结冰、陡坡、窄路、急转弯、傍山险路等道路上,以及在视线不好、装载危险品或特许装载超高、超长、超宽物资时,严禁滑行,以防发生意外事故。

4.3 车辆的日常维护与安全

汽车维护和汽车安全有着密切关系。汽车维护可以使汽车技术状态良好,而只有良好技术状态的汽车才能保证正常运行,车辆能正常运行则安全才有保障。试想浑身毛病的汽车走走停停,制动不灵,转向发飘,又怎能谈得上安全运行?驾驶员开着病车上路,车辆难于驾驭不说,一路还得修车,不仅心情不佳,体力大为损耗,因耽误时间还容易为赶路而开快车、开赌气车,这些都极易引发事故。人们都希望自己的汽车"一打就着,一开就走,从不抛锚,安全可靠。"但是,汽车却常常得不到应有的维护,这就使得汽车的可靠性打了折扣,更严重的是会给行车安全埋下隐患。日常维护属日常性作业,是驾驶员负责完成的日常性工作。汽车的安全运行不但受运行条件、交通环境及驾驶员因素的影响,而且还与车辆的技术状况有关,良好的车辆技术状况是安全使用的基本保障。车辆的技术状况和道路条件、使用强度、运行材料等因素有关,但更重要的是对车辆的日常维护工作质量如何。我们经常发现,同一运输单位,在同一时期内接收同型号的车辆开始投入使用,各车辆的运行条件、使用强度等都差不多。但几年后,车辆的技术状况却有较明显的差别。究其原因,主要是驾驶员对车辆的日常维护工作程度不同。因为,车辆经一定的行驶里程后,必然造成各零、部件松旷和磨损,而使车辆技术状况变坏。除动力性、经济性有一定程度恶化外,其安全性也自然下降。转向系和制动系各密封元件因老化而使油、气等渗漏,制动蹄摩擦片的磨损使制动间隙增大而导致制动失灵,轮胎过度磨损及气压过高使它在行驶中因颠簸振动而突然爆炸,导致行驶突然跑偏,甚至造成交通事故等。总之,车辆的日常维护工作对确保行驶安全、延长使用寿命、降低运行消耗有重要意义。

为保证汽车的技术状况良好及行驶安全,驾驶员必须做到"三检",即出车前检查、行车途中检查和收车后的检查。做到及时发现问题,迅速排除故障,正确补充润滑油和其他运行材料的消耗。

汽车维护是指维持汽车完好技术状况或工作能力而进行的作业。交通部13号令规定:汽车维护应贯彻预防为主,强制维护的原则;保持车容整洁,及时发现和消除故障、隐患,防止车辆早期损坏是车辆维护的目的;清洁、检查、补给、润滑、紧固、调整等是汽车维护作业的范围;汽车维护分为日常维护、一级维护、二级维护等。各级维护的作业范围和侧重有所不同,但其目的均为维持车辆技术状况的完好和确保安全可靠的运行。日常维护的作业中心内容是清洁、补给和安全检视;一级维护的作业中心内容除日常维护作业外,以清洁、润滑、紧固为主,并检查有关制动、操纵等安全部件;二级维护的作业中心内容除一级维护作业外,以检查、调整为主,并拆检轮胎,进行轮胎换位。日常维护是各级维护的基础,属于预防性的维护作业,汽车的一级维护和二级维护一般由专业人员完成,本节仅介绍直接影响汽车安全行驶的日常维护。日常维护时应防止漏检、漏项,避免车上、车下乱忙和重复作业,方法可采用环形日常维护法。所谓环形日常维护法,就是驾驶员在车内检查完车内项目后,下车沿车身环绕一周,进行日常维护的各种作业。因为检查时绕车一周(类似环形),所以称为环形日常维护法。

4.3.1 出车前的检查维护

为了确保行车中的安全,驾驶员做到出车前心中有数,出车前应进行如下检查维护:

检查燃油、润滑油(发动机、自动变速器)、冷却液、制动液、洗涤液(风窗玻璃及前照灯清洁液)、动力转向液是否足量;蓄电池内电解液量是否符合要求。

检查轮胎气压是否符合规定并清除胎面花纹间夹石、钉子或其他杂物。

检查汽车各部位有无漏液、漏油、漏气、漏电现象。

检查转向盘自由转动量(自由行程)是否合乎要求;检查转向装置各连接部位是否牢固可

靠、工作是否良好。

　　起动发动机,检查发动机起动、运转是否正常,有无异响;各仪表、指示装置工作是否正常;各总成件自诊断装置是否正常。

　　检查照明、信号装置、喇叭、刮水器、内外后视镜(含下视镜),门锁,发动机罩盖锁,门窗玻璃升降机构是否齐全有效。

　　检查离合器、行车制动器、驻车制动器是否工作正常。

　　检查汽车外露部位的螺栓、螺帽是否齐全紧固;全挂车、半挂车的牵引、连接是否牢固可靠;随车装备是否齐全。

　　检查人员乘坐或货物装载是否符合规定。

　　检查驾驶证、行驶证和必须随车携带的行车证件是否带齐。

　　若发现有不符合规定的情况,应立即采取措施尽力排除;若暂时不能排除而影响行车安全,应暂停出车。

4.3.2　行车中检查维护

　　当汽车行驶一段路程或一定时间后,应选择平坦、宽阔、避风或遮阳的地方停车,进行行车中检查维护,驾驶员及乘员也可放松休息。在高速公路上运行时,应事先计划好在某服务区进行行车中检查维护和休息。行车中检查维护项目如下:

　　检查轮毂、制动鼓或盘、变速器、分动器、主减速器和差速器的温度,一般不得高于60℃(即手掌所能忍受的温度)。持续下长坡或频繁使用行车制动后制动盘或鼓温度高是正常的,但若太高则表明有故障。

　　检查发动机和底盘的工作情况是否正常。

　　检查各仪表、信号装置工作是否有效。

　　检查转向机构和制动机构各连接部位是否牢靠。

　　检查悬架弹簧及减振器状况、传动轴的连接螺栓有无松动。

　　检查轮胎螺钉的紧固情况和轮胎气压(气压略有升高是正常的),清除轮胎花纹中夹杂的异物。

　　检查有无漏液、漏油、漏气现象。

　　检查货物装载、拖挂装置情况。

　　如果发现问题应立即就地解决,实在无法解决应报救急或驶向就近的修理场所进行修理。

4.3.3　收车后的检查维护

　　汽车行驶一天、一段路程或一定时间,安全驶回或达到行车目的地后,应及时对车辆进行检查维护,为完成下一工作任务,保障行车安全做好必要充分的准备。收车后应作如下检查维护项目:

　　清洁全车外表,清扫驾驶室和车厢。

　　检查发动机运转是否正常,察听有无异响。

　　检查有无漏液、漏油、漏气、漏电现象,视情补充燃油、润滑油、制动液、洗涤液等。

　　按规定对润滑部位进行检查和加注润滑油或润滑脂。

　　冬季气温低于0℃时,如汽车未停放于温暖车库内和冷却系未加防冻的冷却液时,应打开散热器和发动机的放水开关及散热器盖放尽积水,然后作短时间发动,随即关好放水开关及散热器盖,以免冻裂散热器和发动机缸体。

严寒地区,气温低于-30℃时,露天放置的车辆或停放于无暖气车库内的车辆,应将蓄电池拆下放入暖室(0℃以上),以免冻裂蓄电池。

放掉储气筒内的积水积污;检查悬架弹簧、轮胎气压情况;视情紧固轮胎螺钉和半轴突缘螺钉。

检查转向装置各部连接情况,检查制动装置各部连接情况。

检查整理随车工具和附件,若有缺失应及时补充。

检查维护中发现故障应及时排除,运行途中发现的问题途中未能解决的也应一并处理,以保持车辆技术状况完好。

4.3.4 日常维护注意事项

做好日常维护是保障行车安全的最基本、最基础、最重要的工作,要求驾驶员必须掌握一定的专业知识,维护作业时操作应按规范,内容应标准,确保人身安全。

在发动机运转时,注意手、衣服和工具应离开运转中的风扇和发动机皮带(最好取下手表、领带和手指上的戒指等物)。

刚行驶完毕,发动机、散热器和排气管道的温度很高,切勿触摸;机油和其他类液体的温度也很高,防止烫伤。在燃油和蓄电池附近,不要抽烟,以免引起火灾。

处理蓄电池时应特别小心,因为蓄电池中含有毒气和腐蚀性的硫酸液。

车辆用千斤顶举升时,人员不要爬入车身下面。举升后一定要用支撑柱或其他牢固的支柱支住车身后,人员方能进入车身下面进行维护。

如果在电气冷却风扇或散热器防护栅板附近作业时,必须关掉点火开关。在未关掉点火开关的状态下,如发动机冷却液温度高或空气调节系统在工作,电气冷却风扇将会自动起动(注:有些车辆即使关掉点火开关,其电气冷却风扇也会因冷却液温度高而自行运转,请注意不要被运转的风扇刮碰)。

进行车下作业时,必须戴护目镜,以防落下物件和各种液体伤害眼睛。

蓄电池的电流很大,点火电缆的电压很高,应避免由于意外而发生短路。

关闭发动机罩之前,应仔细检查有无工具、棉纱等物品遗留在发动机室内。

5 汽车在高速公路上的安全行驶

5.1 高速公路的概念

高速公路是一种具有中央分隔带(4~6m或设置金属栅网阻拦、栏杆)、多车道(每一方向至少有两个车道)、出入口控制、全部为立体交叉的公路。在这种道路上,车辆只能在规定的出入口出入,没有平面交叉;其组成部分有车道、中央分隔带和交叉口的立交桥等;在直通式立交处,设出入口坡道,有的还设有变速车道;公路两侧设有紧急停车带,供行驶中出故障的车辆临时停放。另外,一般每隔50km设置一个收费站、加油站、停车场、车辆维修站、休息室、商厅、游乐场和旅馆;还有起交通警察作用装备的闭路电视和有线、无线通信设备的交通智能监控中心;每隔一定距离有供行人和自行车过"马路"的地下通道;有服务区、绿化带、护栏、信号标志、电话和照明(特殊地点)等设施。这种道路专供车速高的汽车行驶,纵向干扰和横向干扰小,其车辆行驶的速度和通过量,约是相同规模普通道路的2.5~3倍,通行能力大。

5.2 高速公路的特点

5.2.1 车速高

高速公路道路横断面合理,不存在混合交通,只准快速的机动车通行(一般快速机动车运行车速不能低于50km/h),设计时速低于70km/h的拖拉机、各种施工机械、自行车、畜力车及行人都一律禁止进入高速公路,所以车速高。

5.2.2 交通容量大

高速公路一般每日至少承担10000~15000辆车的交通量。在干道上,一般都超过50000辆,有的高速公路已达100000辆以上。要求每一个车道每小时的通行量为1500~2000辆。采用最低和最高限速,通常为稳定的交通流。

四车道高速公路一般能适应按各种汽车折合成小客车的远景设计年限的年平均水平昼夜交通量为25000~55000辆;六车道高速公路一般能适应按各种汽车折合成小客车的远景设计年限的年平均水平昼夜交通量为45000~80000辆;八车道高速公路一般能适应按各种汽车折合成小客车的远景设计年限的年平均水平昼夜交通量为60000~100000辆。

5.2.3 立体交叉化

高速公路和各种道路相交全部采用立体交叉,使车辆连续不断的快速行驶。它能减少甚至消除交通流的冲突点,对交通安全有利,消除了一般道路平面交叉路口常见的碰撞事故。

5.2.4 具有完善的现代化管理及交通安全服务设施

高速公路沿线都设有完善的现代化的交通标志和路面标线。交通标志和路面交通标线颜色或文字符号易于辨识,夜间能反光或发光。在人口稠密的市区,交通要道和交叉口处设置有照明设备。在山区危险路段或市区某些容易发生事故的路段均设有护栏或将高速公路全封闭。为了减少车辆事故的损失,标志杆和路灯柱均采用软料制作,增加驾驶员的行车安全感。高速公路沿路都有完善的交通服务设施,如车辆出入口、旅馆、饭店、加油站、服务所、停车场及公用电话等。

5.2.5 交通事故少

高速公路平曲线与直线段采用缓和曲线连接,纵向坡度一般不超过6%,消除或减少了纵向干扰和横向干扰,有充分的行车安全视距,为行车安全提供了充分的保障,使高速公路发生交通事故的次数和由于交通事故造成的经济损失大为减少。据有关数据表明,高速公路发生事故的次数是一般道路的30%~51%,高速公路由于交通事故造成的死亡人数是一般道路的43%~76%。

5.2.6 造价高

标准高,要求严,使用户心旷神怡,清新舒适;线形保持三维空间的连续,调和和舒顺;大量采用缓和曲线相互衔接的高级曲线线型;特别讲究平竖曲线的组合及与自然环境的协调,加强城市美感。由于高速公路的设计要求高和建设标准高,因此,造价也高。

5.3 汽车在高速公路上的安全行驶

高速公路路面质量高,线形组合协调,采用立体交叉,安全设施和服务设施齐全,管理手段先进。通常事故率较普通公路低,但因其车速高,其追尾碰撞、冲撞道路设施或冲出路面的事故比较多,一旦发生事故,损失较严重,因此重大事故的比例比较大。

5.3.1 在收费口处的注意事项

据统计,高速公路收费口附近是低速碰撞事故的多发区域。虽然在一般情况下因车速很低,这种事故不致造成重大损失,但事故引起的车辆损伤和驾驶员情绪的波动,对进入高速公路后的行车安全是不利的。为避免这种事故,在车辆驶入收费口及驶离收费口过程中,必须注意以下事项:

(1)由一般道路驶向高速公路收费口时要限制车速(一般以不超过40km/h为宜)。
(2)事先做好交费准备,以免耽误时间。
(3)要注意收费口处设立的交通情报板上介绍的交通概况或天气变化等消息。
(4)收费站若有多个收费口,要根据收费口上的信号指示灯及车辆的多少提前选好收费口。
(5)在收费口前不可临时变更行驶路线或超车、插队。
(6)进入收费口后,要在收费窗口处把车窗对正停稳,办完交费手续后迅速驶离。
(7)前排乘员应系好安全带。
(8)通过收费口后,要根据自己的目的地按照指示标志上指示的方向和道路行驶。

5.3.2 入口匝道的安全行驶

有些高速公路的收费口是直接与主干道相连的,有的收费口是通过匝道与主干道相连的。在通过有入口匝道的地方时,车速一般应不超过40km/h,有限速标志的应以不超过限速标志规定的车速行驶。因为有些入口的匝道被设计成回旋曲线线型,这种线型的匝道越接近干道曲率半径越小。如果在匝道上车速太快,当接近干道时就会感到转弯困难,甚至有驶出路外的危险,这时若采取制动措施有可能导致翻车。因此应适当减低车速,到达接近主车道时再开始逐渐加速。

5.3.3 由加速车道进入主车道的安全行驶

由入口匝道驶入干道时,绝不可立即转入主车道。必须预先在加速车道上使车辆尽快加速到接近规定的最低车速(50km/h)后,才能进入主车道行驶。由加速车道进入主车道的行驶过程一般可分为以下几个步骤:

(1)在驶入入口匝道与干道合流处的三角地带端部之前,打开左转向灯。
(2)通过车内外后视镜或直接目视观察主车道上的车流动态。
(3)充分加速车辆,使车速尽快达到主车道规定的最低行驶车速。
(4)再次观察主车道车流动态,在确保安全的条件下,平稳地转入主车道行驶。
(5)关闭左转向灯。

5.3.4 在高速公路干道的安全行驶

(1)干道行驶的注意事项:
①在主车道内行驶,且稍靠向右侧。
②弯道行驶时注意不要跨线越线。
③在上坡路段,速度慢的车辆要在爬坡车道内行驶。
④下长坡时利用发动机制动控制车速。

⑤途经高速公路入口处时,注意加速车道上准备进入的车辆。
⑥不得向车外丢弃杂物、烟头、空瓶子等杂物。
⑦避免疲劳驾驶。
⑧要严格遵守限速规定。
⑨要保持足够的安全车距。车速表上指示的车速值就是安全车距的实际距离(单位:m)。

(2)安全超车。在高速公路上行驶的车辆的速度都很高,在超车时仍存在一定的危险性。据国外的统计资料表明:在超车过程中发生的与主车道上的车辆接触事故占事故总数的2%~3%。因此,除非十分必要,否则不应随意超车。在必须进行超车时,观察判断要准确,操作要果断,同时要注意以下事项:

①从后视镜观察后方,确认后方的超车道无来车。
②再观察前方1000~2000m以内的道路与车辆状况,在超车速度差小于20km/h及前车的车速超过90km/h时,关注的距离应适当延长。不同速度差与超车时间及超车距离见表4-3。

速度差与超车时间及超车距离　　　　　　　　　　　表4-3

速度差 (km/h)	前车速度 (km/h)	自车速度 (km/h)	车间距离 (m)	超车行驶 距离(m)
10	90	100	100	2100
20	80	100	80	850

③谨慎转入超车道。打开左转向灯3s后,再转入超车道,以便后方的车辆能充分注意到自己的超车意图。在变换车道前应再次观察前方与后方的车辆动态,确认安全后转入主车道。变换车道时,转向盘不可转得太急,转动量不可太大,否则易出现事故。
④在超车道上行驶时其车速也不得超过最高限制车速。
⑤谨慎返回主车道。在超过被超车辆50m后,保护其车速,打开右转向灯3s后,再驶回主车道。返回时转向盘不可转得太急,转动量不可过大。

(3)紧急停车的处置方法。在高速公路行驶中,如果车辆发生故障需要临时停车检修时,必须提前开启右转向灯驶离行车道,将车停在紧急停车带或右侧路肩上,禁止将车停在行车道。停车时,驾驶员必须立即开启危险报警闪光灯,并在行驶方向的后方100m处设置故障车警告标志,夜间还须同时开启示宽灯和尾灯。驾驶员和乘车人必须迅速转移到右侧路肩上或者紧急停车带内,并立即报告交通警察。

5.3.5　驶离高速公路后的处理方法

驶出收费处后,最好能稍停一会或先慢行一段距离(视个人具体情况而定),调整一下心态,待适应后再正常行驶。因为长时间高速行驶形成的速度错觉不会在进入一般道路后立即消失,还要延续一段时间。在这段时间内,驾驶员仍有可能错误估计自己的车速,导致在一般道路上违章超速行驶,增加了发生事故的可能性。所以,在进入一般道路后,仍须按照车速表来控制车速,不要过分信赖自己的主观感觉。

在普通公路上,如果尚未彻底消除高速公路行车心态,势必不适应道路交通状况的变化,是很容易发生交通事故的,这些已被众多的事实所证明。

思考与练习

一、选择题

1. 交通事故死亡人数列世界第一位的是(　　)。
   A. 日本　　　　B. 中国　　　　C. 美国　　　　D. 德国
2. 为了减少交通事故出现的次数、减少交通事故的后果、提高交通安全,应着重从立法管理、(　　)和工程措施三方面着手。
   A. 交通法教育　　　　　　　　B. 交通安全教育
   C. 汽车操纵安全教育　　　　　D. 管理安全教育
3. 改善道路条件包括道路宽度、(　　)、视距和发展高速公路等。
   A. 路宽　　　　B. 路面　　　　C. 路基　　　　D. 路肩
4.《中华人民共和国道路交通安全法》共分(　　)。
   A. 四章一百四十二条　　　　　B. 八章一百四十二条
   C. 八章一百二十四条　　　　　D. 四章一百二十四条
5. 经2007年12月29日第十届全国人民代表大会常务委员会第三十一次会议通过的《中华人民共和国道路交通安全法》,自(　　)起施行。
   A. 2008年5月1日　　　　　　B. 2009年5月1日
   C. 2008年1月1日　　　　　　D. 2009年1月1日
6. 危险报警闪光灯和转向信号灯的频率为(　　),起动时间应不大于1.5s。
   A. 30～60次/分　　　　　　　B. 60～90次/分
   C. 90～120次/分　　　　　　D. 120～150次/分
7. 据有关数据表明,高速公路发生事故的次数是一般道路的(　　)。
   A. 10%～15%　　　　　　　　B. 20%～25%
   C. 25%～41%　　　　　　　　D. 30%～51%

二、判断题(正确画√,错误画×)

1. 对交通事故原因的分析发现,大约60%的交通事故与驾驶员的错误行为有关。(　　)
2. 车辆识别代号(VIN)是制造厂为了识别而给一辆车指定的一组定码,共17位码。(　　)
3. 职业道德教育不属于对机动车驾驶员的安全教育内容。(　　)
4. 实现交通总量削减就是优先发展公共交通。(　　)
5. 道路交通系统由人、车、道路、环境四要素组成。(　　)
6. 驾驶员超速行驶、强行超车、违章操作、酒后开车、疲劳驾车、超载等是引起交通事故的主要原因。(　　)
7. 交通法规属于法律的范畴。(　　)
8. 小轿车的合理车速以80km/h为最佳。(　　)
9. 日常维护是各级维护的基础,属于预防性的维护作业,一般由专业人员完成。(　　)
10. 设计最高时速低于70km/h的机动车辆,不得进入高速公路。(　　)

三、简答题

1. 什么是交通事故？交通事故分为哪几类？
2. 交通安全教育的内容有哪些？
3. 交通法规的内容通常包括哪些？
4. 《中华人民共和国道路交通安全法》的基本原则是什么？
5. 我国的交通运输法规主要由哪三大类组成？
6. 什么是高速公路？高速公路有哪些特点？
7. 《中华人民共和国道路交通安全法》对机动车辆登记和检验有哪些规定？
8. 车辆在高速公路上行驶必须遵守的基本规定有哪些？

四、案例分析

根据本地区的使用条件及具体车型提出汽车安全使用与管理的具体实施方案。从同学所作的方案中选择两个以上方案进行对比、讨论、分析，确定最佳方案，使同学掌握汽车安全使用与管理的方法(建议采用小组讨论的方法进行)。

单元五　汽车技术状况的变化

学习目标

知识目标
1. 叙述汽车技术状况变化的原因及影响因素；
2. 简述汽车技术状况变化的规律。

能力目标
1. 能对汽车的技术状况进行评定和分级；
2. 能确定汽车技术状况的等级。

1　概　　述

汽车是由上万个具有不同功能的零件、总成装配而成的整体。各总成、机构和零件状况的综合，形成了汽车的技术状况。所谓汽车的技术状况，是定量测得表征某一时刻汽车外观和性能参数值的总和。在汽车运行过程中，零部件要逐渐丧失原有的或技术文件所要求的性能，从而引起汽车技术状况变差，直至不能完成规定的功能。汽车零部件在使用过程中，技术状况的变化是不可避免的，但了解汽车零件性能变化的进程，针对零件失效的原因采取相应的措施，防止零件早期损坏，进而控制汽车的技术状况，使汽车的技术状况处于规定的水平。

表征汽车技术状况的参数分为两大类，一类是结构参数，另一类是技术状况参数。结构参数是表征汽车结构特性的物理量，如几何尺寸、声学、电学和热学的参数等。技术状况参数是评价汽车使用性能的物理量和化学量，如发动机的输出功率、转矩、燃料消耗、声响、排放限值和踏板自由行程等。若汽车完全符合技术文件规定要求的状况，即技术状况的各种参数值，既包括主要使用性能的参数值，也包括外观、外形等次要参数值，则该车技术状况完好；若汽车不符合技术文件规定的任何一项要求，称为汽车技术状况不良。处于不良技术状况的汽车，可能是主要使用性能指标不符合技术文件的规定，不能完全发挥汽车应有的功能；也可能是主要使用性能指标完全符合技术文件之规定，仅外观、外形及其他次要性能的参数值不符合技术文件的规定，而又不致完全影响汽车发挥自身的功能，如前照灯的损坏并不影响汽车白天的正常行驶。

汽车在使用过程中，随着行驶里程的增加，技术状况将逐渐变坏，使汽车动力性下降、经济性变坏及可靠性能降低，并相继出现种种外观症状：

①汽车动力性变差，如接近大修里程的汽车，加速时间将增加25%～35%，发动机有效功率和有效转矩低于原设计规定的75%；

②汽车燃料消耗量和润滑油耗量显著增加；
③汽车的制动性能变差；
④汽车的操纵稳定性能变差；
⑤汽车排放值和噪声超限；
⑥汽车在行驶中出现异响和异常振动,存在着引起交通事故或机械事故的隐患；
⑦汽车的可靠性变差,使汽车因故障停驶的时间增加。

2 汽车技术状况变化的原因与影响因素

2.1 汽车技术状况变化的原因

相互摩擦零件间产生自然磨损；与有害物质相互接触的零件被腐蚀；零件长期在交变荷载作用下产生疲劳；零件在外荷载、温度、残余应力作用下发生变形；橡胶及塑料等非金属制品零件和电器元件因长时间工作而老化；使用中由于偶然事故造成的零件损伤等现象致使零件原有尺寸、几何形状及表面质量改变,破坏了零件之间的配合特性和正确位置关系。以上是引起汽车(或总成)技术状况的变坏的主要原因。

2.2 汽车技术状况变化的影响因素

在汽车技术状况的变化过程中,尽管影响因素复杂,但决定性的原因,首先是组成汽车的零件间相互作用的结果；其次是汽车使用与保管环境条件的影响；第三是以零件隐伤和过载等为主的偶然因素的作用。零件间相互作用的结果,使零件产生磨损、塑性变形、疲劳破坏、热损坏以及材料性能引起的变化等。在影响汽车技术状况诸因素中,零件磨损的影响是主要的,是具有代表性的。

2.2.1 固有缺陷对汽车技术状况的影响

(1)设计不合理。汽车设计时整车及各总成、机构和零部件不科学、不合理而使汽车零件耗损。

(2)材料质量差。汽车材料选用(硬度、强度及耐磨性)不当,材质差,而使汽车零件耗损。

(3)工艺不规范。汽车零件在制造、装配、磨合和试验过程中,未严格按技术规范进行而造成汽车零件耗损。

2.2.2 使用条件对汽车技术状况的影响

汽车的运行条件和使用水平等直接对汽车技术状况产生影响。

(1)道路条件的影响。道路状况和断面形状等决定了汽车及总成的工况(荷载和速度域、传递的转矩、曲轴转速、换挡次数,以及道路不平所引起的动荷载等),从而决定汽车零部件和机构的磨损过程,影响汽车的工作能力。例如,一挡的磨损量最大,直接挡的磨损量最小,而且每个挡位都有一个磨损量最小的行驶速度；在不平道路或等外级道路上行驶时,燃料消耗将增加50%,轮胎磨损大约增大两倍；在山区或丘陵地区的道路上行驶时,平均技术速度将会降低20%以上,燃料消耗增加15%；在细砂路面上运行,由于离路面2m高空内的含尘量过多,对汽车零件磨损也有明显的影响。

(2)运行条件的影响。该影响主要指交通流量对汽车运行工况的影响,如载货汽车在城市街道上速度较郊区要降低 50% 以上,发动机曲轴转速反而升高 35% 左右,换挡次数增加 2~2.5 倍。显然,这种工况必然加速汽车技术状况的恶化进程。

(3)运输条件的影响。城市公共汽车经常处于以频繁起步、加速、减速、制动和停车为主的典型的非稳定工况下工作。如曲轴转速和润滑系油压不能与荷载协调一致的变化,恶化了配合副的润滑条件,使零件的磨损较稳定工况大大加剧。

(4)气候条件的影响:

①环境温度的影响。图 5-1 表明有一个故障率最低的环境气象温度。

②环境湿度和风速的影响。环境的湿度大,极易恶化汽车的运行条件,加速零件的腐蚀。湿度低、气候干燥、道路灰尘多,也会恶化汽车零件的工作环境,使磨损增加。汽车静止不动,风速为 10~12m/s 时,汽车主要总成的润滑油、专用液的冷却速度较无风时加快 1.5~2 倍。

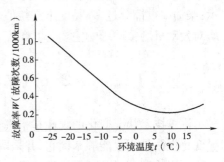

图 5-1 汽车故障率与环境温度的关系

(5)维修水平的影响。及时和高质量地依照维护周期、作业项目、技术要求,对汽车定期进行调整、紧固、检查、润滑,及时排除故障等,是保持汽车完好技术状况、减少汽车零件磨损、延长汽车使用寿命的关键。我国的大修发动机耐久性普遍较差,在其主要影响因素中,维修水平低、维修设备落后和维修质量差约占 40%。例如,对变形的基础件不进行整形修理,不能恢复主要要素的形位公差;维修技术陈旧和维修检测设备简陋等不能适应汽车维修业的发展。汽车维修行业的管理水平落后、从业人员技术素质低与技术法规观念淡薄等,都严重地制约汽车维修质量的提高。总之,维修质量依赖于维修人员的技术素质、先进的技术设备和汽车配件的质量等。

(6)驾驶技术的影响。是否按照操纵规程进行驾驶,直接关系到机件的使用寿命。正确的操作方法应为:冷摇慢转、预热升温、及时换挡、轻踏慢抬、正确滑行、掌握温度、避免灰尘等。这是延长汽车使用寿命的有效方法。驾驶中要注意发动机的工作温度是否正常,润滑状况是否良好;换挡要及时轻快;保持车速符合道路条件;减少冲击荷载等。

(7)荷载与行驶速度的影响。载质量的大小,影响汽车零件的磨损。应按汽车制造厂规定的额定标准载质量进行装载。如果超载,零件的磨损速度将迅速上升。因为载质量增加,各总成的工作负荷增加,工作状态就不会稳定,相应地要求发动机曲轴的单位行驶里程的转速相应增加(因低速挡使用时间较多),发动机处于高负荷且在不稳定情况下工作,造成冷却系水温和曲轴箱内的机油温度过高,热状况不良,这一切均使发动机磨损量增大。

汽车拖载总质量增加时,各总成的磨损量均增大,其中以发动机最为显著(同单车相比)。变速器和主减速器磨损量随汽车拖载总质量增加而增加,由于低速挡使用次数多,各总成负荷大,其中离合器的磨损最严重。

当汽车行驶速度过高时,发动机处在高转速状态,活塞的平均移动速度增高,汽缸磨损加大;低速时,机件润滑不良,因而磨损也同样加剧。高速行驶还将引起轮胎发热,使其磨损增加。高速行驶时常需急速制动,会给制动器带来不利影响。因为车轮制动蹄摩擦片的磨损一般是正比于每平方厘米衬带面积所吸收的汽车动能量。因此,高速行驶汽车在急速制动时,制动蹄片的磨损量迅速增加。

加速滑行行驶比稳定速度行驶,其发动机磨损量要增加25%～30%。加速终了的速度越高,速度变化范围越大,发动机的磨损量则越大。为了减少机件磨损,必须控制行驶速度,正确选用挡位,要求用中速行驶。

(8)燃料、润滑油品质的影响。汽油品质的影响主要是以馏分温度、辛烷值和含硫量来表示;柴油中重馏分过多、黏度十六烷值含硫量品质的好坏对发动机磨损影响也很大;润滑油品质对发动机磨损的影响主要与其黏度、油性和抗氧化性能及清洁状况有关。

3　汽车技术状况变化的规律

汽车技术状况变化的规律是指汽车技术状况与行驶里程或时间的关系。研究汽车技术状况变化规律是为了能够掌握它,并采取相应的措施降低零件磨损速度,延长其使用寿命。

运用数理统计和可靠性理论来分析汽车、总成和零件损坏率特性,它遵循"浴盆曲线"变化规律。如图5-2所示。曲线划分为三个阶段:

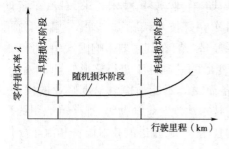

图5-2　浴盆曲线

(1)早期损坏阶段。使用初期,备件的损坏率较高,经过一个时期使用后,损坏率下降。也就是说:损坏率是时间或行驶里程的减函数。技术状况的变化取决于零件设计质量、制造工艺水平和材料力学性能。对汽车各零部件所用原材料及其制造工艺加强检验和质量控制,可以减少或剔除这种早期损坏的产品,降低早期损坏率。

(2)随机损坏阶段。经过早期损坏阶段,损坏率减小,零件的工作进入随机损坏阶段。这时不但损坏率很小,并且大体上是一个常数。在这个时期中,零件所发生的损坏大部分与其强度和所承受的负荷有关,损坏是偶然发生的。

(3)耗损损坏阶段。零件经过长期使用以后,由于疲劳或磨损等原因,其强度和物理性能下降,损坏率上升,也就是说:损坏率是时间的增函数。在这个阶段中,零件所发生的损坏多属于老化、疲劳等性质。对汽车及时进行检查、维护和调整是延缓零件耗损损坏的有效措施。

上述三个阶段如图5-2所示,横坐标是时间或行驶里程,纵坐标是(瞬时)损坏率,由于形象像一个澡盆,所以通常称为浴盆曲线。

汽车技术状况的变化规律按发生的过程,可分成两大类:一类是变化过程具有确定的形式,即具有必然的变化规律,其变化过程可以用一个(或n个)时间(t)确定的函数来描述。另一类是变化过程没有确定的变化形式,没有必然的变化规律,对其变化过程独立地重复进行多次观察所得的结果是不相同的,呈现出不确定性,但大量重复观察的结果又具有统计规律。前者称为汽车技术状况随行程的变化过程,后者称为汽车技术状况随机变化过程。

3.1 汽车技术状况随行程变化过程

汽车大部分机构、零件的技术状况变化都有一定规律,都随运行里程的延续而变化,即属于随行的变化过程。这类变化过程的特点是:初始状况(E_n)随行程依次平稳而单调地变化至极限状况(E_0),如图 5-3 所示。因此,在原则上通过及时的维修措施,可以防止发生故障,同时由于技术状况变化的单调性又为预测故障的发生提供了可能。汽车零件磨损、间隙的变化、冷却系和润滑系中沉淀物积聚、机油消耗率及机油中的机械杂质含量等,均是按照这个规律变化。

汽车技术状况随行程的变化过程可用 n 次多项式或幂函数两种函数进行描述。

n 次多项式:

$$y = a_0 + a_1L + a_2L^2 + \ldots + a_nL^n$$

式中: y——技术状况参数值;

L——汽车行程;

a_0——技术状况参数的初始值;

a_1、a_2、$\cdots$、a_n——表征 y 与 L 关系的系数。

幂函数:

$$y = a_0 + a_1L^b$$

式中:a_1、b——技术状况对数变化速率和特性的系数。

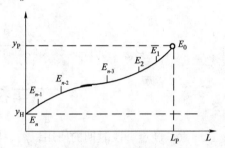

图 5-3 汽车技术状况随行程变化过程

多项式能精确反映技术状况变化的规律性,但由于关系系数的数目太多,确定它们的数值又太复杂,因此增加了应用多项式的难度。实践表明,当用上述多项式计算技术状况参数值时,仅用前四项计算,其结果已足够准确;而对制动蹄与制动鼓间的间隙,离合器踏板自由行程等参数的变化规律,用线性函数描述就足够准确了。

对于因汽车零件磨损所引起的技术状况参数变化规律,用幂函数进行描述。如曲轴箱窜气量随行程的变化过程。

3.2 汽车技术状况随机变化过程

汽车技术状况随机变化过程受汽车使用条件、驾驶员的操作水平、机件材质的不均匀性、隐蔽缺陷等随机因素的影响,没有确定的变化形式,技术状况参数的变化率和变化特性没有必然的变化规律。机件进入故障状况的行程是一个随机变量,与故障前的状况无关。若机件承受的荷载超过规定的允许标准,容易产生损伤或损坏,损伤量迅速超过极限值,导致进入故障状况,如图 5-4 中 B 所示。

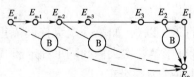

图 5-4 汽车技术状况随机变化过程
E_n、E_{n-1}、$\cdots E_2$、E_1-工作能力状况;E_0-故障状况

进入故障状况的概率与汽车过去的工作无关。如轮胎被扎穿导致故障的概率不因轮胎的新旧而异。技术状况参数的这种跃变性是随机变化过程的特点,当给定汽车技术状况参数极限值时,汽车状况达到极限数值的行程将是各种各样的,如图 5-5a)中的 L_{P1}、L_{P2}、$\cdots$、L_{Pn}。而在同一行程,汽车技术状况也不是处在同一水平,而是存

在明显差异,如图 5-5b)所示。

由于汽车技术状况的随机变化过程,不可避免地会引起定期的诊断、检验和维修作业超前或滞后进行。只有掌握汽车技术状况随机变化的规律,才能精确制订汽车检测、诊断和维修作业的周期,确定作业工作量及备件的需要量,提高维修效益,延长汽车的使用寿命。

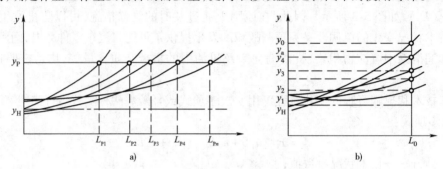

图 5-5 汽车技术状况的变异

y_P-状况参数的极值;y_a-状况参数的允许值;y_H-状况参数的名义值

4 汽车技术状况的分级与评定

汽车经过一段时期的使用以后,技术状况将发生变化。变化和程度随行驶里程的长短不同及运行条件、使用强度、维修质量的不同而各有差异。为了及时掌握汽车的状况,采用相应技术措施,合理地组织安排运输能力,正确地编制车辆维修计划,各运输企业应定期对汽车性能进行综合评定,核定其技术状况,并根据国家有关标准将车辆技术状况划分等级,以便于车辆的合理运用和科学管理。

4.1 汽车技术状况等级的划分

按照中华人民共和国交通部颁布的《汽车运输业车辆技术管理规定》的第 11 条,运行车辆技术状况等级按下列条件划分:

4.1.1 一级车——完好车

新车行驶到第一次定额大修间隔里程的 2/3 和第二次定额大修间隔里程的 2/3 以前,汽车各主要总成的基础件和主要零部件紧固可靠,技术性能良好;发动机运转稳定、无异响,动力性能良好,燃润料消耗不超过定额指标,废气排放、噪声符合国家标准;各项装备齐全、完好,在运行中无任何保留条件。

概括起来,一级车的标准有三条:

(1)车辆技术性能良好,各项主要技术指标符合定额要求;

(2)车辆行驶里程必须是在其相应定额大修间隔里程的 2/3 以内,如第一次大修间隔里程定额为 18 万 km,第二次大修间隔里程定额为 12 万 km,则处于第一次大修间隔里程定额 12 万 km 以内,第二次大修间隔里程定额 8 万 km 以内的车辆才可作为一级车;

(3)车辆状况良好,能随时行驶参加运输生产。

凡有一项达不到要求的不能核为一级车,凡同时符合上述三项条件的车辆核为一级车。

从这个规定可看出,一级车不仅受车辆的技术状况和性能的定性指标制约,而且还受到车辆行驶里程即新旧程度的定量指标制约。因为新车或第一次大修后的汽车,其行驶里程超过其相应定额大修间隔里程的 2/3 以上,其技术状况和性能必然随里程增加而下降,虽其下降程度未低于上述规定的技术性能要求,也不能列入一级车。经过两次大修后的汽车,无论技术状况如何都不能核定为一级车。

4.1.2 二级车——基本完好车

车辆主要技术性能和状况或行驶里程低于完好车的要求,但符合《机动车运行安全技术条件》国家标准的规定,能随时参加运输。

二级车的含义是车辆的各项指标虽达不到一级车要求,但仍符合《机动车运行安全技术条件》国家标准的要求,可随时行驶参加运输生产的均列为二级车。

4.1.3 三级车——需修车

送大修前最后一次二级维护后的车辆和正在大修或待更新尚在行驶的车辆。

三级车的含义是:

(1)凡技术状况和性能较差,不再计划作二级维护作业,即将送大修,但仍在行驶的车辆列为三级车;

(2)正在大修的车辆列为三级车;

(3)技术状况和性能变坏,预计近期更新,但仍在行驶的车辆列为三级车。

4.1.4 四级车——停驶车

预计在短期内不能修复或无修复价值的车辆。四级车的含义是指已不能行驶,短期内不能修复或无修复价值,但又尚未报废的车辆,列为四级车。

汽车平均技术等级是指企业或单位所有车辆技术状况的平均技术等级。车辆技术等级评定后,要综合计算本单位全部车辆的平均技术等级:

$$车辆平均技术等级 = \frac{(1 \times 一级车数) + (2 \times 二级车数)}{各级车数总和} + \frac{(3 \times 三级车数) + (4 \times 四级车数)}{各级车数总和}$$

车辆技术等级是汽车运输企业的主要技术、经济定额指标之一。它标志着企业车辆的技术状况,体现了企业对车辆的技术管理水平和车辆装备的素质情况。车辆的技术等级评定后,其结果应归入《车辆技术档案》中。

4.2 汽车技术状况等级的评定标准

车辆技术状况是随着行驶里程和大修次数的增加而逐渐变坏的。为了及时掌握车况,合理组织运输生产,有计划地安排与组织维修工作,降低运输消耗,防止发生有损国家利益的短期行为,不断提高装备素质,各省、自治区和直辖市交通管理部门应制订车辆技术状况评定制度,并负责车辆技术状况等级评定的组织和管理,运输单位应按国家有关规定做好车辆技术状况等级的评定工作。

评定车辆技术状况等级的依据是《营运车辆技术等级划分和评定要求》(JT/T 198—2004)。该标准适用于营运车辆(该标准从 2004 年 6 月 1 日起执行)。

车辆技术状况等级的评定,至少每半年进行一次。评定的内容主要是汽车的动力性、燃料经济性、制动性、转向操纵性、前照灯、喇叭噪声、废气排放、汽车防雨密封性、整车外观和汽车使用年限等。

对上述内容评定时,按其具体评定项目的重要程度分为"关键项"和"一般项"。

汽车的技术等级评定采用汽车使用年限、关键项和项次合格率来衡量,分为一级车、二级车、三级车3个等级(四级车因为是停驶车,不用此标准评定)。

项次合格率计算方法:

$$B = \frac{N}{M} \times 100\%$$

式中:B——项次合格率;

N——检测合格的项次之和;

M——检测的项次之和。

汽车技术等级分级的方法如下:

(1)一级车:使用年限在七年以内;关键项分级的项目达到一级,关键项不分级的项目为合格;项次合格率大于等于90%;在运行中无任何保留条件。

(2)二级车:使用年限超过七年;关键项分级的项目达到二级车以上,关键项不分级的项目为合格;项次合格率大于等于80%;在运行中无任何保留条件。

(3)三级车:凡达不到二级车技术等级标准的汽车均为三级车。

汽车的技术等级除应达到上述标准的规定外,同时还必须符合《汽车运输业车辆技术管理规定》中有关车辆技术等级划分的条款。

对车辆技术状况评定内容进行评定时应检测的项目及技术要求参见《营运车辆技术等级划分和评定要求》(JT/T 198—2004)。

思考与练习

一、选择题

1. 接近大修里程的汽车的加速时间将增加(　　)。
   A. 5%～15%　　　　　　B. 15%～25%
   C. 25%～35%　　　　　　D. 35%～45%

2. 新车行驶到第一次定额大修间隔里程的2/3和第二次定额大修间隔里程的2/3以前的车辆,属于(　　)。
   A. 一级完好车　　　　　B. 二级基本完好车
   C. 三级需修车　　　　　D. 四级停驶车

3. (　　)是送大修前最后一次二级维护后的车辆和正在大修或待更新尚在行驶的车辆。
   A. 一级完好车　　　　　B. 二级基本完好车
   C. 三级需修车　　　　　D. 四级停驶车

4. 汽车在不平道路或等外级道路上行驶时,燃料消耗将增加50%,轮胎磨损大约增大两倍。在山区或丘陵地区的道路上行驶时,平均技术速度将会降低(　　)以上,燃料消耗增加15%。

  A. 10%　　　　　　　B. 20%
  C. 30%　　　　　　　D. 40%

二、判断题(正确画√,错误画×)

1. 在影响汽车技术状况诸因素中,零件磨损的影响是主要的。　　　　　　(　　)
2. 使用年限在五年以内的车辆属于一级车。　　　　　　　　　　　　　　(　　)
3. 能随时行驶参加运输生产的车辆属于二级车。　　　　　　　　　　　　(　　)

三、简答题

1. 汽车技术状况的定义是什么?
2. 影响汽车技术状况变化的因素有哪些?
3. 汽车技术状况变化的原因有哪些?
4. 车辆技术状况的等级是如何划分的?评定的依据是什么?
5. 使用因素对汽车技术状况变化有何影响?
6. 汽车技术状况的变化规律分哪几个阶段?各阶段有何特点?

四、案例分析

  根据给定汽车的技术状况确定其技术等级。对同学所作的方案进行对比、讨论、分析,使其掌握汽车技术状况确定的方法(建议采用小组讨论的方法进行)。

单元六　汽车使用管理

学习目标

知识目标
1. 简述汽车维修制度制定的原则和步骤；
2. 简述汽车维修质量管理体系的主要内容；
3. 简述汽车使用寿命的分类及定义；
4. 简述有形磨损与无形磨损的概念；
5. 简述车辆技术管理的目的、任务和原则；
6. 简述车辆技术档案的内容。

能力目标
1. 能根据本地区的具体条件及车型制订各级别维修的具体实施方案；
2. 能运用常见的汽车维修管理软件；
3. 能确定汽车的更新时刻；
4. 能按车辆技术管理的相关规定对车辆进行管理；
5. 能建立车辆的技术档案并按要求进行管理；
6. 能按要求制订车辆改装、改造的方案。

1　汽车维修管理

随着我国汽车产业的发展，汽车维修市场的竞争也日趋激烈，汽车维修企业要在竞争中求得生存和发展，必须提高自身的管理水平、经营水平和维修质量。学习和掌握汽车维修制度、汽车维修的组织方式和汽车维修质量管理体系就显得尤其重要。

1.1　汽车维修制度制定的原则和步骤

汽车维修制度是指汽车在使用过程中，为维持和恢复汽车的技术状况，保持汽车的工作能力而实施的维修工作，所采取的技术组织措施的规定。它明确规定了汽车维修工作的性质、作业的内容、技术要求、作业的组合和执行时机、作业的协调与分工以及作业的劳动组合、劳动定额等。

汽车维修制度涉及车辆的运行制度和运行条件、企业的技术装备、维修作业的劳动组织以及其他一些经营管理等方面的工作。因此，制定汽车维修制度是一项复杂的工作，必须针对企业的服务对象以及技术、经济、管理方面的情况作综合考虑。

1.1.1 汽车维修制度制定的原则

在制定汽车维修制度时,必须考虑以下原则:

(1)汽车技术状况的变化是一个随机过程,而影响汽车技术状况变化的因素是多方面的,因此汽车维修制度的制定必须建立在大量观察数据的基础上,必须采用数理统计方法和可靠性理论,对大量统计数进行科学分析,获得符合客观规律的结果。

(2)制定汽车维修制度时,必须采用技术—经济分析方法,不仅要考虑汽车的完好率,而且必须考虑维修费用对运输成本的影响。合理的维修制度应保证汽车的寿命周期内的单位费用最低,使用汽车在规定的运行和维修条件下,具有最佳的经济效果。

(3)在制定汽车维修制度时,应充分考虑汽车的使用条件和使用强度,并进行必要的分级。

(4)制定汽车维修制度时,主要应依据下列三方面资料:汽车制造厂的建议;科学研究部门的试验资料;使用部门根据有关数据分析拟订的条例。

1.1.2 汽车维修制度制定的步骤

汽车维修制度制定的步骤如下:

(1)系统地收集维修车型在使用中的技术状况变化规律和故障数据,找出产生故障的原因,针对故障特性,选择适宜的维修方式。

(2)对定期维修和定期检查的作业项目,应通过使用数据的统计分析,确定各作业的维修周期。

(3)根据维修作业周期,对维修工作进行分级,确定各级维修作业的内容。

(4)对各级维修作业周期进行调整,使其形成一定的周期结构,即在大修周期内,使维修次数、级别按一定方式排列,以便于组织实施。

1.1.3 汽车维护周期的确定

汽车维护周期的长短直接影响汽车维护费用与寿命周期费用。合理确定维护周期需要有足够及可信的使用数据。这些数据除依靠经常性的统计积累外,还可有计划地将 15~20 辆汽车作为一组,进行 3~6 个月的实际运行试验,记录汽车的故障和技术状况变化得出,并根据运行条件、驾驶水平、使用环境等给予修正。从而确定单位里程维修费用最小的维护周期。

图 6-1 是汽车维修费用与维护周期的关系曲线,汽车单位行驶里程的维护费用是随着维护里程的增长而减小的(图中曲线 1);但汽车单位行驶里程的小修费用则随着维护里程的增长而增大(图中曲线 2);将曲线 1 与曲线 2 叠加后就得到汽车维修总费用与维护里程的关系曲线(图中曲线 3)。曲线 3 上最低点(图中 B 点)所对应的里程就是维修费用最小的维护周期里程。

目前,我国确定汽车维护周期的基本方法是试验法和类比法。在确定维护周期时,主要依据汽车制造厂的使用说明书,科研部门的研究成果和本地区汽车使用单位的经验。

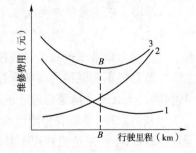

图 6-1 汽车维修费用与维护周期的关系

1.2 汽车维修制度的主要内容和维修组织方式

1.2.1 汽车维护原则和目的

1.2.1.1 汽车维护的原则

交通部于1990年10月施行《汽车运输业车辆技术管理规定》,在《规定》中明确了"车辆维护应贯彻预防为主,强制维护的原则"。强制维护同样是在"计划预防维护"的基础上进行的,只是为了进一步强调维护的重要性和必须按规定的维护周期和作业项目强制进行。

1.2.1.2 汽车维护的目的

汽车维护的目的在于保持车容整洁,及时发现和消除故障隐患,防止车辆早期损坏,使车辆达到下列要求:

(1)车辆经常处于良好的技术状况,随时可以出车。
(2)在合理使用的条件下,不致因中途损坏而停车,以及因机件故障而影响行车安全。
(3)在运行过程中,降低燃料、润滑料、配件和轮胎的消耗。
(4)各部总成的技术状况尽量保持均衡,以延长汽车大修间隔里程。
(5)减小车辆噪声和排放污染。

1.2.2 汽车维护的分级和主要作业内容

我国的汽车维护制度,将汽车维护分为:日常维护、一级维护和二级维护三个级别,此外,还包括季节性维护等。汽车维护作业的主要内容是:清洁、检查、补给、润滑、紧固、调整等。

日常维护是日常性的作业,应由驾驶员来负责执行,其作业中心内容是:清洁、补给和安全检视。

一级维护由专业维护工负责执行,其作业中心内容除日常作业外,以清洁、润滑、紧固为主,并检查有关制动、操纵等安全部件。

二级维护由专业维修工负责执行,其作业中心内容除一级维护外,以检查和调整转向节、转向摇臂、制动蹄片、悬架等经过一定时间的使用容易磨损或变形的安全部件为主,并拆检轮胎,进行轮胎换位,检查调整发动机工作状况和排气污染控制装置等。

二级维护附加作业是根据二级维护前进行的检测诊断和技术评定的结果,按需要结合二级维护执行的附加作业。

季节性维护是在车辆进入夏、冬季运行时,即每年的4—5月和10—11月,结合二级维护一并进行。

1.2.3 汽车的修理制度

1.2.3.1 汽车修理的原则和目的

《汽车运输业车辆技术管理规定》中规定"车辆修理应贯彻视情修理的原则"。所谓"视情修理"就是根据车辆检测诊断和技术鉴定的结果,视情况按不同作业范围和深度进行的修理,其目的在于既防止拖延修理造成车况恶化,又防止提前修理造成浪费。

"视情修理"是随着检测诊断技术和维修市场的发展而提出的,过去的"计划修理"因计划不周或执行不严易造成修理不及时或提前修理。"视情修理"是建立在检测诊断的基础上的,所以,运输单位应积极创造车辆检测诊断和技术鉴定的条件。

1.2.3.2 汽车修理的分类

车辆修理按作业范围,可分为车辆大修、总成大修、车辆小修和零件修理。

(1)车辆大修。汽车大修是在汽车行驶一定里程(或周期)后,经检测诊断的技术鉴定,用修理或更换汽车任何零部件(包括基础件)的方法,恢复汽车的完好技术状况,完全(或接近完全)恢复汽车寿命的恢复性修理。

汽车大修时,需将汽车的全部总成解体,并对全部零件进行清洗、检验分类,更换不可修复的零件,修复可修复的零件。按汽车大修技术标准进行装配、试验,以达到恢复汽车技术性能的目的。

(2)总成大修。总成大修是汽车的总成经过一定使用里程(或周期)后,用修理或更换零部件(包括基础件)的方法,恢复总成完好技术状况和寿命的恢复性修理。

(3)汽车小修。汽车小修是用修理或更换个别零件的方法,保证或恢复车辆工作能力的运行性修理,主要是为消除车辆在运行过程及维护作业中发生或发现的故障和隐患所进行的修理工作。

(4)零件修理。零件修理是对因磨损、变形、损伤等而不能继续使用的零件,在符合经济原则的前提下,利用校正、喷涂、电镀、机械加工等方法进行修复,以恢复零件的配合尺寸、几何形状和表面性能。

1.2.4 汽车维修的组织方式

1.2.4.1 汽车维护的组织方式

汽车维护作业的组织方式按专业分工不同,分为两种:全能工段法和专业工段法。

(1)全能工段法。全能工段法是把除外表维护作业外的其他规定作业组织在一个工段上实施,把执行各维护作业的人员编成一个作业组,在额定时间内,分部位、有顺序地完成各自的作业项目。

全能工段法可以是以技术较高的全能工人对汽车的固定部位完成其维护作业,也可以是以专业工种的工人在不同部位执行指定专业维护作业。前者称为固定工位作业,后者称为平行交叉作业。

(2)专业工段法。专业工段法是把规定的各项维护作业,按其工艺特点分配在一个或几个工段上,各专业工人在指定工段上完成各自的工作,工段上配有专门的设备。当专业工段按维护作业的顺序排列时,这些专业工段即组成汽车维护作业的流水线。

1.2.4.2 汽车修理的组织方式

(1)汽车修理的方法。汽车修理的方法有两种:就车修理法和总成互换修理法。

就车修理法是指汽车在修理过程中原车的零件及总成不能互换,修理后仍装回原车的修理方法。由于就车修理法各总成的修理周期不同,装配的连续性经常受到影响。只有等修理周期最长的总成修竣后,方能装配汽车,因此大修周期较长。

总成互换修理法是指汽车在修理过程中,除车架外,其余需修的总成都可以换用已经修好(或新)的总成。被换下来的总成另行安排修理,以便下次换用。

由于总成修理法利用了备用件,保证了修理的连续性,从而大大缩短了汽车的修理停厂周期。这种修理方法适用于承修的车型较为普遍,而且互换总成的修理质量必须达到统一的修理标准。

采用总成互换修理法,维修企业必须备有足够的总成,以满足换件的需要。

(2)汽车修理的作业方式和组织方式。

①汽车修理的作业方式。汽车修理采用的作业方式有两种:固定工位作业法和流水作业法。

固定工位作业法是指汽车拆装作业固定在一定工作位置完成,而拆散后的修理作业,仍分散到各专业工位进行。这种作业方式的优点是占地面积小,所需设备简单,拆装作业不受连续性限制,生产的调度与调整比较方便。其缺点是总成或笨重零件要来回运输,劳动强度较大。因此,它适用于生产量不大、承修车型比较复杂的小型汽车修理厂。

流水作业法是将汽车的拆、洗、检、装作业沿着一定顺序,分别在各个专业工位上逐步完成。这种作业的优点是专业化程度高,分工细致,修理质量有保障,总成和笨重零件的运距短、工效高等。其缺点是设备投资大,占地面积大。它适用于承修车型单一,生产规模较大的汽车修理企业。

②汽车修理的组织方式。由于修理方法和作业方式的不同,修理生产的组织形式可分为两种:综合作业组织形式和专业分工作业组织形式。

综合作业组织形式是适用于固定工位作业的一种劳动组织形式。同由一个作业组承修一辆汽车的大部分修理工作,它需要全能的修理工人,修理周期长,成本高,一般只适用于生产规模小、车型复杂的修理厂。

专业分工作业组织形式是将汽车修理作业,按工种、部位、总成或工序由一个或几个专业组专门负责进行。这种组织形式,既适用于固定工位作业法,也适用于流水作业法。它便于采用专用工艺装备,能保证修理质量,提高工效,缩短修理周期。但采用这种形式时,要注意各单元间进度的协调,才能保证生产有节奏地进行。这种形式一般适用于承修车辆多、车型较为单一的修理企业。

1.3 汽车维修质量管理

汽车维修质量是指维修后汽车的适用性,并以此来衡量维修后汽车在使用过程中满足用户要求的程度。从另一角度来讲,汽车维修质量是指对原有汽车质量恢复和维持的程度。汽车维修质量包括:性能、寿命、可靠性、安全性和经济性5个方面。

1.3.1 提高汽车维修质量的重要性

包括汽车性能、燃料消耗、使用寿命等在内的汽车质量,不仅取决于汽车的生产质量,还取决于汽车的维修质量。汽车维修质量的高低是保证汽车正常运行的重要环节。不断提高汽车的维修质量,具有极其重要的意义。

1.3.2 汽车维修质量管理体系

汽车维修质量管理体系(亦称汽车维修质量保证体系)是指维修企业以提高和保证维修质量为目标,运用系统的概念和方法,把维修质量管理各阶段、各环节的职能组织起来,形成一个有明确的任务指标、职责权限、相互协调共同促进的有机整体。把企业各部门、各环节的维修质量管理活动纳入统一的维修质量管理体系下,使维修质量管理工作规范化、制度化。

1.3.2.1 维修质量管理体系的内容

维修质量管理体系包括以下几个方面的内容:
(1)有明确的质量方针和质量目标。
(2)有完整的维修质量计划。
(3)建立严格的维修质量责任制。
(4)建立专职质量管理机构。
(5)实行管理业务标准化和管理流程程序化。
(6)建立高效、灵敏的质量体系反馈系统。
(7)做好配件的质量管理工作。

1.3.2.2 业务接待过程中的质量管理工作

业务接待是维修企业进行业务活动的第一个环节,客户第一个见到的就是业务接待人员。业务接待人员的工作质量不仅对企业的维修质量有着特别重要的意义,而且是客户对企业产生的第一印象。因此,做好接待工作,是维修质量管理的重要内容。

业务接待人员的工作质量,包括服务质量和业务质量两个方面:

(1)业务接待人员的服务质量。业务接待人员的服务质量是指业务接待人员在接待客户时的周到程度。业务接待人员服务质量的好坏,受自身条件、事业心、文化修养、知识技能、管理机制、竞争对手等多方面因素的影响。

(2)业务接待人员的业务质量。业务接待人员的业务质量是指业务接待人员完成自身业务工作,使客户达到满意的程度。它包括以下几个方面:

①做好维修车辆的情况登记,如车辆的牌号、型号、发动机号、底盘号等。

②填写详细的进厂报修单。报修单填写完毕后,应请客户认可,待无异议后,请客户在报修单上签字。

③车上有贵重物品时,请客户带走或妥善保管,避免出现纠纷。

④若需要增加维修项目时,应及时与客户讲清楚。

⑤车辆修竣后,应查看车辆,确认进厂报修单上所有维修内容已经完成,再通知客户来结算和接车。

⑥在结算之前,应把维修中的情况和维修费用告诉用户,这是赢得用户很重要的工作。

⑦做好客户的档案管理工作。

⑧要经常与客户保持联系,了解维修车辆的使用情况,这样会增进与客户的感情。

⑨礼貌待客,并学会与"挑剔"的客户打交道。

业务接待人员所面对的是双重用户,即企业内部的维修人员和广大客户,并在中间起着纽带与桥梁作用。作好接待工作,将对企业维修质量起推动作用。

1.3.2.3 维修作业中的质量管理

维修作业中的质量管理工作分为:服务质量和业务质量两部分。

(1)维修作业中的服务质量。维修作业中的服务质量是指维修作业中,文明服务使客户达到的满意程度。服务质量包括的内容有以下几个方面:

①文明维修。在维修中,要坚持做到零件、工具和油品不落地,防止零件发生磕碰和乱放工具等现象。

②保持维修部位的清洁。维修人员的服装要整洁干净,并定期清洗。维修过程保持车

辆的清洁。在车辆外表漆面工作时,应垫上衬垫,以防划伤。非工作需要,不要随便进入车内。

③作好工种之间的协调工作。

(2)维修作业中的业务质量。维修作业中的业务质量是指维修人员严格按工艺要求完成维修作业,使客户达到的满意程度。在维修过程中,因人员的岗位不同,完成业务质量的内容也不同。

车间管理人员与技术人员的业务质量内容主要有:
①拟订完善的维修方案。
②制定合理的维修工艺规程。
③协调好班组、工种之间的工作,合理安排生产任务。
④对出现的质量问题,制定合理的改进方案。
⑤加强设备的管理工作。
⑥做好待修车辆和修竣车辆的管理工作。

维修人员的业务质量内容主要有:
①认真阅读进厂报修单,正确理解每一项要求,分析达到要求可能出现的问题。
②按照维修标准规定的要求进行操作。
③严把零配件和原材料的质量关。
④在每项维修作业结束时,应进行详细的检查,待确认无误后方可进行下一项的维修作业。

检验人员的业务质量内容主要有:
①拟定检验项目、检验方式、检验手段及检验数据的处理方法。
②协调好与调度人员、维修人员的工作关系,处理好生产进度与检验工作的关系。
③严把质量关,对检验中发现的质量问题应及时指出并返工。
④加强质量分析,对出现的问题应及时组织有关人员进行分析,并采取相应的措施加以解决。此外,还应定期将有关质量问题以书面形式向领导汇报。

(3)配件供应中的质量管理。在现代汽车维修中,越来越地的采用换件维修方式。因此,配件质量在维修质量中所起的作用越来越重要。配件供应中质量管理工作有以下几项内容:
①提高配件采购人员和配件管理人员的服务意识和质量意识。
②企业应建立自己的配件供应渠道,避免假、冒、伪、劣配件入库。
③加强配件入库前的质量检查工作。
④收集配件质量的反馈信息,以便及时调整进货渠道。
⑤对采购人员进行职业道德教育和技术培训,从进货源头提高配件质量。
⑥在配件的运输、存放和发放过程中,要注意防水、防潮、防腐和防磕碰。
⑦建立完善的配件档案管理和账务管理,以便在出现质量问题时有据可查。

(4)维修质量的检验。维修质量检验是借助某种手段对整车、总成、零件、工序等进行质量特性测定,并将测定的结果与国家标准相比较,判断是否合格的过程。通过维修质量检验,使不合格的零部件不装配。不符合竣工标准的汽车不出厂,确保汽车的维修质量。

汽车维修质量的主要性能要求：

根据《汽车大修竣工出厂技术条件》、《汽车发动机大修竣工出厂技术条件》、《营运车辆综合性能要求和检验方法》、《点燃式发动机汽车排气污染物排放限值及测量方法（双怠速法及简易工况法）》等相关国家标准对维修汽车进行测试，其主要性能要求有：

①动力性能：带限速装置的汽车，以直接挡空载行驶，如20km/h加速到40km/h的时间应符合表6-1的规定。

加速时间　　　　　　　　　　　　　　　　　表6-1

发动机额定功率与汽车整备质量之比（kW/t）	加速时间（s）	发动机额定功率与汽车整备质量之比（kW/t）	加速时间（s）
7.35～11.3	<30	18.38～36.75	<15
11.03～14.70	<25	>36.75	<10
14.70～18.38	<20		

②燃料经济性：汽车百公里耗油量不得大于该车型原厂规定的等速百公里耗油量的110%。

③滑行性能：在平坦干燥的路面上，汽车空载行驶初速为30km/h时，滑行距离应在220m以上。

④制动性能：汽车在制动试验台上，测出的制动力，应符合表6-2的规定。

制动试验台检测的制动力要求　　　　　　　　　表6-2

制动力总和与整车质量的百分比（%）		轴制动力与轴荷的百分比（%）	
空载	满载	前轴	后轴
≥60	≥50	≥60	

⑤转向性能：转向盘的最大自由转动量，最大设计车速大于或等于100km/h的汽车为20°；最大设计车速小于100km/h的汽车为30°。汽车转向应轻便、灵活、无跑偏和摇摆现象，转向轮的横向侧滑量、车轮定位值、车辆的最小转弯半径等都应符合规定。

⑥汽车的噪声与排放应符合《营运车辆综合性能要求和检验方法》（GB 18565—2001）、《点燃式发动机汽车排气污染物排放限值及测量方法（双怠速法及简易工况法）》（GB 18285—2005）的规定。

⑦车容指标：驾驶室蒙皮及客车车身应平整无凹陷、线条圆顺均匀、左右对称，漆面光泽均匀无裂纹，无汗流，无起泡现象，左右翼板对称，仪表齐全等。

⑧其他指标：无漏油、漏水、漏电、漏气等现象。传动系应工作良好。

汽车维修质量的综合评价指标有以下几项：

①返修率：指经维修的汽车出厂后，在保证期内，由于维修质量或配件质量造成的故障，需要返修的次数占同期维修车数的比率。返修率一般按月进行考核。

②返工率：是指汽车在维修过程中，上道工序移交下道工序时，因质量不符合要求而退回重新返工的次数占上道工序移交次数的比率。它是企业考核内部工作质量的指标。

③一次检验合格率：经维修的汽车，最后交付检验时，一次合格所占的百分比。它是维修企业全部工作质量的综合性指标。

④故障诊断差错率:指在单位时间内,对汽车故障的误诊,占总诊断次数的比率。
⑤配件质量合格率:指外购配件或外协件合格的比率。

1.3.2.4 维修质量的管理过程

汽车维修质量的管理过程就是用全面质量管理的基本工作方法,不断地对维修质量进行规划、实施、检查、处理,对维修中发现的质量问题进行分析,找出原因加以处理的过程。

为了保证汽车的维修质量,根据全面质量管理的原理,对汽车的维修质量应分阶段进行管理和控制。

第一阶段:获取有关维修车辆的信息。为此,要检查维修车辆各工序的规范、工艺设备的状况及试验情况等。

第二阶段:分析有关工艺规程的执行情况,收集和分析信息。

第三阶段:制订或完善有关措施,其主要内容包括加强工艺要求和劳动纪律,提高检查质量,改善工艺组织,加强职工的管理与培训等。

第四阶段:严格贯彻执行各项有关措施。

通过上述四个阶段的管理和控制,就可以把企业各部门、各生产环节有效地组织起来,把影响维修质量的各种因素控制起来,以保证用最经济的方法为用户提供满意的维修服务。

1.4 计算机在汽车维修企业管理中的运用

现代汽车维修企业有两个显著特点:
①先进的检测维修设备和维修资讯的应用。
②计算机网络的应用。信息化和计算机技术把汽车维修企业引向现代化管理模式和方式。

采用计算机进行维修企业管理的优点是:

(1)准确、及时、高效地统计报表将会减少管理者主观判断上可能造成的失误,还可加强企业员工的工作积极性,加强企业的凝聚力,形成良好的企业文化。

(2)管理人员可以通过电脑管理网络系统及时了解其企业的运作情况,同时对各部门的工作进行统筹安排。

(3)对于顾客的询问能作出迅速确实的反应,尽可能少占用顾客的宝贵时间。

(4)标准规范的电脑化管理不仅能够提高服务企业在顾客心目中的形象,还可以建立客户及车辆档案,为长期、灵活的客户服务打好基础。

(5)可以使汽车维修企业彻底改变手工作坊式的工作模式,大大提高了工作效率。

(6)车辆、客户的动态跟踪,可以让业务部了解到所有车辆以及客户的各个细节,及时告知客户进行维修、保养时间等事宜,这样能更好地体现服务的完整性。

(7)图表分析,可以为工作繁忙的厂长经理们提供一个简单直观的查询功能。

(8)提高工作效率,合理调配零件,节省人力物力等。

总之,计算机在汽车维修企业管理中的应用,对于提高企业的管理水平,提高企业在同行业中的竞争力,都是有很大作用的。

2 车辆技术管理

2.1 车辆技术管理概述

车辆是汽车运输企业的主要生产工具,是公路运输事业的物质基础。加强车辆管理工作,采取科学的管理制度和管理手段,是汽车运输取得良好投资效益和提高社会效益的基础工作,必须给予高度重视,认真做好。

车辆管理就其广义来说,是指对车辆规划、选配、使用、检测、维修、改装、改造、更新与报废全过程的综合性管理。其中车辆规划、选配、新车接收以及车辆使用前的准备等,是车辆的前期管理;车辆使用、检测、维护、修理等,是车辆的中期管理;车辆改装、改造、更新、报废等,是车辆的后期管理。车辆技术装备管理、车辆技术档案管理、车辆技术状况等级鉴定管理、车辆技术经济定额指标管理以及车辆停放、租赁、停驶、封存和折旧等,都属于车辆技术管理的范畴。

车辆技术管理的根本目的就是为运输提供安全、优质、高效、低耗、及时、舒适的运输力,保证车辆在使用中的良性循环,确保车辆运行安全,使车辆更好地为运输生产和人们生活服务。

2.1.1 车辆技术管理的基本任务和原则

2.1.1.1 车辆技术管理的基本任务

车辆技术管理的基本任务:

(1)贯彻车辆技术管理有关的技术标准、规范、工艺和操作规程。

(2)采取有效的技术措施,提高车辆使用的技术水平,保证车辆处于良好的技术状况,确保行车安全,做好环保工作。

(3)建立车辆的技术档案制度,保证技术档案的记录及时、准确、完整。

(4)积极采用新技术、新工艺、新材料、新设备。

(5)依靠科技进步,采用现代管理方法,总结交流推广先进经验,达到各项技术经济定额的要求,节约运行和维修费用,降低运输和生产成本。

2.1.1.2 车辆技术管理的基本原则

车辆技术管理,坚持预防为主,技术与经济相结合,专业管理与群众管理相结合的原则。对运输业设备择优选配,正确使用,定期检测,强制维护,视情修理,合理改造,适时更新与报废,实行全过程综合性管理。依靠科技进步,努力提高车辆的管理水平和技术水平。技术管理的原则概括起来,就是预防为主和技术与经济相结合的全过程综合性管理。

"预防为主"是指做好事前的预防性工作,使车辆保持良好的技术状况,减少故障,保证安全,充分发挥车辆的效能,降低消耗,延长使用寿命。技术管理部门与财务部门和经营管理部门密切合作,从保持车辆技术状况的总前提出发,制定规章制度,提出实施方案,使技术与经济有机地结合起来。

"择优选配"是指车辆在购置前就要首先考虑运输市场的具体情况和运行条件,合理确定各种不同车型的最佳配比关系,如大、中、小型车的比例等,满足实际使用的需要。购置车辆时要考虑车辆的适应性、可靠性、经济性及维修方便性等因素,选购性能好、质量高、价格低的车辆。"择优选配"不但会给运输单位带来长期效益,创造有利的经营条件,同时也为充分发挥车辆的运输效率,打下良好的基础,给车辆管理和运输市场管理创造有利条件。

"正确使用"是指车辆在使用过程中一定要根据车辆性能、结构和运行条件等,掌握车辆的操作和运用规程,正确使用。车辆使用的好坏,直接影响车辆技术状况、效能发挥、运行消耗以及安全生产。盲目追求眼前效益,不维修、超载、超负荷运行等,都是严重违背正确使用原则的。为了扭转车辆使用中的短期行为,运输企业必须将"正确使用"作为重要环节来抓。

"定期检测"是指通过现代化技术手段,定期正确判断车辆的状况。它包括两重含义:一是对所有从事运输的车辆视其类型、新旧程度、使用条件和使用强度等制定定期检测制度,使其在行驶一定里程和时间后,按时进行综合性能检测,以达到控制车辆技术状况的目的。同时这种方法也可通过对维修车辆的定期抽检来监督维修质量。二是检测结合维护定期进行,以此确定维护附加作业项目,掌握车辆技术状况变化规律。同时通过对车辆的检测诊断和技术鉴定,确定车辆是否需要大修,以便实行"视情修理"。所以说,实行定期检测,建立车辆质量监控体系是保持车辆技术状况良好,减少行车事故,提高车辆维修质量,降低维修费用的重要手段;是促进维修技术发展,实现"视情修理"的重要保证;是贯彻预防为主和技术与经济相结合原则的重要环节。实现"定期检测"最好的办法是建立综合性能检测站。

"强制维护"是指在计划维护的基础上,进行状态检测的维护制度。它强调预防为主的方针,对车辆按规定的行驶里程或时间间隔进行强制维护。在执行计划维护时结合状态检测,确定附加维护的作业项目,以便及时发现和消除故障,防止车辆早期损坏。

"视情修理"是指车辆经过检测诊断和技术鉴定,根据需要确定修理时间和项目。这样既可以防止拖延修理而造成技术状况恶化,又可以避免提前修理造成浪费。只有对车辆进行定期检测,才能实现以技术状况为基础的修理方式,而检测诊断技术是实现"视情修理"的重要保证。"视情修理"体现了技术与经济结合的原则,反映了维修技术的发展方向。

"合理改造、适时更新和报废"是指对在用车辆按照提高经济效益、社会效益和环境效益的原则,进行合理的改造或在适当时候用新车辆或用高效率、低消耗、性能先进的车辆予以更换。老旧车辆消耗大,维修费用高,继续使用既不经济又不安全。车辆的合理改造与适时更新和报废是提高运输装备素质和经济效益的重要手段。车辆改装、改造前,必须进行技术论证,以达到技术先进、性能可靠、经济合理的目的。

汽车的技术管理工作,必须贯彻上述基本原则,只有深刻理解和贯彻这些原则,才能做好技术管理工作。

2.1.2 车辆技术管理的职责范围

根据分级管理的原则,确定各级机构车辆技术管理的职责。各级机构必须严格履行其职责。

2.1.2.1 交通运输部车辆技术管理的主要职责

(1)贯彻执行国家有关车辆技术管理的方针、政策、法规和制度。

(2)制定全国运输车辆技术管理的方针、政策、法规和制度。

(3)负责全国运输车辆技术管理工作的组织领导、监督与检查和协调服务。

(4)组织交流和推广车辆技术管理的先进经验和现代化管理方法,不断改进和完善全行业的车辆技术管理工作。

2.1.2.2 省、自治区、直辖市交通厅(局)车辆技术管理的主要职责

(1)贯彻执行国家和上级有关车辆技术管理工作的方针、政策、法规和制度,并组织实施。

(2)依法制定本地区有关运输车辆技术管理的规章、制度、定额和措施,组织领导本地区的技术管理工作,监督检查各地执行情况,发现问题及时解决,在遇有重大问题时应向交通运输部报告。

(3)对本地区运输车辆技术管理工作进行组织领导、监督检查和协调服务,编制本地区行业管理规则。

(4)组织安全教育和专业技术培训,提高车辆技术管理人员的素质。

(5)推广现代化管理方法和先进经验,开展爱车、节油、节胎等竞赛活动和各种咨询服务。

交通厅(局)必须明确车辆技术管理的主管部门或授权所属公路运输管理部门来进行车辆技术管理工作的职能。同时,交通厅(局)要将车辆技术管理工作纳入公路运输行业管理范围,充分发挥公路运输管理部门在行业管理方面的作用,并督促各级公路运输管理部门建立健全车辆技术管理机构,加强其技术管理方面的力量。

2.1.2.3 市(地)级交通局车辆技术管理的主要职责

(1)贯彻执行国家和上级有关车辆技术管理的方针、政策、法规和制度,并组织实施。

(2)负责本辖区内的各类技术培训、考核工作,会同当地劳动部门,按照有关规定开展技术等级评定工作。

(3)推广车辆使用、维护、检测的新技术、新工艺、新产品、新材料以及现代化管理方法的先进经验,开展各种技术咨询和技术服务。

(4)负责对辖区车辆技术管理部门及车辆检测单位的各项管理工作的组织、业务领导、协调、监督检查。

2.1.2.4 县(市)交通局车辆技术管理的主要职责

(1)贯彻执行国家和上级有关车辆技术管理的方针、政策、法规和制度,并组织实施。

(2)负责对辖区车辆维修、改装、检测进行管理、指导、监督和协调服务。

(3)推广车辆使用、维护、检测的新技术、新工艺、新产品、新材料,开展各种技术咨询和技术服务。

(4)对辖区内运输车辆技术状况和车辆维修及改装质量进行监督和鉴定。

各级公路运输管理部门应把提高装备素质(运力增加和车辆更新),确保运输车辆在使用中的良性循环作为自己的重要职责。

2.1.2.5 运输单位车辆技术管理的主要职责

(1)贯彻执行交通运输管理部门和上级有关车辆技术管理的各项方针、政策、法规和制度。

(2)制定本单位车辆技术管理的规章和制度,以及车辆技术管理目标和考核指标,并负责实施。

(3)大中型运输单位应建立由总工程师负责的车辆技术管理系统,小型运输单位要有一名副经理(副厂长)负责车辆技术管理工作,所属车辆和车队应配备一定数量的专职技术管理人员,分别负责车辆各项技术管理工作。

(4)建立健全车辆技术管理的各级岗位责任制,明确车辆技术管理人员的职责和权限,充分发挥他们的作用,保持队伍的相对稳定。车辆技术管理人员的配备比例,由运输单位根据实际需要自行确定。

(5) 正确处理运输生产和技术管理的关系,保持运输车辆技术状况良好。

(6) 正确使用车辆更新、改造、大修资金。

(7) 推广现代化管理方法,应用新技术、新工艺和新材料。

(8) 组织安全教育和专业技术培训,提高职工素质。

(9) 开展各种群众性爱车、节油、节胎等专业技术竞赛活动,总结推广先进经验。

2.2 车辆技术档案

车辆技术档案是指车辆从新车购置到报废整个运用过程中,记载车辆基本情况、主要性能、运行使用情况、主要部件更换情况、检测和维修记录,以及事故处理等有关车辆资料的历史档案。它的作用是了解车辆性能、技术状况及变化原则,掌握车辆使用、维修规律,为车辆维修、改造和配件储备提供依据;为评价技术管理水平的高低提供依据;还可为汽车制造厂提高制造质量提供反馈信息。因此,它是车辆技术管理中一项重要的基础管理工作。

2.2.1 车辆技术档案的建立

各运输单位和个人必须逐车建立车辆技术档案,并认真填写、妥善保管。车辆技术档案的格式由省级交通厅(局)统一制定,以使其内容和格式做到统一,便于管理。

车辆技术档案应作为发放、审核营运证的依据之一。交通运输管理部门要督促指导运输单位和个人建立车辆技术档案。对未建档案或档案不完整的车辆,交通运输管理部门不予发放营运证。

车辆技术档案一般由车队负责建立,车队的车管技术人员负责填写和管理。为了适应总成互换修理,车辆技术档案也可按总成立卡,随总成使用归入车辆技术档案内。车辆在检测、维修、改造时,必须携带技术档案进行有关项目填写。车辆办理过户手续时,技术档案应完整移交,接收车辆单位应注意查收车辆技术档案。车辆被批准报废后,车管技术员办完报废处理手续,并记入技术档案,然后将技术档案上交有关部门保存。

2.2.2 车辆技术档案的内容

车辆技术档案的内容由省级交通厅(局),根据本地区和企业的具体情况而统一规定,一般包括下列主要内容:

(1) 车辆基本情况和主要性能:记载车辆的规格、装备、技术性能、总成改装和变动情况等。

(2) 运行使用情况:记载车辆的行驶里程、运输周转量、燃料消耗、轮胎使用、车辆机件故障等情况。

(3) 检测维修情况:记载检测的内容、结果、时间及查明故障或隐患的部位、原因,解决对策和历次维修情况,以及各主要总成的技术状况。

(4) 事故处理情况:主要记载车辆机件事故发生的情况、原因及解决和处理结果等。

2.2.3 车辆技术档案的管理

车辆技术档案一般在车队由车管技术员负责填写和保管,企业技术管理部门应定期进行检查。对车辆技术档案管理的要求是:

(1)记载应做到"及时、完整、准确"。"及时"就是指档案中规定的内容,要按时记载,不得拖延,不允许采用在一定时期以后,以"算总账"的方法追记。"完整"就是要按规定内容和项目要求,一项不漏地记载齐全,不留空白。"准确"就是要一丝不苟、实事求是地记录,使其真实可靠。

(2)专人负责,职责分明。车队的车管技术员是技术档案的具体负责人,负责填写和保管。

(3)技术档案跟随车辆调动,车辆报废后应上交。

2.3 车辆技术经济定额与管理

技术经济定额是运输和维修企业,在一定的生产条件下进行生产和经济活动时,应遵守或达到的限额,是实行经济核算,分析经济效益和考核经营管理水平的依据。合理制订、及时掌握和考核这些指标的完成情况,有助于提高车辆管理水平,降低运输成本,提高经济效益。

2.3.1 技术经济定额指标

交通部1990年颁布的《汽车运输业车辆技术管理规定》中指出,汽车运输企业的主要技术、经济定额和指标有:行车燃料消耗定额、轮胎行驶里程定额、轮胎翻新率、车辆平均技术等级、完好率、车辆维护与小修费用定额、车辆大修间隔里程定额、发动机大修间隔里程定额、车辆大修费用定额、车辆新度系数、小修频率共计11项。其中前5项已分别在有关章节中介绍了,本节主要介绍其余6项定额指标。

2.3.1.1 车辆维护与小修费用定额

车辆维护与小修费用定额是指车辆每行驶一定里程,维护与小修耗用的工时和物料费用的限额,按车型和维护级别分别鉴定,对由于机械事故或交通肇事造成车辆各总成维修或更换的费用应按事故处理,不列入小修费用。

2.3.1.2 车辆大修间隔里程定额

车辆大修间隔里程定额是指新车到大修,或大修到大修之间所行驶的里程限额,按车型和使用条件等分别制定。汽车行驶里程达到大修间隔里程定额时,可进行技术鉴定,在技术上可行、经济上合理的条件下,可规定补充行驶里程定额。

2.3.1.3 发动机大修间隔里程定额

发动机大修间隔里程定额是指新发动机到大修,或大修到大修之间所使用的里程限额,按型号和使用燃料类别制定。

2.3.1.4 车辆大修费用定额

车辆大修费用定额是指车辆大修所耗工时和物料总费用的限额,按车辆类别或形式等分别制定,它是考核经营管理水平的一项综合性定额。

2.3.1.5 车辆新度系数

车辆新度数是综合评价运输单位车辆新旧程度,保持运输生产力的一项重要指标。车辆新度数由下式求得:

$$F = C_g / C_y$$

式中:F——车辆新度系数;

C_g——年末单位全部运输车辆固定资产净值;

C_y——年末单位全部运输车辆固定资产原值。

一般来说,运输单位车辆新度系数,呈逐年下降状态。对它的数值要求是稍有下降,保值或增值应视单位的具体情况而定,一般不低于0.52。

2.3.1.6 小修频率

小修频率对一辆车是指每千公里发生小修的次数,对一个企业则是指每千车公里发生小修的次数(都不包括各级维护作业中的小修次数)。

技术经济定额指标是车辆管理体制的主要内容之一,运输车辆主管部门、运输和维修业户,都必须加强技术经济定额指标的管理。

2.3.2 技术经济定额的制定与修订

2.3.2.1 技术经济定额的制定

技术经济定额由省级交通厅(局)组织制定,实行分级管理。各运输单位可根据上级部门颁布的技术经济定额,制定本单位的技术经济定额。各级车辆技术管理部门应配备专职管理人员,明确各自的职责,进行有效的管理。

制定技术经济定额时,应根据国民经济发展的方针、政策和当地运输业的具体情况,重点考虑使用环境及条件、人员技术素质,以及当地不同隶属关系,专门从事客货运输的大中型企业的平均水平制定。

技术经济定额制定得是否合理,是反映一个企业生产技术水平与科学管理水平高低的标志。定额制定得合理,可以促进企业改善经营管理,提高经济效益。定额制定得偏高或偏低,就会起到相反的作用。

制定技术经济定额常用的方法有:三面统筹法、比例法和系数法。

(1)三面统筹法。三面统筹法是适当地选择专业运输单位先进面、总体平均面和落后面的比例,制定出平均定额的一种方法。

$$A = A_1 Q_1 + A_2 Q_2 + A_3 Q_3$$

式中:A——平均定额;

A_1——先进面上的平均定额;

A_2——总体面上的平均定额;

A_3——落后面上的平均定额;

Q_1——先进面所占百分比,约30%;

Q_2——总体平均面所占百分比,约50%;

Q_3——落后面所占百分比,约20%。

三面统筹法适用于制定工时消耗定额、材料消耗定额等,特别是定额比较稳妥,能够从整体出发,照顾落后面。使用时要注意先进面、总体平均面和落后面各占的百分数不能相关太悬殊。若对计算出的平均定额不满意,可调整"三面"的比例,重新确定定额。

(2)比例法。比例法是把最先进的水平、最可靠的水平和最保守的水平,按1:4:1的比例进行平均计算。

$$A = (A_4 + A_5 \times 4 + A_6)/6$$

式中:A_4——最先进水平的平均定额;

A_5——最可靠水平的平均定额;

A_6——最保守水平的平均定额。

比例法适用于制定增长性定额,如车辆的修理间隔、车辆维修质量等,而不适用于降低性定额,如大修工时和物料消耗定额。

(3)系数法。系数法是在平均定额的基础上,根据年度计划指标,确定一个相应的增、减系数来进行的计算。

$$A = A_2(1+\delta)$$

式中:δ——系数。

2.3.2.2 技术经济定额的修订

技术经济定额一经制定,应有严肃性,保持相对稳定,但随着使用条件的改善和技术进步,一定时期可作必要修订,以保证定额的合理性。例如,车辆检测技术和维修机械化程度的提高,车辆维修工时缩短,运行材料及汽车配件价格的调整,都会影响维修费用大小。因此,应及时修改相应的技术经济定额。

技术经济定额的修订,应不失时机,认真慎重地进行,经主管部门批准后,予以实施。

2.3.3 技术经济定额指标的考核

车辆技术管理部门在制订技术经济定额指标的考核办法时,必须注意与计划、财务、劳资、材料等部门密切配合,以保证定额指标的完成。

各运输单位和个人,应将技术经济定额指标实现的情况按期统计,按规定报送当地交通运输管理部门。

技术经济定额指标的考核,应分类进行,如对驾驶员考核油耗、维护与小修费用、轮胎行驶里程等;对维修工考核维护与小修费用、大修费用、大修间隔里程等;对车队长考核车辆完好率、平均技术等级、车辆维护与小修费用、轮胎行驶里程等;对经理(厂长)考核车辆完好率、平均技术等级、车辆新度系数等。车辆完好率、平均技术等级、车辆新度系数这三项指标是综合体现运输企业技术管理水平、技术装备素质和企业发展后劲的主要指标。考核这些指标对运输企业保持生产持续、稳定、协调发展,克服车辆使用短期行为有重大作用,有利于实现运输车辆的良性循环(包括运力新增和车辆不断更新)。

2.4 车辆停驶、封存与租赁

车辆停驶、封存和租赁是车辆技术管理的一项经常性工作,也是关系到保护好运力,避免运力浪费的一项比较重要的工作。

2.4.1 车辆停驶

凡部分总成的部件严重损坏,在较长时间内配件无法解决,又不符合报废条件的车辆,或者车型老旧无配件供应,但尚有改造价值的车辆,由车辆使用管理单位作出技术鉴定,按车型、数量、停驶原因和日期,上报企业主管部门批准停驶。

经批准停驶的车辆,应指定专人负责妥善保管,并积极创造条件修复,以恢复运力。车辆在停驶期间,应选择适当地点集中停放,原车机件不得拆借、丢失。

2.4.2 车辆封存

凡技术状况良好,因其他原因(主要指运力过剩、驾驶员不足、燃料短缺等非技术性原因),需要较长时间(如半年以上)停驶的车辆,按规定办理审批手续后可作封存处理,并报上级主管部门备案。封存期间不进行效率指标考核,但一定要做好停驶技术处理,妥善保管,定期作必要的维护,保持车况良好。启封使用时,要进行一次认真的维护作业,经检查合格后方可运行。

营运车辆停驶、封存情况,应记录在车辆技术档案的维修卡上,停驶、封存车辆的维修卡要报公路运输管理部门,否则不予办理手续。

2.4.3 车辆租赁

随着经济的发展,车辆租赁开始出现。加强租赁车辆的管理,对保持其技术状况良好具有重要作用。车辆租赁期限一般不宜过短,以一个大修周期为宜。在车辆租赁期间,应按规定填写车辆技术档案,认真执行强制维护、视情修理制度,保持车况良好。租赁车辆的技术档案、技术经济指标完成情况和技术状况等级情况(包括租赁期满后的车况要求)等考核内容,由出租和承租双方同时记录和考核,应在租赁协议中予以明确。

2.5 车辆改装与改造

车辆的改装、改造是车辆技术管理不可缺少的组成部分,是提高运输装备技术素质和取得良好经济效益的重要手段。符合"技术上可靠、经济上合理"原则的车辆改装、改造,将对充分发挥车辆效率、满足市场运输需要、改善车辆技术状况和提高经济效益起到积极的促进作用。

本节所阐述的车辆改装、改造是指在用车辆的改装、改造,不包括新底盘在改装厂直接改装成新车型的车辆。

2.5.1 车辆改装

为适应运输的需要,经过设计、计算、试验,将原车型改制成其他用途的车辆,称为车辆技术改装(如将货车改装成罐式车、厢式车等)。车辆改装必须满足两个条件:一是必须改变原车型的用途;二是必须经设计、计算、试验后,进行改制。两条缺一不可,否则就不能算为车辆改装。

汽车装饰关系到车辆的安全性能,车辆改装对安全性的影响可能更大。在进行汽车装饰或改装的时候,应当充分了解其对安全性能的影响。

(1)与汽车装饰、改装相关的必备法律常识。

在对汽车进行装饰美容或改装前,要先了解相关法规,以免陷入误区,否则不仅验车时过不了关,甚至还会造成安全隐患,甚至受到法律的制裁。

①新的《道路交通安全法》明确规定,任何单位或者个人不得拼装机动车或者擅自改变机动车已登记的结构、构造或者特征。车辆的结构包括车身颜色、长、宽、高四个硬性的标准和发动机的相关技术参数。

②已领牌照的汽车进行改装前,应向车管所登记申报,其改装技术报告经车管所审查同意后,方可进行改装。改装完毕,还要到车管所办理改装变更手续。

③车辆改装是否合法,关键是看车辆是否与行驶证上的照片相符,与车辆出厂技术参数是否相符,不符合的,就不能通过年检。

(2)常见汽车外观装饰。

汽车外观的装饰或保护措施可以根据个人的具体情况作如下选择：

①除蜡开光：新车出厂时，外壳都有一层保护膜，所以你的新车应到专业汽车美容中心进行除蜡开光，使它恢复靓丽迷人的风采。

②漆包车身：汽车外观就像人的外表，新车用了一段时间外表会发乌、变暗。因此新车时就用"釉"把车漆包起来与外界隔绝，还不用打蜡。

③"底盘封塑"：它将一种高附着性、高弹性的橡胶树脂分两次喷涂在汽车底盘上，降低了沙石撞击的力度，能起到防腐、防锈、隔音的作用，对抵御冬季雪水和融雪剂强腐蚀性也比较有效。

④车身颜色和车身车架的变更：需要向交管局车管所的6个分所提出申请，在经过车辆确认，得到车管分所的同意后，就可以变更了。变更发动机以及车辆的使用性质，在变更完毕后到车管分所办理变更登记即可。

如果要申请改变车身颜色、更换车身或者车架，汽车用品之家建议车主可到车管分所填写《机动车变更登记申请表》，提交法定证明、凭证(包括：变更前和变更后机动车所有人的身份证明；机动车登记证书；行驶证；共同所有的公证证明，但属于夫妻双方共同所有的，可提供《居民户口簿》)。车管所将在受理之日起一日内作出准予或者不予变更的决定。对于同意变更的，车主应当在变更后十天内向车管所交验车辆。车管所在受理之日起一日内确认机动车，收回原行驶证，重新核发行驶证。属于更换车身或者车架的，还应当核对车辆识别代号(车架号码)的拓印膜，收存车身或者车架的来历凭证。

车辆改装的目的是为了适应运输需要，提高运输效率，降低运行消耗。

2.5.2 车辆改造

为改善车辆性能或延长其使用寿命，经过设计、计算、试验，改变原车辆的零部件或总成，称为车辆技术改造。车辆改造必须满足两个条件：一是必须改变车辆的部分结构以达到改善其技术性能；二是必需的设计、计算和试验等程序。

车辆技术改造的主要目的是为了延长车辆使用寿命，或用先进的技术取代陈旧技术，使车辆经过改造后，性能有所提高，消耗有所下降，经济效益有所增加。

2.5.3 车辆改装改造的原则

车辆改装和改造必须事前进行技术、经济论证，符合技术上可靠、经济上合理的原则。也就是说，通过对改装、改造方案的定性、定量分析，说明其技术上是可靠的，经济上是合理的之后，才能进行车辆改装和改造。

对营业性运输车辆提出改装和改造的单位，应将改装、改造方案及数量报交通运输管理部门审批。交通运输管理部门应对运输市场是否需要，改装、改造的数量是否合适，设计方案是否技术是可靠，经济上是否合理，受理车辆改装、改造的单位在技术上是否具备相应的条件等内容进行审查。审批后，运输单位方能对车辆进行改装或改造。

改装和主要总成改造后的车辆，必须经一定里程的道路试验或综合性能检测，检验实际效果，发现问题加以改进，最后由主管部门组织专家进行技术鉴定，认定达到设计目标，满足使用要求后方能生产和投入使用。车辆改装完工后，应到车辆监理部门办理车辆变更手续。

非营运车辆的改装、改造，只需报交通运输管理部门及公安交通管理部门备案即可。

改装、改造车辆,应有计划、有步骤地进行,改装后的车辆车型应尽可能向原有车型靠拢,一般不应增加车型和车辆自重。车辆改造不可过多地改变原车结构,对进口车在索赔期内不得进行改装、改造。另外,在分析和评价技术改造项目的经济效益时,也要考虑其所带来的社会效益(如减少污染、降低噪声等)。车辆改装、改造情况,还应记录在车辆技术档案中。

2.6 车辆折旧与报废

汽车是运输企业的主要生产工具,企业为了实现高产、优质、安全、低耗,提高运输服务质量,应优先采用技术先进、性能优越的汽车,加速更新老旧汽车。此外,汽车又是运输企业固定资产的一个重要组成部分,折旧率的高低及维护费用的大小,都会直接影响企业的经济效益。因此,研究汽车的合理折旧率和车辆更新,对汽车运输企业具有重要的意义。

2.6.1 车辆折旧

车辆折旧的方法一般有两种,一是以汽车行驶的总里程为依据的折旧法;另一种是以使用年限为依据的折旧法。折旧里程或折旧年限不同,百千米或每年提取的折旧费用,也就不同。采用不同的车辆折旧率对运输单位的经济效益,具有不同程度的影响,而且还关系到企业的发展后劲。

车辆折旧基金,必须严格按照国家规定提取,专款专用。折旧基金只能用于车辆的更新改造和技术进步,不得挪作他用。运输单位车辆管理部门负责掌握,并按国家有关规定正确使用车辆的折旧基金。应该注意的是,国家有关部门规定的车辆折旧里程,是提取车辆基本折旧基金的依据,也是车辆报废的依据之一,但不是车辆报废的标准。

2.6.2 车辆报废

车辆经过长期使用后,技术性能变坏,小修频率增加,运输效率降低,物料消耗增加,维修费用增高,经济效益下降,必须进行报废。车辆报废应严格掌握车辆报废技术条件,提早报废必然造成运力浪费;过迟报废则增加运输成本,也不符合经济原则。

车辆或总成的报废,应符合经济合算、技术合理的原则,根据国家已颁布的有关文件与当地使用情况,制定车辆和各总成报废的具体条件。

2.6.2.1 汽车报废条件

1991年交通部规定了汽车报废条件,即累积行驶70万km或使用年限14年及虽未超过以上使用年限,但经过两次大修,技术状况下降,失去使用价值的均应予以报废。1992年国家规定([1992]物机字第109号),汽车累积使用年限应在12~14年报废。1997年国家发布的《汽车报废标准》规定,按车型和用途规定汽车报废里程为30~50万km,更新报废年限为8~10年;经修理和调整后仍达不到国家标准GB 7258《机动车安全运行技术条件》要求的,应予以报废;但按新标准已到报废行驶里程和使用年限,而技术条件尚好的一些车辆,经严格检验,性能符合国家有关规定的可延缓报废,但不得超过报废年限的一半(4~5年)。2000年国家有关部门(国经贸资源[2000]1202号)将非营运载客汽车和旅游载客汽车的使用年限及办理延缓的报废标准调整为:9座(含9座)以下非营运载客汽车(包括轿车、含越野型)使用15年;旅游载客汽车和9座以上非营运载客汽车使用10年;但旅游载客汽车和9座以上非营运载客汽车可延长使用年限最长不超过10年。工业发达国家汽车的平均使用寿命一般为7~12年。

2.6.2.2　各总成报废条件

(1) 发动机:在汽缸体、汽缸盖、曲轴、凸轮轴4个主要零件中,汽缸体和其他两个以上主要部件严重损坏,无修复价值的。

(2) 变速器:在变速器壳、变速器盖、第一轴、第二轴、中间轴5个主要零部件中,变速器壳及盖和其他一个以上部件严重损坏,无修复价值的。

(3) 车架:纵、横梁严重变形断裂或严重锈蚀剥落,虽经加固但屡修屡断的。

(4) 前桥:工字梁、转向节严重损坏,无修复价值的。

(5) 后桥:在后桥壳、主减速器、差速器3个主要部件中,后桥壳和其他任何一个部件严重损坏,无修复价值的。

(6) 客车车身:骨梁断裂、锈蚀严重,需整根更换下横梁、立柱超过半数以上的。

(7) 货车车厢:纵、横梁和底板腐蚀,需更换半数以上的。

(8) 货车驾驶室:骨架锈蚀、门窗严重变形、底板锈蚀严重,无修复价值的。

2.6.2.3　挂车报废条件

在车架(带转盘)、车身、前轴、后轴4个总成中,车架(带转盘)和其他两个以上主要总成严重损坏,无修复价值的。

2.6.2.4　报废汽车的回收管理规定

为了加强对报废汽车回收的管理,规范报废汽车回收活动,保护人民生命财务安全,保障道路交通秩序,国务院制定了《报废汽车回收管理办法》(国务院令第307号),于2001年6月16日开始实行。

《报废汽车回收管理办法》中,对报废汽车的回收做了如下规定:

(1) 报废汽车拥有单位或个人,应及时向公安机关办理机动车报废手续。公安机关应当于受理当日,向报废汽车拥有单位或者个人出具《机动车报废证明》,并告知其将报废汽车交售给报废汽车回收企业。任何单位或个人,不得要求报废汽车车主,将报废汽车交售给指定的单位或个人。

(2) 报废汽车车主,应当及时将报废汽车交售给报废汽车回收企业。任何单位或个人不得将报废汽车出售、赠予或者以其他方式转让给非报废汽车回收企业的单位或者个人;不得自行拆解报废汽车。

(3) 报废汽车回收企业凭《报废汽车回收证明》收购报废汽车,并向报废汽车车主出具《报废汽车回收证明》。报废汽车车主凭《报废汽车回收证明》,向汽车注册登记地的公安机关办理注销登记。任何单位和个人,不得买卖或者伪造《报废汽车回收证明》。

(4) 报废汽车回收企业,对回收的报废汽车,应当逐车登记。发现回收的报废汽车有盗窃、抢劫或者其他犯罪嫌疑的,应当及时向公安机关报告。报废汽车回收企业不得拆解、改装、拼装、倒卖有犯罪嫌疑的汽车及其"五大总成(发动机、方向机、变速器、前后桥、车架)"和其他零配件。

(5) 报废汽车回收企业,必须拆解回收的报废汽车,其中,回收的报废营运客车,应当在公安机关的监督下解体。拆解的"五大总成"应当作废金属,交售给钢铁企业作为冶炼原料。拆解的其他零配件能够继续使用的,可以出售,但必须标明"报废汽车回用件"。报废汽车回收企业拆解报废汽车,应当遵守国家环境保护法律、法规,采取有效措施,防止污染。

(6)禁止任何单位或个人,利用报废汽车"五大总成"以及其他零配件拼装汽车。禁止报废汽车整容、"五大总成"和拼装车进入市场交易或以其他任何方式交易。禁止拼装车和报废汽车上路行驶。

3 汽车的更新

3.1 汽车使用寿命概述

车辆等设备的寿命是从投入生产开始,经过有形和无形磨损,直到在技术上或经济上不宜继续使用,需要更新所经历的时间。汽车使用寿命的长短直接影响汽车的使用效益。如果采用维修的方法无限制地延长汽车的使用寿命,则由于车辆陈旧,车辆的完好率下降,必然导致汽车的动力性、经济性大幅度下降,排气污染和噪声严重,运输成本增高。研究汽车使用寿命的意义在于,保持在用车辆具有良好的使用性能,减少公害,节约能源,提高运力,充分提高车辆的社会效益和经济效益。

3.1.1 汽车使用寿命

汽车使用寿命可分为:技术使用寿命、经济使用寿命、合理使用寿命。

3.1.1.1 汽车技术使用寿命

汽车的技术使用寿命是指汽车从全新状态投入生产后,由于新技术的出现,使原来设置丧失其使用价值所经历的时间。这种极限的标志,在结构上是零部件的工作尺寸、工作间隙极度超标,在性能上常表现为车辆总体的动力状况或燃、润料的极度超耗。

汽车的技术寿命主要取决于各部分总成的设计水平、制造质量和合理使用与维修。汽车到达技术寿命时,应对车辆进行报废处理,其零部件也不能再作备件使用。汽车维修工作做得越好,汽车的技术寿命越长,但一般随着汽车使用时间的延长,汽车维修费也日益增加。

3.1.1.2 汽车经济使用寿命

汽车的经济使用寿命,是指汽车从全新状态投入生产开始到年平均总费用最低的使用年限。

所谓全面经济分析,就是从汽车运输总成本出发,分析汽车制造成本、使用与维修费用、企业管理开支、车辆当前的折旧以及市场价格可能变化等一系列因素,把分析结果作为综合的经济评定指标,并确定其经济是否合理,能否继续使用。

3.1.1.3 汽车合理使用寿命

汽车合理使用寿命是以汽车经济使用寿命为基础,在考虑整个国民经济发展和能源节约的实际情况后,制定出符合我国实际情况的使用期限。也就是说,汽车已经到达了经济寿命,但是否要更新,还要视国情而定,如更新汽车的来源,更新资金等因素。为此,国家根据上述情况制定出汽车更新的技术政策,规定车辆更新期限。

汽车技术寿命、经济寿命和合理使用寿命三者的关系为:

技术使用寿命 > 合理使用寿命 > 经济使用寿命

3.1.2 汽车经济使用寿命的影响因素

汽车经济使用寿命是汽车经济效益最佳的时机,人们研究汽车的使用寿命主要是研究汽车的经济使用寿命。

国外对汽车经济使用寿命进行了大量的研究工作,据资料表明,在一辆汽车的整个使用时期内,汽车的制造费用平均约占其全部使用期的总费用的15%,而汽车的使用与维修费用,则占总费用的85%左右。所以现代汽车的经济使用寿命长短,很重要的一点就是在汽车设计制造时,必须充分预测到车辆投入使用以后可能达到的使用维修费用,如果汽车在长期运用中,能保持其较低的使用维修费用,那么其经济使用寿命将较长,反之,则缩短。

许多国家的汽车使用期限完全按经济规律确定,除考虑车辆本身的运行费用增长外,还考虑新车型性能的改进和价格下降等因素。表6-3是几个汽车大国载货汽车的平均经济使用寿命。

几个汽车大国载货汽车平均经济使用寿命　　　　表6-3

国别	美国	日本	德国	法国	英国	意大利
平均经济寿命(年)	10.3	7.5	11.5	12.1	10.6	11.2

3.1.2.1 汽车经济使用寿命的指标

汽车经济使用寿命的主要指标有:年限、行驶里程、使用年限和大修次数。

(1)年限。年限是指汽车从开始投入运行到报废的年数,作为使用寿命的量标,年限不仅考虑了车辆的运行时间,还考虑了车辆停驶期间的自然损耗问题。年限的计算方法比较简单,但它不能真实地反映汽车的使用强度和使用条件,造成同年限的车辆之间差异很大。

(2)行驶里程。行驶里程是指从汽车开始投入运行到报废期间总的累计行驶里程数,作为使用期限的量标。行驶里程能真实地反映汽车的实际使用强度,但不能反映运行条件和停驶期间的自然损耗。对于专业运输车辆,由于其运行条件差异较大,所以年车平均行驶里程相差很大。这样,虽然使用年限大致相同,但累计行驶里程相差悬殊。而且汽车运输企业中,大多数以行驶里程作为考核车辆各项指标的基数。

(3)使用年限。使用年限是把汽车总的行驶里程与年平均行驶里程之比所得的年限作为使用年限的量标,即

$$T_{折} = \frac{L_{总}}{L_{年}}$$

式中:$T_{折}$——折算年限,年;

$L_{总}$——总的累计行驶里程,km;

$L_{年}$——年平均行驶里程,km/年。

年平均行驶里程是用统计方法确定的,与车辆的技术状态、完好率、平均技术速度和道路条件等因素有关。我国城市和市郊运输车辆年平均行驶里程一般为4万km左右,长途货车为5万km左右。对于使用中的营运汽车,由于车辆的技术状况、平均技术速度和道路条件等因素的不同,年平均行驶里程的差异较大,但车辆的年平均使用强度基本相同。因此,按折算年限基本上可以在全国范围内取得统一指标。这对于社会专业运输和社会零散运输车辆也是适用的。对社会零散车辆,由于管理水平、使用水平和维修水平一般都比较低,所以这些车辆不能按专业运输车辆的指标要求,应相对于专业运输企业车辆的使用寿命做适当的修正。这种(使用年限)表示方法既反映了车辆的使用情况、强度,又包括了运行条件和某些停驶时间较长的车辆的自然损耗。

(4)大修次数。汽车在使用过程中,当动力性和经济性下降到一定程度,已无法用正常的维护和小修方法使其恢复正常技术状况时,就要进行大修。

运输企业除用年限和里程做汽车经济使用寿命的量标外,也可用大修次数作为量标。汽车报废之前,截止在第几次大修最为经济,需权衡买新车的费用加旧车未折完的损失和大修费用加经营费用的损失,来预测截止到某次大修最经济。

3.1.2.2 影响汽车经济使用寿命的因素

在确定汽车经济使用寿命时,应从提高经济效益的观点来进行分析,找出影响汽车经济使用寿命的主要因素。

汽车在使用过程中主要受到有形磨损和无形磨损的影响。

有形磨损主要与运输成本有关。

汽车运输成本一般包括:

$$C = C_1 + C_2 + C_3 + C_4 + C_5 + C_6 + C_7 + C_8$$

式中:C_1——燃料费用;

C_2——维护、小修费用;

C_3——大修费用;

C_4——基本折旧费用;

C_5——轮胎费用;

C_6——驾驶员工资费用;

C_7——管理费用;

C_8——其他费用。

其中 $C_5 \sim C_8$ 是与汽车经济使用寿命无关的因素。当使用寿命确定后,C_8 基本是一个定值。只有 C_1、C_2、C_3 是随行驶里程(或使用年限)增长、车况的下降而增加的。因此进一步对 C_1、C_2、C_3 与汽车经济寿命有关的因素分析,就可按最佳经济效益确定其经济使用寿命。

(1)燃料费用。汽车随着行驶里程的增加,技术状况会逐渐变坏,其主要使用性能将不断地下降,燃料消耗也将不断地增加。根据行车试验,燃料费与行驶里程的变化关系曲线如图 6-2 所示。

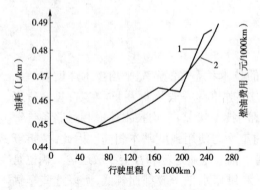

图 6-2 燃料费用与行驶里程的关系曲线
1-实际使用数值曲线;2-理论曲线

从曲线可以看出:5 万 ~ 6 万 km 处是拐点,拐点后的变化趋势为燃料费用随行驶里程的增加而增加。

(2)维修费用。维修费用是指汽车在使用过程中,各级维护费用及日常小修费用的总和。它主要是由维修过程中实际消耗配件费、工时费和材料费来确定。随着车辆行驶里程的增加,各级维护作业中的附加小修项目和日常小修作业项目的费用也随之增加,其变化关系基本上是线性关系,如图 6-3 所示。

(3)大修费用。汽车在使用过程中,当动力性和经济性下降到一定程度且已无法用正常的维护和小修方法使其恢复正常技术状况时,就必须进行大修。随着行驶里程(或年限)的增加,大修费用会逐渐增加,且大修间隔里程逐渐缩短。

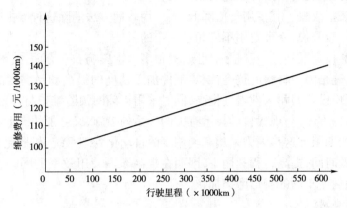

图 6-3　汽车行驶里程与维修费用的关系

在计算大修费用时,要把某次大修费用均摊在此次大修到下次大修的间隔里程段内,即相当于对大修后间隔里程段的投资。

3.2　汽车有形磨损与无形磨损

在设备管理工程学中,更新问题普遍划分为两大类:一类为效率不变型设备的更新;另一类为效率递减型设备的更新。汽车因使用效率随着行驶里程的增加而降低,属于效率递减型设备,汽车在整个工作期限(即寿命)内,其使用性能及经济指标均有明显下降,这种现象称为"劣化"。因而有劣化理论作为汽车更新的理论依据,通过对在用车辆的大量调查,可以看出汽车经济使用寿命的劣化过程,主要受到车辆有形磨损和无形磨损的影响。

3.2.1　有形磨损

汽车的有形磨损是指车辆在使用过程中本身的消耗。汽车和其他机械设备一样,经过一段时间使用而产生故障导致性能下降,这些故障往往可以看到或者测得,如汽车动力下降、燃料消耗增加、振动加大等。

汽车的有形磨损主要发生在使用过程中,称为第一种磨损,产生的原因主要是机件配合副的机械磨损、基础件的变形、零件的疲劳破坏等。汽车这类有形磨损发展到一定程度,就使维修费用、运行材料费用增高,运输效率降低,若继续使用下去,经济上将不合算。

有形磨损也发生在汽车的闲置过程中,称为第二种磨损,如生锈、车身漆面及橡胶件老化,或因管理不善和缺乏正确的管理制度而引起的其他损失。这类磨损所造成的损失往往是非常惊人的。

第一类有形磨损与使用时间和使用强度成正比,而第二种有形磨损在一定程度上与闲置时间成正比。

若按能否修复来分,汽车的有形磨损又可以分为两部分:一部分是通过相应的维修措施可以周期性的消除,如汽车通过各级维护作业及小修可以消除各种因失调或损伤而造成的运行故障,通过大修可以恢复各总成及整车的使用性能;另一部分是不能通过同样的方法消除,如一些零件的老化和疲劳。前者为消除性的有形磨损,后者为不能消除性的有形磨损。

有形磨损增加到车辆技术状况变坏而不能继续作为运输工具使用时,可以认为车辆已到了完全磨损的程度,这就要用同样用途的新车来替代。

汽车的有形磨损反映了其使用价值降低,当采用修理方法消除这种磨损时,相应地又要支付一定的费用。一般来说,修理费用不应超过一定的限度。

车辆的有形磨损发展到完全磨损的期限,受很多因素影响。一方面,技术进步可大大推迟有形磨损的期限,这是因为材料的抗磨性、零部件加工精度的提高和粗糙度的降低,以及结构可靠性的改善,可使设备的耐久性得到提高,同时采用正确的预防维护与计划修理可避免零件出现过度磨损;另一方面,与现代科学技术有关的一系列措施,又会加快有形磨损的速度,提早发展到完全磨损的期限。这是因为采用车辆调度的自动化管理系统、机械化装卸设备,都将大大减少车辆的停歇时间,提高行程利用率,因而在提高车辆使用效率的同时,大大加大了车辆的使用强度,因而促使车辆的有形磨损加快。

3.2.2 无形磨损

汽车的无形磨损是指由于技术进步,生产的发展,出现了性能好、生产效率高的新型车或原车型价格下降等情况,促使在用车辆提前更新。实际上,就是旧车型相对新车型的贬值。

车辆同其他设备一样,其价值并不取决于最初的生产耗费,而是取决于再生产所用的生产耗费,在技术进步的同时,这种耗费也是不断下降的。因此,无形磨损又分为两种形式:

(1)因相同结构(同车型)车辆再生产价值的降低,而产生现有车辆价值的贬值,称为第一种无形磨损;

(2)不断出现更完善、效率更高的车辆(新车型),而使现有车辆贬值,称为第二种无形磨损。

第一种无形磨损是由于汽车制造厂生产技术的进步、生产工艺不断改进,成本不断降低,劳动生产率不断提高,使生产该车辆的社会必要劳动耗费相应降低,但车辆的结构、动力性能和经济性能没变,从而使车辆发生贬值。

这种无形磨损的结果,反映了生产领域中现有车辆的部分贬值。但是车辆本身的技术特性和运输效能并不受到影响。也就是不涉及它的使用价值,因此,车辆遭到第一种无形磨损时,不产生提前更换现用车辆的需要,对车辆的使用寿命没有实质性的影响。

由于技术进步既影响生产部门,也影响修理部门,但是对这两个部门的影响往往前者大于后者,车辆本身价值降低的速度比修理价值降低速度快,因此有可能出现修理费用超过合理限度的情况,这样从修理角度分析,有可能使车辆的使用寿命缩短。

第二种无形磨损系指新的车型出现,使原有的车型显得落后,如继续使用原车型的车辆,就会降低运输生产的经济效益。第二种无形磨损的主要特征是它引起旧车型的局部或全部使用价值的损失。其结果使旧车型在有形磨损发展到完全磨损之前,就出现用新车型代替现有的比较陈旧的车辆的必要性,即产生车辆更换问题。但是这种更换的经济合理性,不取决于出现相同技术用途的新型车辆这一事实,而是决定于现有旧型车辆的贬值程度,以及在生产中继续使用旧型车辆时其经济效益下降的程度。

通过上述车辆劣化过程的分析,可以看出车辆有形磨损和无形磨损在经济后果上有相同之处,即两种磨损都同时引起设备原始价值的降低;所不同之处,有形磨损严重时,常常在修复之前可使车辆不能正常运行而被迫停驶,而任何形式的无形磨损均不影响车辆的正常运行。

研究车辆更新时,首先遇到的问题是如何分析有形磨损和无形磨损长短及其相互关系。从表面上看,推迟有形磨损总是有效的,从这点出发,提高车辆耐久性具有重要的国民经济意义,但必须注意到,增加耐久性是有经济界限的,这个界限取决于车辆的无形磨损期。通常,将车辆或设备的理想方案设计为有形磨损和无形磨损相互接近,即当车辆达到应该大修的时刻,也同时达到了应该更换的时刻。这种理想方案可称为"无维修设计",这只是技术性的理想目标,实际上难以做到。经常遇到的是两种情况,一种是车辆已遭到完全有形磨损,而它的无形磨损期还未到来,这时只需研究对该车进行大修是否合理,否则,可更换同车型的新车。另一种是无形磨损期早于有形磨损期,使运输企业遇到的具体问题是继续使用原有车辆,还是用更先进的新型车更换尚未折旧完的现用车。这个问题还需将经济性和可能性相结合进行分析,才能得出正确结论。

3.3 汽车更新理论

确定车辆的更新时刻,是企业及各级经济组织管理决策中的重要问题之一。当一辆车已耗损到不能使用且不宜大修时,换用一辆相同性能的车辆是一种简单的替换,我国各运输企业中车辆的更新,长期以来多采用这种简单替换方法。这种替换没有明确的技术经济分析作依据,无所谓"最佳更新时机"。在当前技术进步高速发展的条件下,我国汽车运输企业应该更多地以效能更高、结构更加完善的先进车型,代替物理上不能使用和经济上不宜继续使用的陈旧车辆。更换的规模越大、时间越快,汽车运输业的劳动生产率提高程度也就越大。但是,要在提高生产率的同时,取得车辆最大的使用效益,就必须研究车辆"最佳更新时机"的确定方法,并以此制定更新方案。

汽车使用寿命和更新时刻采用的计量单位通常是以使用年限作为计量指标,使用里程作为参考性指标。

3.3.1 汽车经济使用寿命的确定方法

确定车辆的经济使用寿命,即选择更新它们的最佳时期是机务管理中的一个重要问题。运筹学中的更新论是从计量的观点出发,运用数学的方法,研究各种设备的合理更新方案。确定它们的经济使用寿命所依据的原则:使车辆的一次性投资和各年度经营费用的总和达到最小。其确定的方法有:低劣化数值法、判定大修与更新界限法、应用现值及资本回收系数估算法、面值法、模式法、折旧法。

根据汽车经济使用寿命影响因素的理论分析和各种计算方法的实际验算,常选用低劣化数值计算法。

随着使用里程的增加,汽车的有形磨损和无形磨损加剧,其主要技术性能下降,燃料费、维修费、大修费也随之增加,这种现象称为汽车的低劣化。汽车低劣化的程度取决于低劣化的增长强度 b。

b 值是通过燃料费、维修费和大修费与行驶里程进行一元线性回归计算后求出的,即:

$$b = \frac{\sum XY - \frac{\sum X \cdot \sum Y}{n}}{\sum_{i=1}^{n} X^2 - \frac{(\sum X)^2}{n}}$$

式中:b——低劣化增长强度,元/$(1000km)^2$;
X——行驶里程,1000km;
Y——维修费、大修费、燃料费的总和,元/1000km;
n——统计数据的分组数。

汽车在整个使用过程中,性能不断下降,消耗不断上升,完全是一个低劣化过程。从低劣化理论可知,在低劣化过程中总是存在着一个经济效益最佳点,以此来确定汽车的经济使用寿命和更新期限,如图6-4所示。

车辆最佳更新时机,是车辆使用费用的最小值。以行驶里程为量标,计算得出最佳的更新里程,经过折算确定其最佳使用年限,即得出经济使用寿命。

汽车的经济使用寿命里程和折算的使用年限为:

$$L = \sqrt{\frac{2 \times K_0}{b}}$$

$$T = \frac{L}{\overline{L}}$$

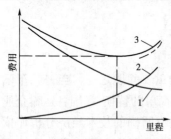

图6-4 寿命周期的确定
1-折旧费;2-经济费;3-叠加曲线

式中:L——汽车的经济使用寿命,1000km;
T——经济使用寿命里程折算的使用年限,年;
$\overline{L}$——年平均行驶里程,1000km;
K_0——基本折旧费用,元/1000km。

例:某运输公司对东风EQ1091型汽车的使用数据进行统计分析,见表6-4。其中:东风EQ1091型汽车销售价格为6.2万元,7条轮胎计7560元,残值按500元计算,则:

$$K_0 = 62000 - 7560 - 500 = 53940 \quad (元)$$

经回归计算,低劣化数值的增长强度$b = 1.517$元/$(1000km)^2$。经济使用寿命里程为:

$$L = \sqrt{\frac{2 \times 53940}{1.517}} = 267 \quad (1000km)$$

若该公司的汽车年平均行驶里程$\overline{L} = 33.5$(1000km),则经济使用寿命年限为

$$T = \frac{267}{33.5} \approx 8 \quad (年)$$

从表6-5看出,车辆使用的第八年总费用最低,与计算值相同。

某运输公司EQ1091型汽车使用数据统计表　　　　　表6-4

里程段 D (1000km)	平均累计里程 X (1000km)	维修费 Y_1	大修费 Y_2 (元/1000km)	燃料费 Y_3 (元/1000km)	燃料计算系数C (t)	总费用 $Y = Y_1 + Y_2 + Y_3 \times C$ (元/1000km)
0~10	89	1236.41	0	158.43	3.33	1763.98
10~15	116.47	1232.42	0	156.10	3.33	1752.23
20~25	241.67	1288.65	324.01	166.03	3.33	2165.54
25~30	266.07	1311.50	338.02	170.27	3.33	2216.52
30~35	337.47	1416.38	358.44	179.78	3.33	2373.49

续上表

里程段 D (1000km)	平均累计里程 X (1000km)	维修费 Y_1 (元/1000km)	大修费 Y_2 (元/1000km)	燃料费 Y_3 (元/1000km)	燃料计算系数 C (t)	总费用 $Y=Y_1+Y_2+Y_3 \times C$ (元/1000km)
45~50	481.80	1436.26	399.47	167.36	3.33	2393.04
50~55	524.04	1554.77	415.48	176.99	3.33	2559.63
55~60	569.79	1584.04	434.20	187.23	3.33	2641.72
60~65	619.43	1601.56	468.32	194.27	3.33	2716.83
65~70	669.61	1571.21	477.53	190.69	3.33	2683.74
70~75	719.32	1624.59	504.95	192.86	3.33	2771.76
75~80	768.52	1640.10	510.26	194.88	3.33	2799.31
$\sum X$	5403.19				$\sum Y$	28837.79
$\overline{X}$	450.27				$\overline{Y}$	2403.15
$\sum X^2$	3036095.03				$\sum XY$	13899747.73

计 算 结 果 表 6-5

使用年限 (T)	车辆费用(元) K_0/T	年平均低劣化值(元) $\lambda T/2$	每年合计费用 (元)
1	53940	851	54791
2	26970	1702	28672
3	17980	2553	20533
4	13485	3404	16889
5	10788	4255	15043
6	8990	5106	14096
7	7705.7	5957	13662.7
8	6742.5	6808	13550.5
9	5993.3	7659	13652.3
10	5394	8510	13904

3.3.2 汽车经济使用寿命修正系数的确定

汽车的使用寿命除取决于使用时间或里程外,还受使用强度和使用条件等因素的影响。我国地域辽阔,各地运行条件差异很大。因而汽车的经济使用寿命也必然不同。应根据具体情况对计算所确定的数值进行必要的修正。修正应考虑的主要因素有:

3.3.2.1 车辆不同服务对象对经济使用寿命的影响

由于车辆的使用部门和使用条件不同,其管理和维修水平差异较大,所以应对使用年限进行修正。如:社会零散运输车辆(机关、企事业营运车辆)、社会专业运输车辆与交通专业运输车辆相比,其使用条件、使用强度、管理维修水平等都不相同。因此,不能完全按照交通专业运输车辆的计算方法来确定其经济使用寿命,而是参照专业运输车辆的经济使用寿命,根据实际情况进行修正,主要以使用年限作为考核指标。

3.3.2.2 使用条件对经济使用寿命的影响

汽车经济使用寿命除受使用对象影响外,还受复杂的使用条件的影响。所以在确定汽车经济使用寿命时,应根据气候条件、道路条件、运输条件的具体情况对使用里程进行修正。

3.3.2.3 修正系数的选取

根据统计资料的计算结果和使用经验综合分析进行修正系数的选择,见表6-6。

使用寿命修正系数　　　　　　　　　　　　　　　表6-6

车　型	好　路	坏　路	特殊使用条件	城市运输
解放、黄河	1.1~1.3	0.85~0.95	0.8~0.9	0.9(货车)

国外货运汽车的使用寿命主要是经济使用寿命,明显受到技术经济形式制约,平均使用期限为7~8年,重型货车原值大,使用期限长些。轻型货车原值低,当进入极限状态后,一般不经过大修就注销更新。

我国规定汽车更新的技术条件是

①燃油消耗高于原厂规定20%者;

②累计行驶里程50万km,经三次大修者;

③一次大修费达原值1/2者;

④车型老旧,无配件来源者。凡符合以上四条之一均应更新。

尽管国家规定的更新时间不完全等同于汽车的经济使用寿命,但符合国情,是制止陈旧车辆无限期使用的最有效措施。

3.3.3 车辆更新

车辆更新是运输单位维持简单再生产和扩大再生产的基本手段之一,是提高车辆技术状况、降低运行消耗、提高经济效益的重要措施。而且,车辆更新与其折旧资金的提取使用和车辆新度系数有密切关系。因此车辆更新工作是运输单位领导、技术管理部门及其他有关部门的重要职责。

3.3.3.1 车辆更新的含义

以新车辆或高效率、低消耗、性能先进的车辆更换在用车辆,称为车辆更新。

车辆更新有四个方面的含义:

①用同类型新车替换在用车辆;

②用高效率、低消耗、性能先进或大吨位的汽车替换性能差或小吨位的在用车辆;

③在用车辆尚未达到报废程度,但性能较差而被替换;

④在用车辆已达报废条件,而被替换。

由此可见,凡属这四个方面的车辆替换,都属车辆更新范围。

3.3.3.2 车辆更新的原则

车辆更新的原则是有利于提高经济效益和社会效益。什么时候更新车辆更为合适?首先要确定车辆的使用寿命;其次,车辆应按照经济寿命进行更新,但还要考虑到更新车的来源、更新资金、车辆保有量以及折旧率或成本等因素。

车辆更新实际上是对运输单位车辆配置的调整。车辆更新,不仅是以新折旧和原有车型的重复,更重要的是保持和提高运输生产力,降低运行消耗。至于更新的车辆是原车型还是新车型,要根据市场情况和货(客)源变化的情况来决定,同时还要考虑管理人员、驾驶员、修理工的培训,维修设备更换等相关因素的变化情况。车辆更新还应与改装、改造结合起来,使原有车辆具有更高的效率、更低的消耗和更先进的性能。这样做有时比购置全新车辆能更廉价地实现高效、低耗。另外,租赁车辆在现代经营中也是可以尝试的一种新办法。

因此,运输单位应把车辆更新工作提到重要议事日程上来,并组织人员进行研究和论证,提出车辆的最佳更新年限。运输单位可根据运输市场、汽车市场的动态及本单位的车辆结构情况,结合最佳更新年限,编制车辆更新规划和年度计划,并积极组织落实,以保证运输车辆经常处于高效、低耗的良好技术状况。交通运输管理部门要根据具体情况,督促运输单位和个体运输户的车辆及时更新。

3.3.3.3 更新车辆的后处理

被更新下来的汽车,运输单位可根据国家有关规定进行处理。处理后的变价收入应用于车辆更新、改造,不挪作他用。

如果,被更新下来的运输汽车未达到报废条件,可移作他用,或转让出售。

思考与练习

一、选择题

1. 汽车维护的目的在于保持车容整洁,(　　),防止车辆早期损坏。
   A. 车辆经常处于良好的技术状况
   B. 及时发现和消除故障隐患
   C. 随时可以出车

2. 车辆修理按作业范围,可分为(　　)。
   A. 车辆大修、车辆中修、车辆小修和零件修理
   B. 车辆大修、总成大修、车辆小修和零件修理
   C. 车辆大修、总成大修、车辆小修、部件修理和零件修理

3. 汽车修理采用的作业方式有两种:(　　)。
   A. 全能工段法和专业工段法
   B. 固定工位作业法和流水作业法
   C. 就车修理法和总成互换修理法

4. 汽车使用寿命可分为(　　)。
   A. 技术使用寿命　　　B. 经济使用寿命　　　C. 合理使用寿命

5. 汽车经济使用寿命的主要指标有(　　)。
   A. 年限　　　B. 行驶里程　　　C. 使用年限　　　D. 大修次数

6. 车辆使用、检测、维护、修理等,是车辆的(　　)。
   A. 前期管理　　　B. 中期管理　　　C. 后期管理

7. 对辖区内运输车辆技术状况和车辆维修及改装质量进行监督和鉴定是(　　)车辆技术管理的主要职责。
   A. 省、自治区、直辖市交通厅(局)
   B. 市(地)级交通局

C. 县(市)交通局
8. 一般来说,运输单位车辆新度系数,应不低于(　　　)。
　　A. 0.12　　　　　　　　B. 0.32　　　　　　　　C. 0.52

二、判断题(正确画√,错误画×)

1. 汽车技术状况的变化是一个随机过程。　　　　　　　　　　　　　　　　(　　)
2. 车辆维护应贯彻预防为主、强制维护的原则。　　　　　　　　　　　　　(　　)
3. 车辆修理应贯彻"视情修理"的原则。　　　　　　　　　　　　　　　　(　　)
4. 所谓"视情修理"就是根据车辆的具体情况进行修理。　　　　　　　　　(　　)
5. 汽车维修质量包括:寿命、可靠性、安全性和经济性4个方面。　　　　　(　　)
6. 汽车的技术寿命主要取决于各部分总成的设计水平、制造质量和合理使用与维修。(　　)
7. 汽车技术寿命、经济寿命和合理使用寿命三者的关系为:技术使用寿命＞合理使用寿命＞经济使用寿命。　　　　　　　　　　　　　　　　　　　　　　　　(　　)
8. 汽车的有形磨损是指车辆在使用过程中本身的消耗。　　　　　　　　　(　　)
9. 车辆管理就其广义来说,是指对车辆规划、选配使用、检测、维修、改装、改造、更新与报废全过程的综合性管理。　　　　　　　　　　　　　　　　　　　　(　　)
10. "正确使用"是指车辆在使用过程中一定要根据车辆性能、结构和运行条件等,掌握车辆的操作和运用规程,正确使用。　　　　　　　　　　　　　　　　(　　)
11. 车辆技术档案跟随车辆调动,车辆报废后则销毁。　　　　　　　　　　(　　)
12. 封存车辆启封使用时,要进行一次认真的维护作业,经检查合格后方可运行。(　　)

三、简答题

1. 如何确定维护周期?
2. 简述汽车维护的原则和目的。
3. 简述汽车修理的原则和目的。
4. 汽车维修的作业方式有哪几种?
5. 维修质量管理体系包括哪些内容?
6. 汽车经济使用寿命有哪些评价指标?
7. 什么叫汽车有形磨损?什么叫汽车无形磨损?
8. 简述车辆技术管理的目的和任务。
9. 车辆技术档案包括哪些主要内容?
10. 简述车辆报废的条件。

四、案例分析

根据本地区的使用条件及具体车型,提出某一级别维修的具体实施方案(将同学分成若干小组,每组提出一个级别的方案)。选择一个典型方案进行讨论、分析,使同学掌握制订方案的方法。

思考与练习参考答案

单元一

一、选择题

1. A 2. A 3. C 4. B

二、判断题

1. √ 2. √ 3. √ 4. √

单元二

一、填空题

1. 验证   办理移动证   办占地证   保险   验车
2. 零件磨损速度快   行驶故障较多   润滑油易变质   耗油量大
3. 责任强制   基本   附加
4. 质量等级   油品的黏度等级
5. 混合动力汽车   纯电动汽车   燃料电池汽车
6. 油箱   发动机   变速器   冷却系统

二、选择题

1. BC 2. A 3. ABC

三、判断题

1. × 2. √ 3. √ 4. √ 5. √

单元三

一、选择题

1. A 2. A 3. C 4. D 5. C 6. B

二、判断题

1. √ 2. √ 3. × 4. × 5. × 6. × 7. √

单元四

一、选择题

1. B 2. B 3. B 4. C 5. A 6. B 7. D

二、判断题

1. √ 2. √ 3. × 4. √ 5. × 6. √ 7. √ 8. × 9. × 10. √

单 元 五

一、选择题

1. C 2. A 3. C 4. B

二、判断题

1. √ 2. × 3. ×

单 元 六

一、选择题

1. B 2. B 3. B 4. ABC 5. ABCD 6. B 7. B 8. C

二、判断题

1. × 2. √ 3. √ 4. × 5. × 6. √ 7. √ 8. √ 9. √ 10. √
11. × 12. √

参考文献

[1] 赵新民.机动车辆保险与理赔实务[M].北京:电子工业出版社,2005.
[2] 张建俊.汽车检测技术[M].北京:高等教育出版社,2009.
[3] 万军海.汽车使用性能与检测[M].北京:中国劳动社会保障出版社,2008.
[4] 鲁植雄.汽车运用工程[M].南京:东南大学出版社,2008.
[5] 葛蕴珊.汽车排放与环境保护[M].北京:中国劳动社会保障出版社,2006.
[6] 裴玉龙.道路交通安全[M].北京:人民交通出版社,2007.
[7] 王云鹏,鹿应荣.车辆保险与理赔[M].2版.北京:机械工业出版社,2010.
[8] 刘玉梅.汽车节能技术与原理[M].2版.北京:机械工业出版社,2010.
[9] 何宝文,王海宝.汽车评估[M].大连:大连理工大学出版社,2009.
[10] 刘锐.汽车使用与技术管理[M].北京:人民交通出版社,2003.
[11] 杨益明.汽车使用性能与检测[M].北京:人民交通出版社,2006.